DROITS DE SUCCESSION

DU CONJOINT SURVIVANT

EN DROIT ROMAIN ET EN DROIT FRANÇAIS

THÈSE POUR LE DOCTORAT

PRÉSENTÉE ET SOUTENUE

Le vendredi 23 décembre 1892, à 2 heures

PAR

Maurice FIQUET

AVOCAT A LA COUR D'APPEL

Président : M. GARSONNET, *professeur.*

Suffragants : MM. ALGLAVE, LÉON MICHEL, *professeurs.*
SAUZET, *agrégé.*

La Candidat répondra, en outre, aux questions qui lui seront posées sur les autres matières.

PARIS

A. GIARD & E. BRIÈRE

Libraires-Éditeurs

16, RUE SOUFFLOT, 16

1892

Imprimerie des Écoles, HENRI JOUVE, 15, rue Racine, Paris

THÈSE

pour

LE DOCTORAT

DROITS DE SUCCESSION

DU CONJOINT SURVIVANT

EN DROIT ROMAIN ET EN DROIT FRANÇAIS

THÈSE POUR LE DOCTORAT

PRÉSENTÉE ET SOUTENUE

Le vendredi 23 décembre 1892, à 2 heures

PAR

Maurice FIQUET

AVOCAT A LA COUR D'APPEL

Président : M. GARSONNET, *professeur.*

Suffragants : MM. ALGLAVE, LÉON MICHEL, *professeurs.,* SAUZET, *agrégé.*

Le Candidat répondra, en outre, aux questions qui lui seront posées sur les autres matières.

PARIS

A. GIARD & E. BRIÈRE

Libraires-Éditeurs

16, RUE SOUFFLOT, 16

1892

AVANT-PROPOS

L'article 767 du Code civil n'appelait le conjoint survivant à la succession de son époux prédécédé qu'à défaut de tout parent au degré successible.

Cette disposition rigoureuse était depuis longtemps l'objet de vives critiques, elle a été modifiée par la loi du 9 mars 1891 qui accorde à ce conjoint des droits beaucoup plus étendus.

C'est cette loi que nous nous proposons d'étudier. En examinant quelle était la situation faite à l'époux survivant en droit Romain et dans notre ancien droit français, nous verrons à quel point la réforme était nécessaire. Nous aurons ensuite à passer en revue les règles que la loi nouvelle a mises en vigueur, et à rechercher quelles sont sur ce point les dispositions appliquées dans les principales législations étrangères.

Le plan de notre travail se trouve donc tout tracé. Nous étudierons d'abord notre sujet dans la législation Romaine, puis dans l'ancien droit Français et dans le droit intermédiaire. Ensuite, après avoir examiné les dispositions du Code civil et des lois particulières qui, postérieurement à 1804, ont amélioré le sort du conjoint survivant, dans certains cas spéciaux, nous nous occuperons de la loi du 9 mars 1891 ; nous rechercherons comment elle atteint le but que poursuivait le législateur et ce qu'il faut penser des nouvelles règles qu'elle a édictées. Nous passerons enfin à l'étude des législations étrangères.

DROIT ROMAIN

Nous étudierons dans la législation Romaine, d'une part les droits successoraux qu'elle accordait au conjoint survivant dans la succession *ab intestat* du prédécédé, et d'autre part les gains de survie qui résultaient pour les époux de la dot, de la *donatio ante nuptias* et des libéralités entre-vifs ou testamentaires.

PREMIÈRE PARTIE

Droits de succession ab intestat du conjoint survivant.

Ces droits ont été réglés de façons fort différentes par l'ancien droit civil, le droit prétorien et le droit du Bas-Empire.

De là une distinction qui s'impose, et une division en trois périodes qui feront chacune l'objet d'un chapitre spécial.

CHAPITRE PREMIER

ANCIEN DROIT CIVIL.

Dans l'ancien droit civil de Rome, la femme mariée pouvait se trouver dans deux situations différentes. Ou bien elle demeurait nonobstant le mariage sous la puissance de son *paterfamilias* ou la tutelle de ses agnats, ou bien ces liens étant rompus, elle n'avait plus d'autre famille que celle de son mari : suivant l'expression consacrée, elle passait alors « *in manum mariti* ».

Les droits du conjoint survivant n'étaient pas les mêmes dans les deux cas ; nous nous occuperons d'abord de l'hypothèse d'un mariage accompagné de *conventio in manum*.

SECTION 1

Cas d'un mariage cum manu.

Le mariage *cum manu* créait entre l'homme et la femme une communauté religieuse et pécuniaire, *divini et humani juris communicatio*, nous dit Modestin (1), ce qui en faisait une union plus intime et plus complète que le mariage

1. Dig. L. 1. *De rit. nupt.* XXIII, 2.

sans *manus*. Le mariage accompagné de *conventio in manum* est d'ailleurs la forme la plus ancienne.

Peut-être même les trois modes de *conventio in manum* qui nous sont révélés par les commentaires de Gaius, la *confarreatio*, la *coemptio* et l'*usus*, ne furent-ils originairement que les formes mêmes du mariage. On a remarqué en effet que la *confarreatio* reflétait exactement les solennités du mariage Hindou, que le mariage par *usus* se retrouve dans les anciennes lois du Danemark, et que la *coemptio* rappelle les règles suivies pour le mariage chez les Germains, les Hindous et beaucoup d'autres peuples primitifs (1).

Cette hypothèse ne laisse pas d'être vraisemblable, mais si tel fut le vieux droit romain, il ne tarda pas à se modifier. Déjà la loi des Douze Tables ne considère plus la *manus* comme une suite nécessaire du mariage ; elle indique elle-même que la femme peut éviter cette *manus* par l'*usurpatio* annuelle du *trinoctium*. Dès cette époque, le mariage sans *manus* existait à côté du mariage antique aux formes solennelles, comme source de la paternité légitime et de la *patria potestas*.

Du reste, malgré l'apparition d'une nouvelle forme de mariage, la *conventio in manum* ne fut pas abandonnée. Pendant longtemps encore, presque jusqu'à la fin de la République, elle accompagna ordinairement les *justæ nuptiæ*.

Par l'effet de cette *conventio*, la femme subissait une mi-

1. Voir l'intéressant travail de M. Esmein, intitulé « *La manus, la paternité et le divorce dans l'ancien droit romain.* »

nima capitis deminutio qui la faisait sortir irrévocablement de sa famille. Elle cessait juridiquement d'être la *filiafamilias* de son père ou l'*agnate* de ses tuteurs. Par contre, elle passait sous la puissance de son mari, et était traitée comme sa *filiafamilias*. « *In familiam viri transibat* nous dit Gaius, *filiœque locum obtinebat* » (Instit. Comm. I. § 111). Tous les biens de la femme s'absorbaient dans le patrimoine du mari et devenaient désormais la propriété de celui-ci ; plus exactement, la réunion de ces biens formait une masse unique sur laquelle les deux époux avaient un droit de co-propriété, mais dont le mari seul avait l'administration et la disposition (1). Entrée dans la famille de son mari, la femme devenait l'agnate des agnats de celui-ci. Exclue désormais de la succession paternelle, elle devenait *heres sua* de son mari. C'est l'étude de ses droits héréditaires qui va maintenant attirer notre attention.

Les Romains ayant posé le principe que la femme *in manu* était *loco filiœ* vis-à-vis de son mari, avaient tiré les conséquences logiques de ce principe. Ils en avaient déduit notamment que cette femme était *heres sua* de son mari comme la fille était *heres sua* de son *paterfamilias*.

La femme était-elle en concours avec ses propres enfants ou avec les enfants issus d'un précédent mariage de son mari ? Elle était alors traitée comme si elle eût été leur sœur, et avait droit à une part d'enfant. S'il n'y avait pas d'enfants, soit communs, soit nés d'une union antérieure du mari, elle recueillait la totalité de la succession de celui-ci, à

1. Gaius C. III, §83. Denys d'Halicarnasse, *Antiquités romaines* II, 26.

l'exclusion des autres agnats et des cognats. Dans les deux cas, la femme acquérait l'hérédité *ipso jure*, sans adition, et malgré elle. Mais elle put dans la suite profiter du bénéfice d'abstention lorsque le préteur eut accordé ce bénéfice aux *heredes sui* (Gaius, Inst. Comm. II, § 159).

La femme *in manu* pouvait être libérée de la *manus* par l'émancipation ; elle devenait alors *sui juris* et était as- similée à une fille émancipée. D'après le droit Civil elle ne pouvait donc prétendre à aucune part de la succession de son mari, mais le droit prétorien lui accorda la *bonorum possessio unde liberi*. Dans ce cas, il fallait de sa part une demande au préteur, car elle n'était plus *heres*, mais seulement appelée *inter suos heredes* et la règle est que « *Invito nemini bonorum possessio adquiritur.* »

Nous avons jusqu'ici supposé le cas d'une femme tombée sous la *manus* d'un ingénu. Quels étaient les droits de succession de la femme qu'un mariage accompagné *de conventio in manum* avait unie à un affranchi ? Dans l'ancien droit civil, la *materfamilias sua heres* de son mari primait le patron de celui-ci « *Aperte iniquum erat*, nous dit Gaius (Inst. Comm., III, § 40), *nihil juris patrono superesse* ». Le préteur, disons-le tout de suite, conserva d'abord le même ordre en donnant à la femme une *bonorum possessio unde liberi* grâce à laquelle elle venait au premier rang. Mais dans la suite il réforma cet état de choses dont Gaius se montre si choqué « *qua de causa postea prætoris edicto hœc juris iniquitas emendata est* » nous dit ce jurisconsulte. Si l'affranchi était mort *intestat*, l'édit accordait au patron à l'encontre des héritiers du *de cujus* en général une *bonorum possessio dimidiæ partis*. Le patron eut donc désormais le droit de réclamer contre la femme *in manu* héritière *ab intestat* la moitié de la succession de l'affranchi (Gaius. Inst. Comm. III, § 41, Ulpien, *Regul.* Titre 29, § 1).

Nous avons ainsi examiné quels étaient au cas de mariage *cum manu* les droits de succession *ab intestat* de la femme survivante. Nous serons forcément plus bref en ce qui concerne les droits du mari lorsque l'union conjugale prenait fin par le prédécès de la femme. En effet, tous les biens de la femme *in manu*, passaient nous l'avons vu dans le patrimoine du mari « *Quum mulier viro in manum convenit*, nous dit Cicéron, *omnia quæ mulieris fuerunt, viri fiunt...* » (Topiques 4). De même tout ce que la femme acquérait par la suite devenait la propriété du mari (Gaius, Inst. Comm. II, § 90). Si la femme prédécédait, elle ne laissait donc jamais de biens propres. Par suite il ne pouvait être question d'un droit de succession pour le mari. Par l'effet de la *conventio in manum* celui-ci profitait, il est vrai, d'une sorte de succession anticipée, mais ce n'était pas là un véritable droit de succession, c'était un gain résultant de l'établissement de la *manus*.

SECTION II

Mariage sine manu.

Nous avons vu qu'à côté du mariage *cum manu* apparut de bonne heure une nouvelle forme de mariage qui laissa la femme dans sa famille primitive. Ce mariage *sine manu* a été appelé par les interprètes « mariage libre » ou mariage « *mero consensu* ».

Cette forme du mariage produisait des effets beaucoup moins étendus que le mariage *cum manu*, il n'y avait plus à proprement parler dans le mariage libre de « *divini* et *humani juris communicatio* ». Si la femme se trouvait au moment du mariage sous la puissance de son *paterfamilias*, elle restait sous cette puissance, nonobstant les *Justæ nuptiæ*. Le père pouvait même enlever sa fille à l'époux auquel il l'avait donnée, comme nous le verrons plus loin. La femme était-elle *sui juris* lors du mariage? Elle était alors sous la tutelle de ses agnats et les tuteurs conservaient leurs droits sur leur pupille, postérieurement au mariage.

Restant ainsi dans les liens et sous l'autorité de sa famille, la femme n'entrait point dans celle de son mari. Tandis que la femme *in manu* était unie à ses enfants par les liens de la parenté civile, la femme dans le mariage libre n'était unie à ses enfants par aucun lien d'agnation et ne pouvait leur transmettre son hérédité ni recueillir une part de leur succession. La différence des deux situations était bien marquée par la langue : tandis que la femme *in manu* recevait le titre auguste de *materfamilias*, l'autre n'était qu'une simple *uxor* étrangère à la famille de son mari et de ses enfants. Le mari n'avait alors aucun droit sur les biens de sa femme, sauf sur ceux qu'elle avait reçus en dot ; les intérêts pécuniaires des époux se trouvaient séparés, tout ce que la femme n'a pas apporté en dot restant sa propriété exclusive, et le mari n'ayant sur les biens paraphernaux que les droits que sa femme veut bien lui concéder.

De ce que l'*uxor* restait étrangère à la famille de son

mari, de ce qu'elle n'était pas l'agnate de celui-ci, il résultait qu'elle n'avait aucun droit sur l'hérédité de son époux prédécédé. De son côté, le mari n'avait aucun droit à prétendre dans la succession de sa femme, lorsque c'était le prédécès de celle-ci qui mettait fin au mariage. C'est aux agnats de la femme qu'était attribuée la succession, et nous savons que le mari ne figurait pas parmi eux.

SECTION III

Résumé et examen critique du système du droit civil.

Nous voyons en résumé que dans le vieux droit civil de Rome, il n'y avait place que dans une hypothèse à des droits de succession du conjoint survivant. C'est le cas où le mari ayant sa femme *in manu* vient à prédécéder : la femme traitée comme *filiafamilias* de son mari a les droits de succession qu'aurait un enfant du *de cujus*. M. Boissonade trouve fort exagérés les droits accordés à la femme survivante, et il critique « ce concours avec les enfants et cette préférence sur toute la famille naturelle ou civile du défunt (1) ». Mais il ne faut pas oublier qu'en tombant sous la *manus* de son mari, la femme a perdu non-seulement tous ses biens présents, mais encore l'espoir d'en acquérir d'autres dans l'avenir; les droits de succession qui lui étaient accordés n'étaient qu'un juste dédommagement de l'absorption de son patrimoine dans celui du mari. Bien

1. M. Boissonade a publié une *Histoire des droits du conjoint survivant* qui a été couronnée par l'Académie des Sciences morales et politiques. Nous aurons souvent à nous y référer.

plus, nous avons vu que les biens de la femme réunis à ceux du mari contribuaient à former une masse unique dont l'administration et la disposition appartenaient il est vrai au mari seul, mais sur laquelle la femme avait néanmoins un droit de co-propriété (Denys d'Halicarnasse, II, 25). Le droit de succession de la femme *in manu* n'était qu'une conséquence logique de ce droit de co-propriété.

Pourquoi donc ces droits étaient-ils variables suivant le nombre des enfants du mari? C'est que ces enfants étaient eux aussi traités comme co-propriétaires du patrimoine paternel. Lors du décès du *paterfamilias,* sa femme et ses enfants en acquérant l'hérédité ne recueillaient pas un droit nouveau, ils prenaient plutôt l'exercice d'un droit qui leur appartenait déjà antérieurement. C'est ainsi que Gaius au livre II de ses Institutes, § 157, nous dit : « *Sui quidem heredes appellantur quia... vivo quoque parente quodammodo domini existimantur.* »

Le droit de succession accordé à la femme *in manu* était donc équitable en fait et justifié en droit. Le mari d'ailleurs pouvait omettre ou exhéréder sa femme, et ce n'est que peu à peu par les progrès lents mais continus de la législation romaine que celle-ci fut protégée contre ces déchéances.

L'épouse survivante mariée sans *conventio in manum* n'avait aucun droit sur l'hérédité de son mari prédécédé. Pourquoi cette différence radicale avec le cas d'un mariage *cum manu?* La règle n'était-elle pas trop rigoureuse à l'égard de l'*uxor?* Non, cette règle n'avait rien d'injuste. Restée dans sa famille, l'*uxor* avait conservé ses droits à la succession de son *paterfamilias* et de ses agnats. Elle

avait conservé la propriété de ses biens : n'ayant rien mis
dans le patrimoine familial, elle n'avait à prétendre aucun
droit sur ce patrimoine lors du décès du chef de la famille.
C'était encore là une solution logique et équitable.

Pour ce qui est des droits de succession accordés au
mari survivant, les règles Romaines s'expliquent d'elles-
mêmes. S'il y avait eu *conventio in manum*, le mari avait
acquis tous les biens de la femme : il est clair que celle-ci
ne laissait rien à son décès et qu'il ne pouvait être question d'accorder des droits successoraux au mari.

Y avait-il mariage *sine manu ?* Si la femme avait survécu, elle n'aurait rien recueilli dans l'hérédité *ab intestat*
de son mari ; dès lors, si la femme prédécédait il était logique de refuser au mari tout droit à la succession de celle-ci.

Le système du droit civil était donc fort rationnel, ses
différentes dispositions s'accordent logiquement entre elles
et forment un tout harmonieux.

Mais les changements survenus dans les mœurs, la
désuétude de la *manus* rendant de plus en plus fréquente
la séparation fâcheuse des intérêts pécuniaires des époux
appelèrent des réformes que le droit prétorien réalisa
« *emendandi juris civilis gratia* ».

CHAPITRE DEUXIÈME

DROIT PRÉTORIEN.

Le vieux droit civil s'accordait avec les mœurs lorsque la *conventio in manum* était la règle générale des mariages. Il parut suranné quand le mariage *mero consensu* s'implanta dans les habitudes Romaines et lorsqu'à côté des *ustæ nuptiæ* furent établies d'autres unions plus libres.

Usitée encore jusqu'à la fin de la République, la *manus* subsista, mais beaucoup moins fréquente sous l'Empire. Gaius (Inst. Comm. I, § 112) et Papinien (Collat. IV, § 7) nous en parlent encore comme d'une institution en vigueur à leur époque. Il est difficile de préciser la date de sa disparition complète ; cette institution s'affaiblit progressivement, et à la fin du III° siècle de l'ère chrétienne il n'en est plus question. Comme cette disparition en modifiant les rapports pécuniaires entre époux amena les réformes du droit prétorien en matière de droit successoral, il n'est pas sans intérêt d'en rechercher au moins brièvement les causes.

SECTION I

Désuétude de la Manus.

Il y avait plusieurs raisons qui devaient tendre à rendre le mariage libre de plus en plus fréquent, qu'il s'agit du mariage d'une femme *sui juris* ou d'une *filiafamilias*.

La femme *sui juris* était, nous le savons, sous la tutelle de ses agnats, et le consentement de ces tuteurs était nécessaire pour que la pupille pût passer *in manum mariti*. Or, un intérêt pécuniaire très puissant poussait les tuteurs à refuser leur autorisation à la femme placée sous leur dépendance. Il résultait en effet de la *manus* une perte de biens pour leur famille puisque la femme passait dans la famille de son mari avec tous les biens qu'elle avait pu acquérir, et notamment avec la part recueillie par elle dans l'hérédité paternelle. Le mariage avec *manus* étant nuisible à la famille dont ils devaient défendre les intérêts, les tuteurs devaient souvent s'y opposer. En agissant ainsi, comme le remarque M. Labbé (1), ils n'obéissaient pas à des sentiments sordides et vulgaires ; ils ne faisaient que remplir leur devoir, car ils mettaient obstacle à l'appauvrissement et à l'affaiblissement de leur famille. Il n'en résulte pas moins que dès l'apparition du mariage libre le mariage *cum manu* dut être abandonné par les femmes *sui juris*.

1. Voir dans la *Nouvelle Revue historique*, année 1887, l'article de M. Labbé sur ce sujet.

Supposons maintenant le cas d'une *filiafamilias*. Lorsqu'elle ne passait pas *in manum mariti* au moment du mariage, et que le mari n'acquérait pas la *manus* dans la suite par l'effet de l'*usus*, elle restait sous la puissance de son *paterfamilias*. Alors, le *pater* était maître de rompre le mariage en reprenant sa fille : dans ce but il lui était permis à l'origine de la revendiquer, et plus tard il put intenter contre le mari l'interdit de *liberis exhibendis*. Cet acte était considéré comme un véritable divorce, et il était loisible au père d'user de ce droit nonobstant l'opposition de sa fille (1). Le mariage sans *manus* pouvait donc être rompu contre le gre des deux époux. Il n'en était pas de même d'un mariage *cum manu*. La *conventio in manum* avait donc à cette époque entr'autres avantages celui de protéger contre l'arbitraire de son beau-père l'homme qui épousait une *filiafamilias*. Mais cette utilité disparut d'elle-même du jour où disparut le danger auquel remédiait la *conventio* : une jurisprudence nouvelle dénia au *paterfamilias* le droit de briser un mariage bien uni et anéantit presque complètement son ancien pouvoir. On alla même plus loin dans la voie des réformes, et l'on accorda au mari un interdit « *de uxore exhibenda et ducenda* » pour réclamer l'*uxor* que le *paterfamilias* aurait

---

1. Cicéron (Ad Heren. II, 34) nous a transmis les vers suivants d'Ennius dans lesquels nous voyons une fille reprocher à son père de l'avoir séparée de son mari.

> « *Injuria abs te adficior indigna, pater,*
> *Nam si improbum Chresphontem existimaveris,*
> *Cur me huic locabas nuptiis? Sin est probus,*
> *Cur talem invitam invitum linquere cogis ?* »

ramenée malgré elle au foyer paternel (1). Ainsi disparut un grand avantage de la *conventio in manum* au point de vue des droits de famille, et de là un coup de plus porté à cette institution. Notons d'ailleurs que ces réformes furent introduites sous les Antonins, c'est-à-dire à une époque où la *manus*, pour d'autres raisons que nous allons examiner maintenant, était déjà en décadence.

L'apparition du divorce dans les mœurs romaines ne fut pas sans influence sur la désuétude de la *manus*. Le mariage *cum manu* ne pouvait se dissoudre que par la volonté du mari ; suivant Plutarque, cette règle aurait été formellement établie par une loi de Romulus. Rien n'est moins sûr que l'existence de cette loi, mais enfin une vieille coutume accordait au mari seul le droit de rompre le mariage accompagné de *manus*. En divorçant, le mari agissait comme juge domestique ; il ne pouvait prononcer la répudiation de sa femme sans prendre d'abord l'avis d'un conseil de parents. Sinon, il commettait une faute grave et s'exposait à être puni par le censeur (Valère-Maxime, II, chap. 7, § 2). « Divorcer, c'est donc faire acte de juge, nous dit M. Esmein (*loc. cit.*) ; la femme ne peut jouer ici que le rôle de justiciable. » Donc, dans le vieux droit civil la femme *in manu* ne pouvait se soustraire à la puissance de son mari et rompre le mariage de sa seule volonté (2).

Rien de semblable pour le mariage *sine manu*. La femme

1. Voir : M. Esmein, *loc. cit.*, n° III, et pour les textes Romains : Paul. *Sent.* Liv. V. T. 6, § 15 ; Digeste loi 5. *De rep.*, V. 17; Loi 4. *De Div.* XXIV, 2.

2. Il en fut peut-être autrement à l'époque de Gaius. Voir Gaius Iust. comm. I, § 137, *in fine*. Mais ce texte est susceptible de plusieurs interprétations différentes.

était-elle *alieni juris ?* Son père pouvait, nous l'avons vu, briser l'union même contre le gré des époux. La femme était-elle *sui juris ?* Elle pouvait divorcer librement : le mari n'avait pas d'action pour la ramener au foyer conjugal. Lorsque le divorce entra dans les mœurs Romaines, la *conventio in manum* qui accordait au mari seul le droit de rompre le mariage dut être abandonné pour une union moins stable, pour le mariage libre qui reconnaissait aux deux conjoints le droit de divorcer.

Mais ce fut sans doute l'institution de la dot qui battit surtout en brèche l'établissement de la *manus.* La constitution de dot, fort rare dans l'ancienne Rome, était devenue par la suite une condition habituelle et presque essentielle du mariage ; elle avait fini par devenir obligatoire pour le père et pour les agnats de la future épouse. Cette dot dont la conservation et la restitution furent assurées à la femme, « dénaturait la *manus,* dit M. Gide, et renversait la puissance maritale. La femme était de fait, sinon de droit, maîtresse et propriétaire de sa dot. A chaque instant, elle pouvait en exiger la restitution par un brusque divorce, et le mari sans cesse sous le coup de l'action dotale était sous la dépendance de sa femme ».

De plus, il arriva que des hommes cupides ne cherchant dans le mariage qu'un moyen de s'enrichir ou de reconstituer le patrimoine qu'ils avaient dissipé, consentirent pour recevoir des dots considérables à des mariages qui n'étaient pas accompagnés de la *conventio in manum.* La littérature latine nous offre à ce sujet de nombreux témoignages. Plaute, Horace, Martial, censurent sans pitié ces maris qui font marché de l'autorité maritale.

— 24 —

« *Argentum accepi, dote imperium vendidi* » nous dit un passage de l'Asinaria de Plaute (acte I, scène 1re) ; contre le paiement d'une forte dot, il a vendu son pouvoir.

De leur côté, les femmes riches ne laissaient pas de rechercher ces mariages qui leur assuraient une grande indépendance et leur permettaient même, au témoignage de Plaute, de se montrer tyranniques :

« .... *Quæ indotata est, ea est in potestate viri ;*
Dotatæ mactant et malo et damno viros » (1).

Pour ces femmes, la *manus* eût été un joug intolérable.

Dans le courant du IIe siècle, la *manus* qui déjà tombait en désuétude perdit encore un de ses avantages pour la femme. La *materfamilias*, nous l'avons dit, succédait *loco sororis* à ses enfants de même que ses enfants venaient à son hérédité. Rien de tel n'existait pour la simple *uxor*. Mais les sénatus-consultes Tertullien et Orphitien firent disparaître sur ce point l'avantage du mariage *cum manu*. Ce fut un coup de plus à l'institution déjà fort abandonnée de la *conventio in manum*.

Enfin, la désorganisation de la famille, l'amoindrissement de l'autorité du *paterfamilias*, le développement de la fortune et de l'influence des femmes contribuèrent beaucoup à l'abandon de la *manus*. Cette institution avec sa rigueur et l'étroite dépendance qu'elle impliquait pour l'épouse, n'était plus d'accord avec les mœurs nouvelles. Elle

1. Plaute. Aulularia, acte IV, scène 5e.
Il serait facile de multiplier de semblables citations.

finit par tomber d'elle-même sans qu'aucune disposition législative l'ait renversée (1). Dès lors, les intérêts pécuniaires des époux étaient séparés; la femme n'avait aucun droit sur l'hérédité du mari, le mari de son côté n'avait rien à prétendre sur la succession de sa femme. Le préteur, au surplus n'avait pas attendu la désuétude complète de la *manus* pour remédier à cette situation au moyen de la *bonorum possessio unde vir et uxor*. Avant d'examiner la portée et les effets de cette *bonorum possessio*, il ne sera pas inutile de jeter un coup d'œil d'ensemble sur les *bonorum possessiones* en général.

SECTION II

Des bonorum possessiones en général.

« *Jus bonorum possessionis introductum est a prætore emendandi veteris juris gratia* » nous disent les Institutes de Justinien (Livre III. Titre 9). Mais il n'en faut pas conclure que la *bonorum possessio* fut à l'origine imaginée expressément dans le but de faire échec au droit civil. Le préteur ne pouvait ainsi entrer directement en lutte avec les règles qu'il avait mission de faire exécuter. Tel ne fut pas certainement le caractère de l'intervention du préteur.

Supposons que des difficultés se soient élevées au sujet de l'attribution d'une hérédité, et que la pétition d'hérédité ait été engagée; en accordant à l'un des plaideurs la *bonorum pos-*

1. L'influence de la dissolution des mœurs sur la *manus* a été tracée de main de maitre, dans un style plein de vie, par M. Paul Gide (*Condition privée de la femme*, pages 136 et suivantes).

sessio, le préteur ne faisait que lui assurer la possession provisoire de l'hérédité litigieuse durant le cours de l'instance.
Il fixait ainsi le rôle respectif des parties dans la pétition
d'hérédité, mais il ne tranchait pas la question de droit. La
prétention de celui à qui avait été refusée la *bonorum possessio* restait entière et triomphait si elle était appuyée sur des
preuves suffisantes. Le but primitif du préteur fut donc
d'assurer l'exécution du droit civil en donnant le meilleur
rôle dans l'instance à celui des plaideurs qui lui semblait le
véritable ayant-droit. Sans doute, le préteur donnait aussi la
bonorum possessio en vue de compléter le droit civil, mais
dans ce cas encore il ne violait aucun principe du *jus civile*.
Ce n'est que plus tard qu'il en arriva à accorder la *bonorum
possessio* à des non-héritiers, nonobstant la présence des
véritables héritiers: encore la *bonorum possessio* fut-elle
dans ce cas d'abord donnée *sine re*, elle était alors efficace
seulement à l'encontre des tiers qui n'avaient pas de droit
à l'hérédité, mais ne garantissait pas le *possessor* contre le
véritable héritier. Peu à peu cependant la *bonorum possessio sine re* disparut, le *possessor* devint dans tous les cas un
véritable successeur universel opposant victorieusement
son titre à l'héritier lui-même. Ce qui n'était au début
qu'un réglement de procédure tendit à devenir pratiquement le véritable système successoral.

Parmi les *bonorum possessiones*, les unes supposent l'existence d'un testament : ce sont 1° la *bonorum possessio secundum tabulas* qui a pour but de faire exécuter le testament
et est donnée aux institués ; 2° la *bonorum possessio contra
tabulas* qui sans tenir compte des dispositions du testateur
s'accorde à des personnes qui n'ont pas été instituées.

D'autres sont déférées en l'absence de testament ; les Institutes nous en indiquent huit. Ce sont : 1° La *bonorum possessio unde liberi* ; 2° la *bonorum possessio unde legitimi* ; 3° la *bonorum possessio unde decem personæ* ; 4° la *bonorum possessio unde cognati* ; 5° la *bonorum possessio tum quem ex familia* ; 6° la *bonorum possessio unde patronus et patrona liberique eorum et parentes* ; 7° la *bonorum possessio unde vir et uxor*, 8° la *bonorum possessio unde cognati manumissoris* (Inst. Livre III, titre IX, § 3).

Enfin, on peut indiquer comme occupant une place à part la *bonorum possessio uti ex legibus*, qui n'est ni attribuée à certaines personnes déterminées, ni renfermée dans des hypothèses spéciales.

SECTION III

De la bonorum possessio unde vir et uxor.

Il n'est pas facile de préciser l'époque à laquelle apparut cette *bonorum possessio*. Nous savons que la *bonorum possessio unde cognati* était déjà connue de Cicéron (*Pro Cluentio*, 60), de même que la *bonorum possessio unde legitimi* (*In Verrem*, II. 1, 44). Nous savons aussi que la *bonorum possessio unde liberi* existait déjà du temps de Labéon (Digeste, loi 8, § 11, *De bon. poss. contra tab. L. 37, T. 4*). Il est à présumer que la *bonorum possessio unde vir et uxor* date à peu près de la même époque et qu'elle apparut vers la fin de la République ou dans les premiers temps de l'Empire. Nous avons vu que dès cette époque la *manus* commençait à tomber en désuétude.

Le titre même de *bonorum possessio* qui nous occupe nous montre une première modification apportée par le préteur au régime successoral entre époux : tandis que d'après les règles du *jus civile* la femme *in manu* peut seule avoir des droits de succession, il existe désormais un droit réciproque de succession entre les époux pour le cas où le mariage n'a pas été accompagné de *conventio in manum*.

Les mots « *vir et uxor* » nous montrent aussi que la *bonorum possessio* dont il s'agit n'était accordée qu'à ceux qui avaient droit aux titres de *vir* et d'*uxor*, c'est-à-dire à ceux seulement qui avaient contracté un *justum matrimonium*. On peut tirer de là les conclusions suivantes : 1° Si les conjoints n'ayant pas ensemble le *connubium* ne sont unis que par un *matrimonium injustum*, il n'y a pas lieu à cette *bonorum possessio*. C'est ce que nous dit Ulpien. Loi unique pr. Digeste. (*Unde vir et uxor*, l. 38, t, 11) : « *Ut bonorum possessio peti possit unde vir et uxor, justum esse matrimonium oportet, ceterum si injustum fuerit matrimonium nequaquam bonorum possessio peti potuerit : nihil enim capi propter injustum matrimonium potest* ». Le mariage du *jus gentium* ne conférait donc pas de droit de succession entre époux; 2° Le concubinat encore qu'il fût une union licite et légale, ne conférait pas non plus le bénéfice de la *bonorum possessio*. Les concubins n'avaient pas droit aux noms de *vir et uxor*; 3° La *bonorum possessio* ne s'appliquait pas à l'hypothèse d'un mariage déjà dissous par le divorce. C'est ce que nous dit également Ulpien : « *Ut autem hæc bonorum possessio locum habeat uxorem esse oportet mortis tempore* ». Il est des cas, ajoute Ulpien, où le mariage subsiste nonobstant le divorce; il n'y a pas lieu alors à la *bonorum possessio*. C'est ce qui arrive dans les hypothèses suivantes :

a). Une affranchie a divorcé d'avec son patron, *invito patrono*. La loi Julia la retient dans les liens du mariage et lui défend de contracter une nouvelle union contre le gré de ce patron. Elle est encore *uxor*, mais comme c'est malgré elle qu'elle continue à posséder cette qualité, elle n'en mérite plus les avantages et n'aura pas droit, le cas échéant, à la *bonorum possessio unde vir et uxor*. C'est du moins ce que nous dit Ulpien : « *Lex Julia libertam retinet in matrimonio* ». Mais il résulte de la loi 11 pr. *Digeste de Divort. et repud.* que le mariage doit être considéré comme dissous. Et en effet, le patron, lui, n'est pas frappé de l'interdiction de se remarier : les liens qui l'attachaient à son affranchie sont donc dissous. C'est à titre de peine que l'on défend à la femme de contracter une nouvelle union sans le consentement de son patron. Dès lors, le mariage étant dissous il est conforme aux principes que la *bonorum possessio* cesse d'être applicable.

b) Si le divorce n'a pas été fait *certo modo* il est considéré comme *infectum* d'après la loi *Julia de adulteriis*. Le mariage subsiste, mais les époux n'ont plus droit à la *bonorum possessio*.

Le rang de la *bonorum possessio unde vir et uxor* était le dernier ; sauf dans un cas le conjoint ne primait que le fisc. Pour voir dans quelle hypothèse le conjoint passait avant d'autres personnes que le fisc, il nous faut supposer qu'il s'agit de la succession d'un ingénu.

Si cet ingénu est devenu *sui juris* sans émancipation ou

par l'effet d'une émancipation *contracta fiducia*, les *bonorum possessiones* se classent ainsi : 1° *unde liberi*; 2° *unde legiti-mi (parens manumissor)* ; 3° *unde cognati*; 4° *unde vir et uxor*. Mais si l'ingénu a été émancipé sans contrat de fiducie, il a un *manumissor extraneus* et les *bonorum possessiones* se rangent dans l'ordre suivant : 1° *unde liberi*; 2° *unde decem personæ (dix cognats)* ; 3° *unde legitimi (manumissor extraneus)*; 4° *unde cognati*; 5° *unde vir et uxor* ; 6° *unde cognati manumissoris*.

S'il s'agit de la succession d'un affranchi, la *bonorum possessio unde vir et uxor* vient toujours la dernière.

Le rang du conjoint survivant était donc fort éloigné. Sauf dans un cas exceptionnel, ce conjoint ne primait que le fisc. Mais du moins, il était toujours préféré au fisc. Cependant une constitution de l'empereur Antonin Caracalla semble supposer que le fisc peut p imer l'époux survivant, car nous y voyons le fisc détenir les biens du *de cujus* malgré la présence de la veuve.

Voici le texte dont il s'agit : « *Bona quondam mariti tui fiscus si nemini et successore existente ut vacantia occupaverit, donationes ab eo factæ... revocari non possunt* » (Loi 1, Code *De donat, inter virum et uxorem*, V, 16). Là difficulté s'évanouit si l'on suppose avec Wissenbachius que cette veuve avait omis de demander la *bonorum possessio* à laquelle elle avait droit. Les mots « *vacantia bona* » autorisent tout à fait cette conjecture, car on entend par cette expression les biens compris dans une hérédité à laquelle personne n'est appelé, ni selon le droit civil, ni selon le droit Prétorien, ou qui a été successivement répudiée par tous les appelés. C'est donc seulement parce que la veuve a refusé ou omis d'exercer ses droits que le fisc se trouve en possession des biens du mari prédécédé.

Non seulement l'époux primait le fisc, mais il fut encore à une certaine époque appelé à une partie de la succession même en présence de parents du *de cujus*. Nous trouvons en effet au code Théodosien (loi 9, *De leg. hered.* L. V, t. I), une constitution des empereurs Théodose II et Valentinien III datant de l'année 428, qui abroge formellement une ancienne constitution aux termes de laquelle l'époux concourait avec certains parents. Réformant cette règle, Théodose et Valentinien décident que l'époux ne pourra désormais exclure que le fisc. Voici les termes mêmes de la loi 9 « *Pridem latæ constitutionis pars quædam abroganda est, ne ullis parentibus et propinquis.... in capiendis ab intestato hereditatibus præferantur conjuges vel etiam comparentur... Nunc vero, parentibus exstantibus vel propinquis, ab intestato venire conjuges prohibemus.* »

Quelle est donc la constitution qu'abroge la loi 9? Voici à cet égard l'opinion de Cujas (tome IX, 675); elle paraît très vraisemblable. Cette constitution aurait pour auteurs les empereurs Théodose et Valentinien eux-mêmes; mais ceux-ci s'étant aperçus bientôt des inconvénients de leur innovation ne tardèrent pas à revenir par une nouvelle constitution à la règle ancienne d'après laquelle le conjoint ne prime que le fisc « *Sed iidem imperatores,* dit Cujas, *non diu in ea sententia perseveraverunt; imo in d. l. ult.* (c'est-à-dire la dernière loi du Titre I, Livre V, du code Théodosien, notre loi 9), *derogant et constitutioni ut scilicet mulier viro nulla ex parte succedat, nisi deficiente omni cognatione.* »
Le texte même de la loi 9 nous montre d'ailleurs que la

constitution abrogée est assez récente ; elle est appelée
« *pridem lata constitutio.* » Quant au temps pendant lequel
cette constitution a été en vigueur, il nous est désigné par
ces termes significatifs « *medium breveque tempus.* »

Pour ce qui est des motifs de cette abrogation, ils nous
sont donnés par la loi 9 elle-même. Si les époux ont une
grande affection l'un pour l'autre, rien ne les empêche,
dit cette loi, d'en donner la preuve par un testament « *si
sanctitas inter eos sit digna fœdere conjugali, non ita labo-
riosa vel somptuosa est testandi occasio, ut desiderio suo quisquam subvenire differat* ». Quoiqu'il en soit, dès l'année
428, le conjoint ne primait plus que le fisc, mais nous l'a-
vons vu, il le primait toujours.

Nous n'avons pas à étudier ici les effets de la *bonorum
possessio unde vir et uxor.* Nous savons que la *bonorum
possessio* ne faisait pas du conjoint un *heres* (*prætor heredes facere non potest,* nous dit Gaius. Inst. Comm., III,
§ 32), elle le mettait seulement *loco heredis,* avec l'interdit
quorum bonorum et la *petitio hereditatis possessoria.* Mais
ce sont-là des règles qui sont communes à toutes les *bonorum possessiones* et qui par conséquent ne rentrent pas
directement dans notre sujet.

En résumé, nous voyons que les droits successoraux
accordés à l'époux survivant par le préteur se réduisent à
bien peu de chose. Quelques auteurs ont pensé que la place
si reculée qu'occupe la *bonorum possessio unde vir et uxor*
dans la série des *bonorum possessiones* provenait de ce fait
que, à l'époque où elle fut instituée, la *manus* encore très
usitée dans la pratique romaine rendait fort rare l'usage
de cette *bonorum possessio.* Nous inclinons, quant à nous,

à penser que la *manus* n'était déjà plus fréquente à l'époque où la *bonorum possessio unde vir et uxor* entra en vigueur, et que cette désuétude tendant à priver les femmes de tout droit à la succession de leur mari ne fut pas sans influence sur l'établissement de cette *bonorum possessio*. Au surplus, les veuves n'avaient pas à se plaindre du peu d'étendue de leurs droits de succession. D'un côté, sans l'intervention du préteur elles n'auraient pas eu du tout de droits, et de l'autre, elles n'avaient qu'à s'en prendre à elles-mêmes de ne pas avoir contracté un mariage *cum manu*. Mais il est bien permis de penser que du jour où la *manus* eut tout à fait disparu, la part faite à l'époux survivant fut bien minime. Sans doute, le préteur en rendant réciproques les droits de succession entre époux avait réalisé une excellente réforme, son œuvre pourtant n'était pas complète; on pouvait lui reprocher notamment de ne pas protéger suffisamment le conjoint pauvre. Nous allons voir intervenir à l'époque du Bas-Empire de nouvelles dispositions qui améliorent notablement la situation de ce dernier.

CHAPITRE TROISIÈME

DROIT DU BAS-EMPIRE.

SECTION 1

Réformes antérieures aux Novelles de Justinien.

Nous avons déjà parlé de la constitution des empereurs Théodose II et Valentinien III aux termes de laquelle l'époux ne peut désormais primer que le fisc; nous n'avons pas à y revenir.

Certaines innovations de Justinien, sans toucher à la *bonorum possessio unde vir et uxor* eurent néanmoins pour effet indirect d'améliorer la situation de l'époux survivant. Nous voulons faire allusion : 1° à une constitution de Justinien résumée aux Institutes (livre III, Titre 7, § 3), par laquelle la succession des affranchis se trouve presque entièrement assimilée à celle des ingénus : « *pene consonantia jura ingenuitatis et libertinitatis in successionibus* », disent les Institutes ; 2° à une disposition par laquelle le même empereur suppléa toujours le contrat de fiducie dans l'émancipation des enfants (Inst, III, 2. *De leg. adgnat. succ.*, § 8; Loi 6, code, *De emanc lib.* liv. 8, t. 49). Par suite de ces deux innovations, Justinien fut amené à supprimer les *bonorum possessiones unde decem personæ, unde patronus patronaque, tum quem ex familia, et unde cognati manumissoris* (*Inst.* L. III, t. 9, § 4, 5 et 6 ; Loi 4, code, L. 6, t. 4). La *bonorum possessio unde vir et uxor* vint donc désormais au quatrième rang (1), immédiatement après les *bonorum possessiones unde liberi, unde legitimi et unde cognati.* Tout en continuant à occuper le dernier rang, l'époux se trouva dans une position meilleure, puisqu'il n'eut plus à craindre le *manumissor extraneus* et ses cognats ni les parents du patron.

SECTION II

Réformes opérées par les Novelles de Justinien.

Le droit prétorien, nous l'avons vu, n'était guère favorable à l'époux ; Justinien fut touché de la situation misérable dans laquelle pouvait tomber la veuve qui n'avait reçu lors de son mariage ni dot, ni *donatio propter nuptias :* « *Quosdam mulieribus sine dote matrimoniis jungi, deinde eos mori videmus et liberos ex lege ad paternam hereditatem vocari, uxores vero... quia nec dos, nec donatio propter nuptias facta sit, nihil capere posse, sed in extrema necessitate vivere* » dit cet empereur dans la Novelle 53, chap. 6. Aussi modifia-t-il cet état de choses par la Novelle 53 qui date de l'année 537. D'après cette novelle, la femme pauvre et non dotée avait droit à un quart des biens composant la suc-

---

1. Si Justinien la range au sixième rang (*Inst.* L. III, T. 9, § 6) c'est qu'il place aux deux premiers rangs les *bonorum possessiones contra tabulas et secundum tabulas.*

cession de son mari prédécédé, à condition que le mari fût riche. De son côté, le mari avait aux mêmes conditions les mêmes droits dans la succession de sa femme. Cette quarte a été appelée par les commentateurs quarte du conjoint pauvre.

On voit quel était le but de Justinien ; il ne voulait pas assurer dans tous les cas à l'époux survivant une quote-part de la succession de son conjoint, il voulait seulement empêcher l'époux qui n'avait aucune fortune personnelle de tomber dans la misère après la mort de son conjoint, et assurer au survivant une situation qui ne fût pas trop inégale à celle qu'il avait eue durant le mariage. Déjà Justinien statuant pour le cas de la répudiation par le mari d'une femme qui n'avait pas reçu de dot, avait décidé que si la répudiation était faite sans cause, la femme recevrait le quart des biens du mari. Cette quarte ne pouvait d'ailleurs dépasser cent livres d'or (Loi 11, § 1, Code *De repud.* L. V. T. 7. Novelle 22, chap. 18 et 30).

En l'année 542, la novelle 117 vint modifier les dispositions de la novelle 53.

1° Elle ne maintint le droit à la quarte qu'au profit de la femme, aussi bien en cas de divorce qu'en cas de dissolution du mariage par la mort du mari.

2° Elle décida que en présence de plus de trois enfants issus du mariage, la veuve aurait droit non pas à un quart de la succession, mais seulement à une part virile.

3° S'inspirant de la novelle 22, la novelle 117 disposa que la portion des biens attribuée à la veuve ne pourrait dépasser cent livres d'or.

Voyons maintenant à quelles conditions la veuve acquiert la quarte. Il faut pour cela : 1° que le mari prédécédé soit riche ; 2° que la femme soit pauvre ; 3° qu'elle n'ait pas reçu de dot. Cette dernière condition est formellement exigée ; elle résulte de l'assimilation que la novelle 117 établit entre le droit de succession de la veuve et les droits de la femme injustement répudiée. La femme qui a été dotée mais qui est pauvre à l'époque du décès de son mari n'aurait donc pas droit à la quarte. C'est là, pensons-nous, une règle bien difficile à justifier ; elle n'est guère conforme au but poursuivi par Justinien, mais elle semble néanmoins certaine. Au sujet de la deuxième condition, remarquons que les novelles 53 et 117 ne nous disent pas ce qu'il faut entendre exactement par *« vir locuples »* et *« mulier inops »*. Quand donc le mari sera-t-il réputé riche ? Quand la femme sera-t-elle considérée comme pauvre? C'était là une question de fait, elle était laissée à l'appréciation du juge qui statuait *« arbitrio boni viri »* s'il s'élevait des difficultés sur ces divers points.

Quelle est au juste l'étendue des droits de la veuve ? Pour résoudre cette question plusieurs cas sont à distinguer.

1° Si la veuve concourt avec trois enfants ou moins de trois enfants du défunt, elle a droit au quart des biens composant la succession, que ces enfants soient issus de son mariage avec le défunt ou d'un précédent mariage du de cujus : *« Sancimus uxorem si quidem usque ad tres habuerit filios ejus vir, sive ex ea, sive ex alio matrimonio quartam partem ex substantia viri accipere »*, dit la novelle 117.

2° Si la veuve se trouve en présence de plus de trois enfants, elle prend une part virile de la succession : *« Si*

vero plures sint liberi tantum mulierem accipere volumus quan-
tum uni ex liberis competit. »

3° Si la veuve concourt avec des héritiers autres que des enfants, elle a droit à la quarte, quel que soit d'ailleurs le nombre de ces héritiers. Certains auteurs il est vrai, pensent que la veuve n'a jamais droit qu'à une part virile quand elle concourt avec plus de trois héritiers *ab intestat,* quelque soit le lien de parenté rattachant ces héritiers au défunt. Selon eux, la disposition par laquelle la novelle 117, chap. 5, limite à une part virile le droit de la veuve en présence de plus de trois enfants du *de cujus,* doit être étendue par voie d'analogie à tous les cas où la veuve se trouve en concours avec plus de trois héritiers. Nous ne pouvons nous rallier à ce système. La règle posée par la novelle 53 était que la veuve avait droit à un quart de la succession; sans doute, la novelle 117 a apporté une exception à cette règle pour le cas où le *de cujus* laisse plus de trois enfants, mais cette exception doit recevoir une interprétation restrictive. Dès qu'on n'est plus dans l'hypothèse qu'elle prévoit, il nous faut revenir à la règle générale. Étendre la disposition exceptionnelle à des cas qu'elle ne vise pas est, croyons-nous, moins prudent et moins juridique. Et d'ailleurs, sans qu'il soit besoin d'insister sur ce point de détail, on conçoit aisément que Justinien ait réduit à une part virile le droit de la veuve en concours avec plus de trois enfants sans restreindre ce droit dans la même mesure lorsque la veuve se trouve en présence de plus de trois héritiers autres que des enfants.

La veuve a donc droit, soit à une quarte, soit à une part virile. Mais sur quel ensemble de biens la portion qui lui échoit doit-elle se calculer? On a soutenu que la veuve devait rapporter son propre patrimoine; c'est d'après la masse formée par ce patrimoine et celui du mari prédécédé que se déterminerait la part de la veuve. Les termes de la novelle 53, chap. 6, pr. et § 1. sont tout-à-fait contraires à ce système: « *si virum uxor dimiserit, quartam ea partem sublantiæ ejus accipiat. Quod si uxor res quasdam proprias in domo viri vel alibi sitas habeat, harum actionem et retentionem nulla ratione imminutam habeat.* »

C'est donc sur le seul patrimoine de *De Cujus* que se calcule la quarte ou la part virile de la veuve; celle-ci n'est pas tenue de rapporter ses biens propres.

La même règle se trouve du reste dans la novelle 118 chap. 5. « *Fecimus legem decernentem si quis indotatam uxorem acceperit, et præmoriatur, accipere eam quartam illius substantiæ portionem.* » Il ne faut pas oublier d'ailleurs que l'époux survivant ne pouvait dans tous ces cas recueillir plus de cent livres d'or.

4° S'il n'y a pas d'héritiers concurrents, la veuve pauvre ou riche recueille la succession entière au moyen de la *bonorum possessio.* Nous n'avons pas à revenir sur cette hypothèse.

Il ne suffit pas de savoir quelle était la quotité du droit de la veuve, il faut encore en connaître la nature. Sur ce point, le texte de la novelle 117 semble fort clair : « ..... *Ita scilicet ut in illis rebus mulier solum usumfructum habeat, dominium vero liberis illis servetur quos ex eo matrimonio habuerit. Sin autem talis mulier liberos ex eo non habeat, jubemus ut res quæ ex substantia viri ad eam venire hac lege jussimus, etiam dominii jure habeat.* » Il semble bien résulter des termes de la novelle : 1° Que la femme ne reçoit que l'usufruit de sa portion lorsqu'elle concourt avec des enfants issus de son mariage avec le *de cujus* ; 2° que en présence de tous autres héritiers, elle a droit à la pleine propriété de sa part.

Une autre opinion a cependant été soutenue en Allemagne par Löhr(1). La novelle 117, fait-il remarquer, de même que la novelle 53 qui accorde une *quarte* à la femme pauvre non dotée, s'inspire évidemment d'une constitution antérieure statuant sur le cas d'une répudiation injuste. Nous avons vu en effet, que dès l'année 533 Justinien avait décidé que la femme dépourvue de dot qui serait injustement répudiée par son mari aurait droit de prendre le quart des biens de celui-ci, et c'est en 537 seulement que la novelle 53 vint accorder le même droit à la femme au cas de prédécès de son mari, en se référant expressément à la réforme précédemment opérée pour le cas de répudiation. Justinien ne fit donc qu'étendre à l'époux survivant un droit antérieurement conféré à l'époux répudié injustement. D'où cette conclusion logique, d'après Löhr: les règles concernant la quarte de la veuve doivent être les mêmes que celles qui s'appliquent à la quarte de la femme répudiée. Or, nous trouvons au Code (Loi 8, § 7, *de repud.* Livre V, t. 17) une constitution de Théodose et Valentinien aux termes de laquelle tous les biens que l'époux injustement répudié recueillait à la suite du divorce devaient être conservés aux enfants issus du mariage dissous

1. Voir : *Archiv. für die zivilistische Praxis.* Tome 22, p. 1 et suiv. « *Zur lehre von dem Erbrechte der durftigen Wittce. Von Löhr* (Heidelberg, 1839).

sans pouvoir être ni aliénés ni hypothéqués, et nous voyons que d'après la loi 11, § I, au même titre, Justinien étendit cette règle à la quarte qu'il accorda au conjoint répudié : « *Hoc lucro quartæ partis, filiis quidem non exstantibus, ipsi viro et mulieri competente et ab his quo modo voluerint disponendo ; filiis autem ex eodem matr'monio intervenientibus, eis servando ad similitudinem dot's et propter nuptias donationis* ».

Nous voyons aussi dans la loi 8, § 7, *h. t.*, que la femme injustement répudiée a le droit de disposer par testament des biens qu'elle recueille au profit d'un quelconque ou de quelques uns de ses enfants. Elle a donc plus qu'un droit d'usufruit, elle a un véritable droit de propriété, restreint il est vrai, par les obligations que nous venons de mentionner. La même solution doit s'appliquer à la veuve, dit Löhr, conformément à ce que nous avons vu plus haut. La veuve sera donc propriétaire des biens qu'elle recueille ; sans doute, elle devra conserver pour la transmettre à ses enfants la portion qui lui est échue dans la succession de son mari, mais du moins elle aura le droit de partager entre eux cette portion comme bon lui semblera. De plus, si tous les enfants venaient à décéder avant leur mère, les biens deviendraient complètement libres entre ses mains. Il n'est donc pas exact de dire que la veuve n'a qu'un droit d'usufruit sur la quarte, la nue-propriété en appartenant aux enfants.

Ce système est assurément fort ingénieux, et les raisons historiques sur lesquelles il est fondé ne laissent pas d'être spécieuses. Cependant nous pensons qu'en présence des termes si précis de la novelle 117, cette théorie ne peut être acceptée. Le texte de la loi est clair, à notre avis :

« *ut mulier solum usumfructum habeat, dominium vero liberis servetur* ». Il nous semble bien difficile de conclure du texte que la veuve a un droit de propriété sur les biens qu'elle reçoit à charge de les conserver à ses enfants. D'ailleurs, dans le système de Löhr, il faut, pour être logique, admettre que le droit des enfants à la quarte est subordonné à la condition qu'ils survivront à leur mère. Comment concilier avec cette solution les mots « *ut... dominium liberis servetur* » qui impliquent l'idée d'un droit de propriété immédiatement attribué aux enfants et se transmettant à leurs héritiers ? Nous persistons donc à penser que la veuve n'a qu'un droit d'usufruit lorsqu'elle concourt avec des enfants issus de son mariage avec son mari prédécédé ; la nue-propriété de la portion échue à la veuve appartient aux enfants. De là, nous tirons les conclusions suivantes :

1° La femme ne peut, dans l'hypothèse qui nous occupe, disposer au profit d'un seul ou de quelques-uns de ses enfants, de la propriété de la portion qu'elle a reçue.

2° Si un des enfants vient à mourir avant sa mère, il transmet à ses héritiers les droits de nue-propriété qui sont dans son patrimoine.

3° Si tous les enfants viennent à mourir avant leur mère, le droit que cette dernière a sur sa portion ne se trouve pas pour cela changé de plein droit en un droit de pleine propriété.

Au contraire, dans le système de l'auteur allemand, on donne dans ces trois cas des solutions diamétralement opposées aux nôtres. Nous voyons par là que la question que nous venons de discuter n'était pas dénuée d'intérêts pratiques.

Il nous reste à examiner le cas où la veuve concourt à la fois avec des enfants issus de son mariage avec le défunt, et avec d'autres enfants issus d'une précédente union du *de cujus*. La novelle 117 n'a pas expressément prévu ce cas, aussi des controverses se sont-elles élevées sur ce point. Trois opinions ont été soutenues :

1° D'après les uns la femme recevant l'usufruit de toute sa part, la nue-propriété s'en trouve répartie indistinctement entre tous les enfants du *de cujus*.

2° D'après d'autres, la veuve ne reçoit, il est vrai, que l'usufruit de sa part, mais la nue-propriété en est attribuée seulement aux enfants communs.

3° Enfin dans une troisième opinion, on soutient que la veuve a seulement l'usufruit de sa part dans la mesure où elle concourt avec des enfants communs, et la pleine propriété dans la mesure où elle concourt avec d'autres enfants de *de cujus*.

Un exemple fera facilement comprendre l'application pratique de chacun de ces trois systèmes, et la diversité des résultats auxquels on arrive suivant l'opinion que l'on adopte. Supposons que le mari prédécédé laisse: 1° deux enfants issus de son mariage avec la femme qui lui survit ; 2° deux enfants issus d'un précédent mariage. Au point de vue du droit de la veuve, le premier et le deuxième système donnent des résultats identiques : celle-ci recueille l'usufruit du cinquième de la succession. Seulement, d'après le premier système la nue-propriété de ce cinquième appartiendra pour un quart à chaque enfant du *de cujus*, tandis que dans le second ce droit de nue-propriété se divisera par moitié entre les deux enfants communs. Si l'on suit au contraire la troisième opinion, il faudra reconnaître à la femme 1° Un dixième en pleine propriété ; 2° un dixième en usufruit, la nue-propriété de ce dixième se divisant entre les deux enfants communs.

Cette troisième opinion doit, pensons-nous, être tout d'abord écartée, car elle est contraire au texte même de la loi. D'après la novelle, en effet, il suffit que la femme soit en concours avec des enfants issus de son mariage avec le *de cujus* pour qu'elle n'obtienne qu'un droit d'usufruit: « *ita... ut in illis rebus mulier solum usumfructum habeat, dominium vero liberis illis servetur, quos ex eo matrimonio habuerit.* » La présence des enfants communs, qu'il y ait ou qu'il n'y ait pas d'enfants d'un autre lit, est suffisante pour réduire le droit de la femme à un droit d'usufruit.

Ce système écarté, nous retombons dans l'un des deux premiers. Tous deux n'accordent que un droit d'usufruit à la veuve sur sa part ; ils se divisent sur le point de savoir à qui est attribuée la nue-propriété de cette part. C'est une question qui ne se rattache pas directement à l'objet de notre étude, mais il n'est pas inutile, croyons-nous, de l'élucider ici. Il nous semble, quant à nous, que le texte de la novelle est plutôt favorable au deuxième système qui atttribue la nue-propriété exclusivement aux enfants communs. Suivons sur ce texte l'enchaînement des idées : « *Uxor, si quidem maritus usque ad tres liberos vel ex ipsa vel ex alio matrimonio habeat... quartam partem substantiæ viri capiat. Si vero plures sint liberi* (sous-entendez, *sive ex ea sive ex alio matrimonio) tantum mulierem accipere volumus quantum uni ex liberis competit, ita scilicet ut in illis*

rebus mulier solum usumfructum habeat, dominium vero libe-
ris illis servetur quos ex eo matrimonio habuit. »

Au commencement de la deuxième phrase, il est bien évident que le mot *liberi* désigne des enfants quelconques du
de cujus, soit communs, soit nés d'un précédent mariage.
Si le *de cujus* laisse plus de trois enfants, la veuve n'a que
l'usufruit d'une part d'enfant, la nue-propriété de cette
part étant attribuée aux enfants que cette veuve a eu du
de cujus. A quoi donc serviraient les mots « *illis quos ex*
matrimonio habuit » s'ils n'étaient pas là justement pour
nous dire que la nue-propriété dont il s'agit n'est pas
répartie entre tous les *liberi* indistinctement, et que bien
au contraire la loi entend réserver cette nue-propriété aux
enfants communs au *de cujus* et à sa veuve? Sans doute, on
a soutenu que par ce membre de phrase le texte visait le
id quod plerumque fit, et prévoyait le cas où la femme
concourt avec des enfants communs; mais nous ne pouvons partager cette manière de voir. Et en effet, quelle
serait l'utilité de la proposition « *dominium vero liberis*
illis servetur quos ex eo matrimonio habuit » ? La veuve
n'ayant qu'un droit d'usufruit sur sa portion, il est clair
que la nue-propriété en appartient aux héritiers avec
qui elle concourt, c'est-à-dire dans l'hypothèse, prévue par
le texte, aux *liberi,* aux enfants communs ou non du *de*
cujus. La disposition finale serait parfaitement inutile si
elle n'avait spécialement pour but d'écarter cette solution
et si elle ne voulait dire: la nue-propriété de la part échue
à la veuve ne sera pas partagée entre tous les *liberi* indistinctement, elle sera réservée aux enfants communs.

D'ailleurs, si l'on rapproche ce membre de phrase de la

distinction qui est faite un peu plus haut « *uxor... si maritus usque ad tres liberos vel ex ipsa vel ex alio matrimonio habeat* », ne voit-on pas clairement que cette distinction est bien présent à l'esprit du législateur ? Dès lors, comment ne pas reconnaître dans notre disposition finale la volonté bien arrêtée de refuser le droit à la nue-propriété aux enfants nés « *ex alio matrimonio ?* »

En résumé, la phrase à la vérité confuse et embarrassée qui nous occupe prévoit successivement deux cas différents et pose les règles suivantes :

1° S'il y a plus de trois enfants du *de cujus*, la veuve n'aura qu'une part d'enfant. Elle n'aura qu'un droit d'usufruit sur cette part.

2° Si parmi les *liberi*, les uns sont des enfants communs au *de cujus* et à la veuve, les autres des enfants nés d'un précédent mariage du défunt, la nue-propriété de cette part sera divisée seulement entre les enfants communs.

Tel est, à notre avis, le système que le texte de la novelle 117 semble consacrer ; c'est celui qui a été soutenu par Roszhirt (Erbrecht, p. 196) et auquel s'est rallié Vangerow (Lehrbuch, vol. 2, § 448). Au surplus, il nous faut bien avouer que ce système ne satisfait pas entièrement l'esprit : il n'accorde aux enfants du premier lit dans la succession de leur père qu'une part inférieure à celle qu'y recueillent les enfants communs sans qu'on aperçoive une bonne raison justifiant cette différence de traitement.

La veuve pauvre, avons-nous vu, a droit, soit à une quarte, soit à une part virile. Que décider si le défunt a fait quelque libéralité à sa femme, soit par donation entre-vifs, soit par disposition à cause de mort ?

Si le mari a laissé à sa veuve moins que ce que la loi lui accorde, cette veuve pourra exiger que sa part lui soit complétée. « *Si tamen maritus legatum aliquod illi relinquat, quod minus sit quarta parte id expleatur* » dit la novelle 53, chapitre 6. La veuve doit donc imputer sur sa part tout ce qu'elle reçoit de son mari par disposition de dernière volonté. La même solution s'applique aux donations entre-vifs faites à son profit par le mari, c'est là une consé-quence de ce principe que les donations entre époux sont assimilées aux donations à cause de mort.

Remarquons d'ailleurs que la règle posée par les novel-les est en parfaite harmonie avec l'idée générale qui pré-side à l'institution de la quarte. Le législateur a voulu que l'épouse pauvre d'un mari opulent ne tombât pas dans la misère après le décès de son conjoint. Peu importait dès lors que ce fût par la volonté expressément manifes-tée du *de cujus* ou par l'effet de la loi suppléant à cette manifestation que la quarte advînt à la veuve, du moment que celle-ci échappait à la situation contre laquelle le législateur a voulu la protéger.

Il nous reste encore une question à examiner. A quel titre la femme recueille-t-elle une part dans la succession de son mari ? Doit-elle être considérée comme une héri-tière ? La question présente de grands intérêts pratiques : si la femme est une véritable héritière : 1° elle devra pour acquérir la portion à laquelle elle a droit, faire adition d'hérédité ; et si elle décède avant cette adition ses droits se trouveront anéantis et ne passeront pas à ses héritiers ; 2° elle ne pourra plus invoquer le bénéfice de la novelle 117 si elle vient à n'être plus « inops » dans l'intervalle

qui s'écoule entre la délation et l'adition de l'hérédité ;
3° elle pourra intenter la pétition d'hérédité ; 4° elle pourra
se prévaloir du *jus accrescendi* pourvu du moins qu'elle
n'obtienne pas en l'exerçant plus du quart de l'hérédité, ni
plus de cent sous d'or.

Au contraire, si l'on refuse à la veuve la qualité de *heres*,
elle ne pourra réclamer sa portion que par une *condictio
ex lege*. Cette action née au moment du décès de son mari
devient immédiatement transmissible aux héritiers de la
femme sans qu'il soit besoin à celle-ci de faire adition. De
plus sa qualité de « *inops* » peut disparaître postérieurement au décès du *de cujus* sans que la veuve perde pour
cela ses droits héréditaires. Enfin, il ne peut être question
de conférer le *jus accrescendi*.

Maintenant que nous connaissons les intérêts pratiques
de la question, quel parti prendre sur ce point controversé ? Nous pensons, quant à nous, qu'il faut reconnaître à
la veuve la qualité de *heres*. La novelle 53, § 1, lui donna
expressément ce titre : *Si vero quasdam res proprias... mulier habuit, harum actionem et retentionem habeat imminutam, subjacere hujusmodi rebus viri creditoribus nullo modo
valentibus, nisi forte secundum quod in illius jure ex hac lege
heres exstiterit.* » Ce texte ne veut pas dire seulement que la
veuve doit payer une part du passif héréditaire proportionnelle à celle qu'elle recueille dans l'actif, il lui confère
très explicitement le titre de *heres*. Lisons au surplus la
même novelle 53 *principium : «Sancimus ut et his (uxoribus)
in successione defuncti prospiciatur, atque uxor cum liberis
vocetur.* » Ces mots « *ut... uxor cum liberis vocetur* » ne
prouvent-ils pas que la veuve, tout comme les enfants

issus du mariage, est héritière de son conjoint prédécédé?

Dès lors, nous sommes peu touché de l'objection que tirent de la novelle 117 les partisans du système contraire. La novelle 117, disent-ils, assimile le cas où la femme survit à son mari à celui où elle a été répudiée injustement : dans les deux hypothèses, elle lui confère le quart du patrimoine du mari. Or, il est bien certain que la femme répudiée n'est pas héritière de son mari, et qu'elle n'a pour réclamer sa quarte qu'une action personnelle, la *conditio ex lege*. La même solution doit être appliquée à la veuve pauvre. Sans doute, répondrons-nous, il est incontestable que Justinien a étendu au cas de prédécès du mari une règle précédemment posée pour l'hypothèse d'une répudiation injuste, mais il ne s'ensuit pas que les droits de la femme soient absolument identiques dans les deux situations. La novelle ne parle que de la quotité de ces droits, c'est seulement au point de vue de la quotité qu'elle entend les assimiler. Elle ne déclare pas enlever à la veuve la qualité d'héritière que lui reconnaît la novelle 53, et si elle emploie ces termes peu explicites « *sancimus ut... uxor... quartam partem substantiæ viri capiat* » c'est qu'elle réglemente du même coup deux hypothèses différentes (*in utroque casu... sancimus*) et que, pour être adéquate à l'une et à l'autre, la formule devait justement n'être pas trop précise.

SECTION III

Réformes postérieures aux Novelles de Justinien.

Novelles de Léon le Philosophe.

Nous connaissons maintenant les droits de succession *ab intestat* accordés au conjoint survivant par la législation de Justinien. Une modification y fut apportée par l'empereur Léon le Philosophe dans sa novelle 106 intitulée : « *De indotatis mulieribus quantum maritis mortuis ex ipsorum bonis lucrentur.* »

La veuve en concours avec des enfants du *de cujus* n'avait qu'un droit d'usufruit. Léon le Philoscphe lui accorda un droit de propriété, rétablissant ainsi la disposition que nous avons trouvée dans la novelle 53 (chap. 6) de Justinien. Rien ne fut changé d'ailleurs à la quotité du droit de la veuve. Le droit de propriété accordé à la veuve était entier, absolu : celle-ci n'était donc pas grevée de l'obligation de conserver pour les transmettre à ses enfants les biens qu'elle recueillait de son mari.

Dans cette novelle 106, l'empereur Léon expose quelle était la législation antérieure telle qu'elle résultait des novelles 53 et 117 de Justinien, et l'on a dit que cette interprétation était conforme à celle que nous a donnée Löhr et que nous avons repoussée. La novelle 106 déclarerait d'après certains auteurs, que dans la législation de Justinien la veuve pauvre avait toujours la propriété de sa part même en présence d'enfants, seulement dans ce dernier cas la veuve devait conserver intacts les biens par elle recueillis et les laisser à ses enfants. Nous ne pensons pas que tel soit le sens de l'explication donnée par la novelle. 106 « *Sæpe fit*, dit le texte, *ut mulieres, viris defunctis, provenientem ex ipsorum bonis portionem... non in perpetuum dominium neque ut de illa testari possint, accipiant; sed ad vitæ dies usumfructum solum et inde vitæ sustentionem.* » Il s'agit bien là pour la femme d'un droit d'usufruit, conformément à l'opinion que nous avons soutenue. La suite du texte ne nous semble pas en contredire le commencement. « *Ipsa vero vita decedente in liberos hujus portionis dominium transfertur* (ἡ ἐξουσία τῆς τοιαύτης μέρους μεθίσταται), *illis rebus tanquam suis utendi potestate non concessa nisi nulli liberi supersint* ». On a conclu de là que, suivant l'empereur Léon, la femme d'après la novelle 53 et 117, n'acquérait la propriété définitive de sa part que si tous les enfants mouraient avant elle. C'est, dit-on, que pour cet empereur le droit de la femme, tel qu'il résultait de ces novelles, était non pas un droit d'usufruit, mais ce droit de propriété restreint dont nous avons parlé ci-dessus.

Pour nous, nous pensons que le texte veut dire simplement ceci : « Lorsque la femme vient à décéder, la libre disposition de sa part (ἡ ἐξουσία) passe aux enfants du *De cujus*. C'est seulement au cas où il n'existe pas (ou plus) d'enfants issus du mariage *au moment du décès du de cujus* que la veuve a sur sa part un droit de pleine propriété. » Ainsi expliquée, la phrase s'accorde parfaitement avec la précédente, bien loin de la contredire comme il faut l'admettre dans l'opinion contraire, et la suite des idées est celle-ci : S'il y a des enfants la veuve n'a sur sa portion qu'un droit d'usufruit; la nue-propriété de cette portion appartient aux enfants qui lors du décès de leur mère deviennent pleins propriétaires. Mais s'il n'y a pas d'enfants, la veuve a sur sa part un droit de propriété.

Notre manière d'entendre le texte s'accorde bien du reste avec la suite de la novelle « *ut haud sciam utrum mulier fructum ventris videre optet, an eum non nasci flagitet, quo ita devolvendæ ad ipsam portionis domina fiat.* » L'empereur Léon se demande si pour avoir la propriété de la portion à laquelle elle aurait éventuellement droit dans la succession de son mari, la femme n'en viendra pas à former le désir de rester stérile. C'est donc que la présence d'enfants lors de l'ouverture de la succession du *de cujus* l'empêche d'être « *domina levolvendæ ad ipsam portionis.*

Quelle que soit d'ailleurs l'idée que Léon le Philosophe se fasse des novelles 53 et 117, il se déclare peu satisfait de leurs dispositions sur le point qui nous occupe, et il les critique en termes extrêmement vifs. En conséquence, il décide que le droit de la veuve sur sa part sera toujours un droit de propriété, et qu'elle pourra par suite disposer à son gré des biens qui lui sont échus. Mais il ajoute qu'en cas de second mariage, la veuve perdra ses droits sur cette part, et que les biens par elle recueillis dans la succession de son mari passeront à ses enfants.

On voit donc quels étaient dans le dernier état de la législation romaine les droits de succession du conjoint survivant. Le mari n'avait que ceux de la *bonorum possessio unde vir et uxor*, la novelle 117 de Justinien lui ayant enlevé les autres avantages qu'il tenait de la novelle 53. Sans doute, cet empereur avait considéré qu'il était plus facile au veuf qu'à la veuve de se créer des ressources par son travail personnel. C'est là un système qui se conçoit, mais qui n'est pas à l'abri de toute critique.

Quant à la femme, à la condition qu'elle fût pauvre et non dotée, et que son mari fût riche, elle prenait une part dans la succession de ce dernier. Cette part qui, sous Justinien, était en usufruit ou en toute propriété suivant que la femme concourait avec des enfants ou avec des héritiers autres que des enfants, fut toujours une part en propriété à partir de Léon le Philosophe. La quotité en était de un quart si la femme était en présence de moins de trois enfants ou d'héritiers autres que des enfants. S'il y avait trois enfants ou plus de trois, la femme recueillait une part virile. C'est d'ailleurs à titre d'héritière que la veuve était appelée à prendre une portion du patrimoine de son défunt mari.

Des dispositions des novelles sur ce point, les glossateurs de Bologne formèrent une authentique insérée au Code, Livre VI, titre 18, et qui est connue sous le nom d'*Authentique Prætcrea*. Nous la retrouverons plus loin en étudiant dans l'histoire du droit Français la législation des pays de droit écrit.

DEUXIÈME PARTIE

Des Gains de survie pouvant appartenir au conjoint.

Généralités. — Nous avons vu quels étaient les droits successoraux que la loi Romaine attachait à la qualité d'époux survivant lorsque le prédécédé ne laissait pas de testament. La seule étude de ces droits ne nous donnerait pas une idée suffisamment exacte des rapports pécuniaires qui existaient à Rome entre les deux conjoints. En effet, divers gains de survie pouvaient naître et, en fait, naissaient presque toujours de la dot et des libéralités entre-vifs ou testamentaires entre époux, produisant ainsi des modifications importantes dans la situation du survivant. Aussi croyons-nous qu'il ne sera pas inutile, pour compléter le tableau que nous venons d'esquisser, de passer en revue les gains de survie résultant de la dot, des donations et des libéralités testamentaires.

Nous supposerons toujours dans le cours de nos explications sur ces différents points que les conjoints sont unis par les *justæ nuptiæ.* Le *concubinatus* union reconnue d'ailleurs par la loi ne leur assurait aucun droit de survie.

Au surplus, avant d'examiner les principes qui régissent chacun des gains de survie en particulier, il nous faut ici poser différentes règles qui leur sont communes.

1° On sait que lorsqu'un ascendant et un descendant périssaient dans un même événement sans qu'aucune circonstance de fait indiquât lequel des deux était mort le premier, la question se réglait au moyen de certaines présomptions légales (Digeste, l. 22 et 23, *De rebus dubiis*, liv. 34, t. 5). Rien de tel n'existait pour régler dans le même cas la survivance d'un époux à l'autre. Dans le silence de la loi on résolvait la difficulté à l'aide des principes généraux : les ayants-droits d'un époux se trouvant dans l'impossibilité de prouver la survie de leur auteur ne pouvaient recueillir de son chef le bénéfice des gains nuptiaux. Telle est la règle générale qui se dégage des solutions données dans des hypothèses particulières par Ulpien (Digeste, loi 32, § 14 *De donat. inter virum et uxorem*, liv. 24, t. 1), par Paul (Dig. l. 8, *De rebus dubiis*, l. 24, t. 5) et par Marcien (Dig. loi 26, *De mortis causa donat. et cap.*, l. 39, t. 6). Donc, si les deux époux périssent dans le même événement et si les héritiers de l'un et de l'autre ne peuvent prouver la survie de l'un d'eux, les choses se passeront comme si nul gain de survie n'avait été stipulé. Mais les héritiers de la femme ne pourront réclamer la dot, car ne survivant pas la femme a perdu le droit de la recouvrer.

Cette remarque explique la solution que donne Paul, après Labéon dans la loi 32, § 1 au Digeste, *De relig. et sumpt fur.*, livre 11, t. 7. « *Si eodem momento temporis vir et uxor decesserit, Labeo ait in heredem viri pro portione dotis dandam hanc actionem (funerariam), quoniam id ipsum dotis nomine ad eum pervenit* ». Le mari gagne donc la dot bien que la survie ne soit pas prouvée, mais c'est parce que cette dot en réalité figurait déjà parmi ses biens, et que

« *in pari causa melior est causa possidentis* ». Pour expliquer ce texte, M. Boissonade dit, ce qui revient au même :
« si le mari gagne la dot dans l'espèce, c'est parce qu'en
réalité elle est déjà à lui par la constitution même et que
son droit est plutôt sous condition résolutoire que sous
condition suspensive ».

2° Aux termes de la loi 10, § 1. Dig. *Sol. matr.*, l. 24,
t. 3, le mari qui tue sa femme perd tout droit à la dot. Cette
solution s'explique d'elle-même : « *Non enim æquum est
virum ob facinus suum dotem sperare lucrifacere.* » Elle doit
être étendue à tous les gains de survie.

CHAPITRE PREMIER

DE LA DOT.

La dot est ce que la femme apporte au mari pour subvenir aux charges du mariage. Il ne nous appartient pas d'en faire ici une étude générale ; nous ne devons l'envisager que comme gain de survie. Nous n'aurons donc pas à traiter des modes de constitution ou de restitution de la dot, ni des droits du mari sur celle-ci.

Dans une première période de la législation Romaine, la dot était donnée en toute propriété au mari, et la femme n'avait aucune action pour se la faire restituer. C'est ce qu'a bien mis en lumière M. Gide dans une intéressante étude sur « *Le caractère de la dot en droit Romain* ». « La dot, dit M. Gide, était un don, c'est le sens primitif du mot, c'est-à-dire que la femme l'abandonnait au mari sans réserve et sans retour. » Le mari devenait donc irrévocablement et sans aucune restriction propriétaire de tous les biens qui composaient la dot, et quelle que fût la manière dont le mariage venait à se dissoudre, il n'avait pas à les restituer. En un mot le mari à cette époque gagnait toujours la dot.

Mais vers le milieu du vi⁰ siècle, les mœurs Romaines s'étant corrompues de plus en plus, les divorces ne tardèrent pas à se multiplier : c'est alors qu'on imagina, nous dit Servius Sulpicius cité par Aulu-Gelle (*Noctes* Att. IV, 3) d'exiger du mari l'engagement formel de restituer une partie de la dot en cas de divorce. Cette convention devint si fréquente que l'on finit par la sous entendre quand les parties l'avaient omise, et par donner à la femme divorcée pour recouvrer sa dot une action qui fut appelée *Actio rei uxoriæ*. Dans la suite cette action fut également octroyée à la veuve, elle fut aussi accordée au père de la femme lorsqu'il avait lui-même fourni la dot et que le mariage prenait fin par la mort de l'épouse « *solatii loco, ne et filiæ amissæ et pecuniæ damnum sentiret* » (Loi 6 Dig. *De jure dotium*. L. 23. T. 3).

Dès lors, le mari ne gagne plus la dot à tout événement. Si la femme survivait, elle pouvait recouvrer la dot qu'elle s'était constituée elle-même, si au contraire le mariage venait à se dissoudre par le prédécès de l'épouse l'ascendant qui avait fourni la dot était admis à la réclamer. Il nous faut donc examiner à part la dot profectice, la dot adventice et la dot receptice.

SECTION I

Dot Profectice.

On appelait ainsi, la dot constituée par le père où par un autre ascendant paternel de la femme « *Profectitia dos est quæ a patre vel parente profecta est* » nous dit Ulpien (L. 5, Pr. Dig. *De Jure dotium*. L. 23, T. 3). Encore faut-il que le père fournisse la dot de son bien et en qualité de père. S'il la donnait non pas de son plein gré, comme père, mais contraint et forcé, comme débiteur, la dot ne serait pas profectice (L. 5, § 6, *h. t.*).

La dot profectice appartenait au mari pendant le mariage, mais à la dissolution du mariage, soit par la mort du mari, soit par la mort de la femme, elle devait être restituée au père. Seulement quand l'épouse prédécédait, le mari retenait un cinquième de la dot par enfant, *in infinitum*, en sorte que s'il y avait cinq enfants ou plus la *retentio* absorbait la dot tout entière (Ulpien. Reg. VI, § 4). Remarquons toutefois que cette *retentio* ne pouvait être exercée que si le père agissait en vertu de l'action *rei uxoriæ*. Au contraire, si le père avait formellement stipulé *in continenti* le retour de la dot à son profit, il pouvait, même en présence d'enfants issus du mariage, obtenir la restitution de la dot tout entière au moyen de l'action *ex stipulatu*.

Des règles que nous venons de poser, il ne faudrait pas conclure que le mari ne conservait jamais la dot profectice : au contraire, il pouvait gagner cette dot dans plusieurs cas.

1° Lorsque au moment de la dissolution du mariage par le prédécès de l'épouse, le père de celle-ci était déjà mort. Nous savons en effet que l'action *rei uxoriæ* ne passe aux héritiers du père ou de la femme que si le mari a été mis et demeure par leur auteur, et il est bien évident que dans notre hypothèse aucune mise en demeure ne pouvait avoir été faite. Les héritiers du père ne pouvant réclamer la dot, celle-ci restait au mari, à moins que le père n'en eût formellement stipulé la restitution.

2° De même le mari gagnait la dot lorsqu'on avait décidé par une convention expresse que ce droit lui appartiendrait au cas où il survivrait à sa femme. C'est ce qui résulte d'un texte de Paul qui forme au Digeste la loi 12, pr. *De pactis dotal*, L. 23, T. 4.

3° Si le père a été condamné et ses biens frappés de confiscation, la dot n'ira pas au fisc si le mariage est dissous par le prédécès de la femme, elle sera conservée par le mari. C'est ce que nous dit un texte de Marcien (Loi 8, § 4, Digeste *De bonis damnatorum*, liv. 48, T. 20) qui a été restitué par Cujas d'après les Basiliques.

Remarquons cependant que la règle cesserait de s'appliquer s'il était prouvé que le père a constitué la dot « *metu condemnationis, in fraudem fisci* » Loi 9, *h. t.*). Car le fisc ferait alors révoquer cette constitution comme faite en fraude de ses droits.

SECTION II

Dot adventice.

On appelait ainsi la dot constituée par tout autre personne que l'ascendant paternel de la femme (Ulpien, Reg. VI, § 3). Cette dot était en principe conservée par le mari survivant. Mais il faut remarquer :

1° Qu'il n'en était pas toujours ainsi. Le mari ne gagnait pas la dot lorsqu'il avait été formellement reconnu que cette dot serait restituée par lui. Ulpien semble nous dire qu'une stipulation était nécessaire pour atteindre ce but (§ 5), mais il résulte de la loi 1, au code, *De pact. conv.*

livre 5, t. 14, et de la loi 6. c. *De jure dotium*, l. 5. t. 12, que au moins dans le dernier état du droit classique un pacte adjoint à la constitution de dot était suffisant.

2° Que le mari pouvait conserver la dot adventice même au cas où le mariage était dissous par une cause autre que le prédécès de la femme. En effet, si l'union conjugale prend fin par le divorce, et si, dans la suite, la femme meurt sans avoir mis le mari en demeure de restituer la dot de l'action *rei uxoriæ* qui appartenait à la femme ne passe pas à ses héritiers, et en conséquence la dot reste entre les mains du mari (Ulpien, § 7).

Justinien apporta de grandes modifications à la théorie de la dot adventice. Le mari survivant n'eut plus le droit de conserver cette dot, à moins que cet avantage ne lui eût été formellement conféré par une convention spéciale. En fondant ensemble l'action *rei uxoriæ* et l'action *ex stipulatu de dote*, cet empereur créa une nouvelle action participant des deux autres et ressemblant à l'action *ex stipulatu* notamment et ce qu'elle était toujours transmissible aux héritiers de la femme. Que la femme survive ou qu'elle prédécède la dot n'est plus alors conservée par le mari, une stipulation de restitution étant toujours sous-entendue au profit de la femme ou de ses héritiers (Loi unique. Code L. 5, T. 13).

SECTION III

Dot Réceptice.

On appelait ainsi la dot dont la restitution avait été stipulée par le constituant (Ulpien, Reg. VI, § 5). Il ne saurait donc ici être question d'un gain de survie par le mari ; la dot réceptice à la dissolution du mariage retournait au constituant ou à ses héritiers.

En résumé, lorsque la dot était profectice, le mari ne la gardait pas, du moins en principe ; pour qu'il la conservât, il fallait qu'il survécût à la fois à sa femme et au père de celle-ci et en outre que la restitution de la dot n'eût pas été formellement stipulée. Au contraire, lorsque la dot était adventice le mari survivant la gardait en principe d'après le droit de l'époque classique ; il n'était tenu de la restituer que si la dot avait été stipulée réceptice par le constituant. Sous Justinien, cette stipulation étant toujours suppléée, le mari ne conserve plus la dot à défaut de convention en sa faveur.

Des règles que nous avons posées, il résulte encore que la femme trouvait parfois un gain de survie dans la restitution de sa dot. En effet, lorsque le mariage se dissolvait par le prédécès du mari la femme réclamait la dot par l'action *rei uxoriæ* à défaut de stipulation expresse lui conférant l'action *ex stipulatu*. Il est à noter seulement que si la dot était profectice et si lors de la dissolution de l'union conjugale par le prédécès du mari le père qui avait constitué la dot vivait encore, c'est ce père qui intentait l'action *rei uxoriæ :* il agissait alors « *adjuncta filiæ per-sona.* » Mais, même dans ce cas la femme n'était pas privée de sa dot. L'intérêt public exigeait en effet que la veuve pût recouvrer sa dot. « *Reipublicæ interest mulieres dotes salvas habere, propter quas nubere possunt* » déclare la loi 2. Dig. *De jure dotium,* L. 23, T. 3; et la loi 1. Sol. Matr. L. 24. T. 3, plus explicite encore nous dit : « *Publice interest dotes mulieribus conservari, quum dotatas esse feminas, ad sobolem procreandam replendamque liberis civitatem, maxime sit neces-sarium.* »

CHAPITRE II

A l'époque de Justinien, la donation *propter nuptias* est pour la femme un simple gain de survie : le mari conser-- vait en effet pendant toute la durée du mariage la pro- priété des biens compris dans la donation. Mais cette ins- titution avait alors totalement changé de caractère, ainsi que le montrera une courte explication historique sur ses origines.

Un vieil usage Romain voulait que le futur époux fît à sa fiancée différents présents. Cette libéralité qui interve- nait à l'occasion des fiançailles ou qui tout au moins pré- cédait le mariage, portait le nom de *sponsalitia donatio* ou *sponsalia*. Ces cadeaux d'usage furent longtemps de peu d'importance et échappèrent à toute réglementation, mais vers le milieu du troisième siècle déjà, ils s'étaient singu- lièrement développés. Ils étaient même devenus une dona- tion importante puisque nous voyons que cette libéralité consistait parfois en esclaves ou en fonds de terre (Lois 10 et 14 au Code, liv. 5, t. 3).

Ordinairement, c'était le fiancé qui faisait la donation à la fiancée (L. 16, Code, *h. t.*). Il était rare que l'inverse eût lieu, nous dit le texte, et la chose se comprend aisément puisque la femme apportait déjà une dot à son mari. Dès que cette donation eut acquis tant d'importance, elle fut réglée par le législateur et prit le nom de *donatio ante nuptias*. C'est donc des libéralités accompagnant les fiançailles que dérive cette donation (1). Ce ne sont pas là de simples conjectures, cette origine résulte très nettement de cette même loi 16 au Code. L'empereur Constantin y examine le cas où l'un des fiancés décède postérieurement à la donation mais avant le mariage, et résolvant la question de savoir si cette donation doit être maintenue au profit de la femme ou des héritiers, il dit « *interveniente osculo, dimidiam partem rerum donatarum ad superstitem pertinere præcipimus, dimidiam ad defuncti vel defunctæ heredes... osculo vero non interveniente, totam infirmari donationem.* » « Or, constate M. Esmein dans une remarquable étude (2), ce baiser symbolique était une cérémonie qui précédait le mariage, qui venait sceller définitivement les fiançailles, et que les chrétiens avaient empruntée au paganisme. » C'est donc bien à l'occasion des fiançailles qu'était faite à l'origine la *donatio ante nuptias*.

Bien qu'elle intervînt en vue du mariage, cette donation produisit pendant longtemps un effet immédiat et irrévocable ; elle restait acquise à la donataire même si le mariage n'avait pas lieu. Cette règle était manifestement contraire à l'intention des parties. Il était non moins

1. Voir sur ce point : M. P. de Salvandy. Thèse de doctorat, Paris, 1855.

2. Le testament du mari et la *donatio ante nuptias. Nouvelle revue historique*, année 1881.

contraire à cette intention que la libéralité fût maintenue lorsque le mariage se dissolvait par le prédécès
de la femme. De plus, était-il équitable que l'épouse eût
un droit de propriété irrévocable sur les biens par
elle reçus de son mari *ante nuptias*, alors que le mari n'a-
vait sur la dot qu'un droit résoluble par son prédécès?
Sans doute, toutes ces règles étaient tirées logiquement de
ce principe que la *donatio ante nuptias* était une donation
pure et simple, mais prises en elles-mêmes, elles n'étaient
guère satisfaisantes. Peu à peu on vit disparaître ces inconvénients et en même temps la donation *ante nuptias*
changea de caractère et devint ce que nous la trouvons sous
Justinien.

D'abord, il arriva que l'on convint par un acte exprès de
subordonner la donation à la réalisation de l'union projetée. La donation ne fut pas faite sous condition suspensive à cause de la prohibition des donations entre époux
(L. 4 au Code, *De donat. ante nuptias*, Liv. 5, T. 3), mais
on la rendit résoluble pour les cas où le mariage n'aurait
pas lieu. Une constitution de l'empereur Constantin rendit inutile cette convention (L. 15. C. *h. t.*, L. 2, C. Theod.
L. 3, T. 5). Cet empereur décida en effet dès l'année 319
que le bénéfice de la donation ne serait pas maintenu à la
fiancée, si le refus de célébrer l'union émanait d'elle ou de
son *paterfamilias ;* les biens donnés devaient alors être
restitués au fiancé. Dès lors, on peut dire que la *donatio
ante nuptias* était subordonnée à la condition « *si nuptiæ
sequantur* ». Il est vrai que si c'était du fiancé que venait le
refus, les biens restaient acquis à la femme ; mais il faut
remarquer que dans ce cas c'est le donateur qui rompt le

mariage et met obstacle à l'accomplissement de la condition, et l'on sait que la condition est réputée accomplie, quand c'est la personne intéressée à sa défaillance qui en a empêché la réalisation. « *Quicumque sub conditione obligatus curaverit ne conditio existeret, niholominus obligetur* » nous dit Paul (Loi 85, § 7 Digeste, *De verb. oblig.* L. 45, T. 1).

Remarquons que les règles posées par Constantin devaient être appliquées même si la rupture du mariage se trouvait justifiée par des motifs sérieux : « *Nullis causis ulterius requirendis ne forte mores aut origo dicantur, vel quicquam aliud opponatur, quod sibi quisquam non convenire existimat, cum longe antequam sponsalia contrahantur, hæc cuncta prospici debuerint. Sola igitur indagetur voluntas, et mutata animi sententia... sufficiat* ». C'était là une disposition rigoureuse qui en pratique pouvait produire des résultats contraire à l'équité.

Les biens compris dans la *donatio ante nuptias*, avons-nous dit, passaient aux héritiers de la femme lorsque le mariage prenait fin par le prédécès de celle-ci ; c'était là un inconvénient auquel il fut également remédié. Un usage s'établit d'après lequel ces biens restèrent entre les mains du mari, la femme qui les avait reçus les ajoutant à sa dot. Cet usage nous est attesté par une constitution de Septime-Sévère et Antonin Caracalla qui forme au Code la loi 1, *de donat. ante nuptias*. Livre 5, titre III (1). Les biens donnés à la femme se trouvant confondus avec la dot, le

---

1. La *donatio ante nuptias* formait alors une sorte d'augment de dot.

mari en avait la jouissance pendant la durée du mariage et les conservait si sa femme prédécédait.

Plus tard, il ne fut plus nécessaire que la femme rendit à son mari comme supplément de dot les biens qu'elle avait reçus en *donatio ante nuptias ;* ces biens restèrent de plein droit la propriété du mari. C'est ce que nous trouvons à l'époque de Justinien dans la loi 29, au Code, *De jure dot.* Livre 5, T. 12, qui décide que la femme peut exiger le paiement de la dot et de la donation lorsque le mari est devenu insolvable.

Dès lors, la *donatio ante nuptias* n'est plus une véritable donation, ce n'est plus pour la femme qu'un gain de survie ; il n'y avait donc plus de raisons pour qu'elle dût forcément précéder le mariage et pour qu'elle fût soumise à l'insinuation. L'empereur Justin avait permis d'augmenter la donation et même de la constituer pendant le mariage pourvu qu'une valeur égale fût dans ces deux cas ajoutée à la dot (L. 19, Code Liv. 5, T. 3) ; Justinien alla plus loin dans la voie des réformes et il autorisa la constitution première de cette donation au cours du mariage même si la dot ne recevait aucune augmentation. Et comme le nom de *donatio ante nuptias* n'était plus dès lors exact, l'empereur voulut, comme il l'explique longuement, mettre les mots d'accord avec les choses et substitua à cette appellation celle de *donatio propter nuptias* (Institutes, Livre II, Titre 7, § 3). De plus ce même empereur finit par décider que cette donation ne serait plus soumise à l'insinuation (Novelle 119, chap. 1).

Ainsi, la donation *ante nuptias* se trouvait traitée à beaucoup d'égards comme la dot elle-même. Cette assimilation avait été réalisée de bonne heure au point de vue qui nous occupe ici ; de même que la dot était en général gagnée par le survivant des époux, de même on avait admis que le conjoint survivant aurait le bénéfice de la *donatio ante nuptias*. Dès lors le gain de survie fut double et, comme le dit M. Boissonade : « le mari gagnait la dot et conservait la donation, la femme gagnait la donation et recouvrait sa dot. »

Avant Justinien, nous l'avons vu, le mari conservait la dot adventice au cas de prédécès de la femme. Mais il arrivait souvent qu'une convention expresse rendait cette dot restituable à tout événement, les droits éventuels du mari n'étant maintenus que sur une portion de la dot (Loi unique, § 6, Code, L. 5, T. 13). Une constitution des empereurs Léon et Anthémius datant de l'année 468 (L. 9, Code, *De pact. conv.* Liv. 5, T. 14) décida que les droits de la femme sur la donation seraient proportionnés à ceux du mari sur la dot : quand le mari devait gagner le tiers de la dot au cas de prédécès de la femme, celle-ci de son côté pouvait prétendre au tiers de la donation si elle survivait.

Plus tard, à partir de l'année 530, la dot ne fut plus gagnée par le mari à moins de convention contraire. Malgré cette règle il arrivait souvent que le mari n'était pas entièrement privé du gain de survie, car la convention des parties prenait soin de lui conférer des droits sur une certaine quotité de la dot. La femme pouvait alors prétendre à la même quotité de la donation. Mais dès l'année 539, Justinien modifiant la constitution précitée, décida que l'égalité des gains ne serait plus à l'avenir une égalité proportionnelle, c'est-à-dire l'égalité des quotités, mais une égalité absolue, c'est-à-dire l'égalité des valeurs comprises dans les gains « *in omni donatione sancimus æquas quidem esse oblationes ut per omnia justitiam æquitatemque honoremus* (Novelle 97, chap. 1). »

C'est dans le même esprit d'équité par lui proclamé bien haut, que Justinien avait décidé dès l'année 535 que la femme qui n'aurait payé qu'une partie de la dot qu'elle s'était constituée n'aurait droit, le cas échéant, à la donation *propter nuptias* que dans la mesure où la dot aurait été versée (Novelle 2, chap. 5). La *donatio propter nuptias* finit donc par être réglementée à peu près comme la dot, ce qui explique le nom de *antipherna bona* que lui donne Justinien (Loi 20, Code Liv. 5, T. 3). Comme on l'a dit avec justesse, elle forme comme le pendant, la contre-partie de la dot.

En résumé, cette donation d'abord traitée comme donation entre vifs pure et simple, devint par la suite un gain de survie pour la femme. Le gain de cette donation purement conventionnel dans le dernier état du droit correspondait pour la femme au gain que la convention des parties pouvait accorder au mari sur la dot.

CHAPITRE III

DES DONATIONS ENTRE ÉPOUX.

Les donations entre époux furent longtemps permises par le droit Romain, elles étaient encore possibles en l'an 550, de la fondation de Rome, époque à laquelle remonte la loi Cincia (*Fragments du Vatican*, § 302). Cependant, à l'époque classique nous trouvons ces donations rigoureusement interdites sans que l'on puisse préciser l'époque du revirement qui se produisit à cet égard dans la législation romaine. Ce changement fut l'œuvre de la coutume, ainsi que nous l'apprend Ulpien « *Moribus apud nos receptum est ne inter virum et uxorem donationes valerent* » (L. 1, Digeste *De donat. inter virum et uxorem*, Liv. 24, T. 1). Et ce jurisconsulte nous donne immédiatement après le motif de la nouvelle règle « *Hoc autem receptum est ne mutuato amore invicem spoliarentur.* » On craignait, en outre, qu'une donation ne fut arrachée à un conjoint par des menaces de divorce et que par là le lien du mariage ne devint vénal, le conjoint le plus honnête étant dépouillé par le moins scrupuleux (L. 2 et 3, *h. t.*). C'est donc dans l'intérêt des époux eux-mêmes que cette prohibition fut établie, aussi fut-elle interprétée avec douceur. Ainsi la donation fut permise dans plusieurs cas exceptionnels, par exemple quand elle n'appauvrissait pas le donateur (L. 5, § 13 et 14), quand elle ne portait que sur des fruits ou des intérêts (L. 17, pr.), quand elle était faite par la femme au mari *honoris causa* ou *exsilii causa*. Dans les autres cas, la libéralité n'avait d'autre effet que de conférer au donataire une jouissance tout à fait précaire des biens donnés. D'ailleurs, les donations à cause de mort et les libéralités testamentaires restèrent autorisées, car elles ne produisaient pas leur effet *constante matrimonio* (L. 9, § 12. L. 10, *h. t.*).

SECTION I

Des donations à cause de mort entre époux.

On appelle donations à cause de mort les donations qui sont révocables au gré du donateur et qui deviennent caduques par le prédécès du donataire. Les textes disent pour caractériser la situation créée par une telle donation, que le donateur préfère le donataire à ses héritiers propres, mais qu'il se préfère lui-même au donataire.

Ce n'est donc qu'au décès du donateur que la donation produit son effet : c'est pour cette raison que ces sortes de libéralités ne sont pas prohibées entre époux « *quia excurrit donationis eventus in hoc tempus quo vir et uxor esse desinunt* (L. 10, *h. t.*). Mais on peut comprendre de deux façons différentes que l'effet de la donation soit subordonnée au prédécès du donataire. Ou bien le donateur pouvait opérer le transport de propriété, avec clause de retour pour le cas où il survivrait au donataire, ou bien il pouvait ne transférer la propriété que sous la condition suspensive de son prédécès. Le donateur avait bien le choix entre l'un ou l'autre procédé lorsque sa libéralité s'adressait à un étranger, mais quand le donataire était son conjoint la donation devait nécessairement être faite sous condition suspensive. Seulement si, dans ce cas, l'intention du donateur avait été de rendre son conjoint propriétaire *hic et nunc*, le droit de ce dernier sur les biens donnés avait un effet rétroactif : lorsque le prédécès du donateur avait rendu la donation définitive, l'acquisition du donataire était reportée au jour de l'acte qui avait réalisé la donation. Ce prédécès validait donc les actes de disposition émanés du donataire et lui assurait le bénéfice des acquisitions faites *pendente conditione* par l'esclave donné. C'est ainsi que M. Bufnoir dans son *Etude sur la Théorie de la condition en droit Romain* explique deux textes, l'un d'Ulpien qui forme au Digeste la loi 11. § 1, *De donat, inter virum et uxorem*, Livre 24, Titre 1, et l'autre de Papinien qui est la loi 40 Dig., *De mortis causa donat. L.* 39, T. 6. C'est d'ailleurs par exception qu'on admettait ici la rétroactivité de l'acquisition de la proprité transférée *sub conditione.*

Au surplus, les donations à cause de mort entre époux étaient révocables au gré du donateur tout comme pareille donation faite à un étranger ; elles étaient également soumises à l'application de la loi Falcidia.

SECTION II

Des donations entre époux confirmées par le prédécès du donateur.

Malgré la prohibition des donations entre époux introduite par la coutume, il arrivait souvent en pratique que le mari fît en cette forme diverses libéralités au profit de sa femme. A la vérité, celle-ci ne détenait les biens donnés que temporairement, mais d'après un usage constant sur lequel nous reviendrons, le mari confirmait la donation par testament, en léguant à sa femme les objets compris dans cette libéralité. La règle prohibitive se trouvait ainsi souvent éludée. On comprend dès lors facilement que le législateur ait songé à valider la donation entre époux au cas où le donataire l'aurait maintenue jusqu'à son décès ; en agissant ainsi, il ne faisait que mettre le droit d'accord avec le fait. C'est ce que réalisa un sénatus-consulte célèbre, connu sous le nom de Oratio Antonini, et qui est dû probablement aux empereurs Septime-Sévère et Antonin Caracalla « *Fas esse eum quidem qui donavit pœnitere : heredem vero eripere forsitan adversus voluntatem supremam ejus qui dona verit, durum et avarum esse* », nous dit la loi 32, § 2, Digeste L. 24, t. 1.

On sait qu'une donation entre-vifs pouvait être opérée par voie de dation, de promesse, de délégation ou de remise de dette. Tous ces procédés de donation étaient prohibés entre époux antérieurement à l'*Oratio*, est-ce qu'ils participèrent tous au bénéfice créé par la nouvelle règle ?

Il n'est pas très facile de répondre à cette question, car nous avons pour la résoudre divers textes d'Ulpien qui ne sont pas d'accord entre eux.

Un de ces textes, en effet, qui forme à notre titre la loi 23, est ainsi conçu : « *Papinianus recte putabat orationem divi Severi ad rerum donationem pertinere : denique si stipulanti spopondisset uxori suæ, non putabat conveniri posse heredem.* » Il semble bien résulter de là qu'Ulpien se ralliant à la théorie présentée par Papinien décidait que les donations faites par voie de promesse n'étaient pas validées par le prédécès du donateur.

Au contraire, dans d'autres textes du même Ulpien, le bénéfice du Sénatus-consulte est appliqué à toutes les donations, quel que soit le procédé à l'aide duquel elles se réalisent. C'est ainsi que la loi 32, § 1, dit : « *Oratio pertinet ad omnes donationes... ut et ipso jure res fiant ejus cui donatæ sunt, et obligatio sit civilis* (1). » Le paragraphe 23 de la même loi est encore plus explicite : « *Sive autem res fuit quæ donata est, sive obligatio remissa, potest dici donationem effectum habituram... Et generaliter universæ donationes quas impediri diximus, ex oratione valebunt.* » Du reste, la loi 33 pr. visant expressément l'hypothèse d'une donation faite par voie de promesse déclare que l'*Oratio* est applicable : « *Si stipulata fuerit mulier annuum, et si manente matrimonio decessisse maritus proponatur, puto posse dici stipulatio-*

---

1. M. de Savigny (*Traité de droit Romain*, Tome IV, § 161), nous dit au sujet de ce texte : « Pour tout lecteur libre de prévention, ces mots signifient évidemment : la tradition ou la stipulation qui étaient nulles jusqu'au moment de la mort deviennent valables *ipso jure.*

nem confirmari ex senatus consulto. » Ulpien semble donc contredire formellement le système qu'il approuve dans la loi 23. Mais il est fort probable que cette contradiction n'existe pas en réalité, et que la loi 23 a altéré le texte primitif de ce jurisconsulte.

Nous voyons en effet, dans cette loi que Papinien décidait deux choses : 1° les *donationes rerum*, c'est-à-dire les donations réalisées au moyen d'une dation bénéficiaient du sénatus-consulte ; 2° au contraire, les donations faites par voie de promesse n'étaient pas validées par le prédécès du donateur. Ulpien, il est vrai, par le mot *recte* donne son adhésion à ces deux propositions, mais d'après M. de Savigny, ce « *recte* » ne devait s'appliquer qu'à la première. Quant à l'opinion de Papinien sur les donations par promesse, Ulpien n'en faisait mention sans doute que pour la combattre dans la suite du texte ; seulement la réfutation aurait été retranchée par les compilateurs du Digeste, pour se conformer à la décision qui prohibait les notes d'Ulpien . « *Notas Ulpiani in Papiniani corpus factas præcipimus infirmari* », dit la loi 3, C. Theod. Liv. 1, T. 1 L'opinion de M. Accarias est un peu différente ; d'après cet auteur, le mot « *recte* » aurait été interpolé par suite de l'habitude qu'avaient les compilateurs du Digeste de faire fléchir les décisions des autres jurisconsultes devant celles de Papinien. Ces deux explications entre lesquelles il est permis d'hésiter lèvent la contradiction qui existe entre la loi 23 et les lois 32, § 1 et 33 pr.; mais il n'en est pas moins vrai que dès l'époque du droit classique les interprètes du droit Romain n'étaient pas d'accord sur la portée du sénatus-consulte, Ulpien l'appliquant à toutes les donations alors que Papinien de son côté en restreignait le bénéfice aux donations réalisées au moyen d'une translation de propriété.

Comment expliquer cette divergence ? A coup sûr, la formule employée par *l'oratio* s'appliquait à la donation· faite par voie de dation, car les deux jurisconsultes donnaient la même solution à ce sujet. Peut-être les difficultés qui s'étaient élevées en ce qui concerne l'application du sénatus-consulte aux autres donations venaient-elles de ce que *l'oratio Antonini* ne visait expressément que la donation faite par voie de dation. Cette conjecture n'est pas purement gratuite, car : 1° c'était là l'hypothèse la plus pratique et l'on comprend *a priori* que le législateur ait envisagé seulement le cas qui était de nature à se présenter le plus fréquemment; 2° le texte même de *l'Oratio* semble bien traiter d'une donation déjà exécutée, c'est-à-dire d'une donation réalisée à l'aide d'un transport de propriété. Ces mots « *heredem vero eripere forsitan adversus voluntatem supremam ejus qui donaverit, durum et avarum esse* » ne semblent-ils pas faire allusion à une donation qui a déjà reçu son effet? Ne montrent-ils pas l'héritier arrachant au donataire des biens se trouvant déjà entre les mains de celui-ci (1)?

Dès lors, on comprendrait que parmi les jurisconsultes Romains les uns aient dit: *l'Oratio* a statué « *de eo quod plerumque fit* », il faut étendre à toutes les donations la solu-

____

1. « Les mots *heredem eripere...* pris littéralement, semblent indiquer la dépossession d'un bien déjà acquis », nous dit M. de Savigny (*loc. cit*).

tion qu'elle donne pour les *donationes rerum ;* et que d'autres au contraire aient raisonné ainsi : la règle nouvelle porte atteinte au principe de la prohibition des donations entre époux, l'application doit en être strictement limitée à l'hypothèse qu'elle prévoit.

Quoiqu'il en soit de ce désaccord entre les jurisconsultes Romains, il nous faut constater que la question qu'ils débattaient est encore discutée de nos jours. Il semble cependant que le système d'Ulpien ait prévalu, car il est appliqué dans une constitution d'Alexandre Sévère (L. 2 au Code, *De dote cauta*, L. 5, T. 15) et Justinien le consacre définitivement dans la Novelle 162.

La donation entre-vifs confirmée par le prédécès du donateur ressemblait beaucoup aux donations à cause de mort entre époux. Elle était révocable au gré de donateur, et devenait caduque si le donataire prédécédait. On lui appliquait la loi Falcidia (L. 32, § 1, Dig. Liv. 24, T. 1). De plus elle rétroagissait en cas de confirmation au jour où elle avait été faite. Cependant, il y avait plusieurs différences entre ces deux institutions :

1° Les donations à cause de mort à l'époque de Justinien n'étaient pas soumises à l'insinuation ; au contraire, à partir de cet empereur, les donations entre vifs dont nous parlons devaient être insinuées si elles dépassaient la somme de cinq cents solides. La sanction de cette formalité était double. Si elle n'avait pas été remplie, la donation était nulle pour la somme excédant les cinq cents solides, à moins de confirmation testamentaire expresse. De plus lorsque la donation non insinuée avait été formellement confirmée par testament elle ne produisait son effet que sans rétroactivité (L. 25 Code, *De Don. inter virum et uxorem. L. 5. T. 16*) ;

2° Justinien décida que la donation entre vifs pourrait être formée même entre époux par un simple pacte, tandis que les donations à cause de mort exigeaient un acte juridique tel qu'une tradition ou une promesse (Novelle 162, chap. 1).

Nous voyons en résumé que les donations entre époux d'abord permises puis prohibées, purent à dater de l'*Oratio Antonini* être confirmées par le prédécès du donateur.

CHAPITRE IV

Ces libéralités n'étaient pas prohibées. D'une part, les motifs pour lesquels les donations étaient défendues entre époux ne pouvaient s'appliquer aux dispositions testamentaires, puisqu'elles sont essentiellement révocables ; d'autre part, elles ne produisaient pas leur effet *constante matrimonio*, le mariage étant toujours dissous lorsque la libéralité se réalisait.

Les dispositions testamentaires entre époux étaient soumises à peu près au droit commum. Sans doute, la loi Voconia rendait les femmes incapables de recueillir une hérédité de plus de cent mille as, mais cette règle n'était pas particulière à la femme mariée, elle concernait toutes les femmes et s'appliquait sans modification lorsqu'une épouse était instituée héritière par son mari.

Le cas était de nature à se présenter fréquemment : il y avait en effet dans les mœurs Romaines un usage constant qui dictait au mari diverses dispositions testamentaires en faveur de sa femme. Pour ce qui est de la femme *in manu*, qui était, nous l'avons vu, considérée comme *filiafamilias* le mari en faisant son testament, était tenu de l'instituer ou de l'exhéréder (1), et en fait il arrivait le plus souvent qu'il l'instituait. Notons que lorsque la femme *in manu*, épouse d'un affranchi était instituée pour le tout par son mari, elle ne pouvait recueillir cependant que la moitié de l'hérédité. L'écit du préteur accordait en effet au patron une *bonorum possessio contra tabulas*, grâce à laquelle il obtenait la moitié de la succession (Gaius, Livre III, §41, Ulpien, titre XXIX, § 1). D'ailleurs, l'omission de la femme *in manu* n'aurait pas nui à la validité du testament; elle n'aurait donné lieu qu'au *Jus accrescendi*. La femme omise enlevait ainsi aux institués une part virile s'ils étaient des *heredes sui*, une moitié s'ils étaient des *extranei*. Si le testament avait institué à la fois des *sui* et des *extranei*, la règle s'appliquait divisément comme s'il y avait eu deux hérédités distinctes, l'une attribuée aux *sui* et l'autre aux *extranei:* la femme prenait une part virile, dans la première, et une moitié dans la seconde (2).

Mais qu'arrivait-il si la femme *in manu* avait été exhérédée formellement par son mari? Les textes nous font défaut sur ce point: assurément l'hypothèse ne devait guère se présenter dans la pratique; cependant l'application logique des principes nous conduit à dire que la femme avait droit à la *querela inofficiosi testamenti* tout comme un enfant exhérédé sans cause légitime. Que si le mari avait testé avant son mariage la *conventio in manum* produisait l'effet d'une *agnatio postumæ filiæ;* le testament était rompu et devait être refait. Enfin si la femme

1. Remarquons que la femme *in manu* pouvait être exhéréder *inter ceteros* et non pas seulement nomination.
2. Paul Sent. L. III, T. IV, B. § 8.

était libérée de la *manus* au moyen de l'émancipation elle était toujours d'après le même principe assimilée à une fille émancipée, et suivant le droit prétorien, devait être instituée ou exhérédée par le mari faisant son testament : au cas d'omission, elle avait droit à la *bonorum possessio contra tabulas*.

Lorsque le mariage n'avait pas été accompagné de *Conventio in manum*, nous savons que l'*uxor* n'était pas *heres sua* de son mari comme la femme *in manu*. D'autre part, nous avons vu que pendant longtemps l'épouse survivante n'eut pas d'action pour réclamer la restitution de la dot : il y avait alors pour le mari un véritable devoir à faire en faveur de sa femme des libéralités testamentaires, puisqu'une clause formelle était nécessaire pour que la femme ne se trouvât pas privée de ressources.

Cette clause qui dans les habitudes romaines était une clause de style, c'était le legs de la dot (1). Lorsque l'*actio rei uxoriæ* eut été accordée à la femme, le *legatum dolis* perdit beaucoup de son importance, mais l'habitude en était passée dans les mœurs, et elle subsista néanmoins, ainsi que nous l'atteste Paul (Loi 13, Digeste, *De dote prælegata*, Liv. 33, T. 4). D'ailleurs le legs de la dot fut encore à certains points de vue utile à la femme munie de l'*actio rei uxoriæ* ; bien plus, cette femme pouvait avoir avantage à agir en vertu du testament même au cas où elle avait le droit d'intenter l'*actio ex stipulatu* pour réclamer sa dot.

Le legs de la dot se présentait sous deux formes différentes : ou bien le mari léguait à sa femme la dot elle-

1. Voir : M. Esmein. *Le testament du mari et la donatio ante nuptias. Nouvelle Revue historique,* année 1881.

même considérée dans son ensemble en tant qu'universalité ; ou bien il lui léguait certains objets à titre de dot. Cette distinction ressort clairement de la loi 6, § 1 (*h. t.*) «*... non dos ipsa, sed pro dote pecunia legata videtur* » et de la loi 2 pr. qui dit « *si non dos sed pro dote aliquid fuerit legatum...* » et « *uxor si rogetur vel dotem vel quod pro dote legatum est...* » Dans le premier cas, il y avait *legatum dotis*, dans le second cas *legatum pro dote ;* et ces deux sortes de legs étaient régis par des règles différentes.

L'effet du *legatum dotis* peut être caractérisé par la règle suivante posée par Ulpien : « *Cum dos relegatur verum est id dotis legato inesse, quod actioni de dote inerat* » (L. 1, *h. t.*) Mais alors, quels sont les avantages conférés à la femme par ce legs ? Il y en a plusieurs :

1° Les textes nous citent d'abord le *commodum repræsentationis.* Nous savons que à l'époque classique la partie de la dot qui consistait en choses fongibles n'était restituable à la femme qu'en trois termes séparés les uns des autres par un intervalle d'une année ; par l'effet du legs la veuve obtenait au contraire dès l'adition d'hérédité la restitution de la dot entière. C'est ce bénéfice de l'exigibilité immédiate que désigne l'expression à la fois claire et concise de *repræsentatio.*

2° Par exception à la règle que pose Ulpien, la femme agissant en vertu du testament n'avait à craindre aucune retenue *propter impensas utiles,* retenue qu'elle devait subir quand elle réclamait sa dot au moyen de l'*actio rei uxoriæ.* C'est l'interprétation de la volonté du mari qui motive, suivant Pothier, cette exception « *Legando dotem,* nous dit ce jurisconsulte, *maritus eas impensas remississe videtur* ».

3° Lorsque la veuve décédait sans avoir intenté d'*actio rei uxoriæ*, cette action, nous l'avons vu, ne passait pas à ses héritiers. Au contraire, dans les mêmes conditions, l'action née du testament du mari aurait été transmise aux héritiers de la veuve.

4° L'action *ex testamento* avait sur l'action *rei uxoriæ* l'avantage d'être *stricti juris*.

5° Lorsque le *legatum dotis* était fait dans la forme d'un legs *per vindicationem*, la femme devenait de plein droit, par l'adition, propriétaire des objets corporels compris dans la dot. Cette solution, à la vérité, n'est pas écrite dans les textes, mais elle semble néanmoins certaine. En effet, le legs de la dot ressemble fort au legs du pécule : la comparaison est faite au Digeste même dans la loi 1, § 10 (*h. t.*). Or, on sait que lorsque le pécule était l'objet d'un legs *per vindicationem* le légataire pouvait revendiquer les objets corporels compris dans ce pécule (Loi 56, Dig. *De rei vend.* L. 6, T. 1. — L. 6 pr. L. 33, T. 8).

Le *legatum dotis* conserva donc une certaine utilité à l'époque où la femme put exiger la restitution de sa dot par l'action *rei uxoriæ*. Mais le *legatum pro dote* conférait à la veuve de plus grands avantages. En effet, lorsque le mari avait légué à sa femme *aliquid pro dote ;*

1° Les objets légués à titre de dot étaient dus néanmoins si la dot n'avait été payée que partiellement au mari, et même si elle n'avait pas été payée du tout (L. 6, § 1, *h. t.*).

2° Si le mari avait rendu la dot au cours du mariage (ce qui était parfois autorisé comme nous le montre la loi 73, § 1, Dig. *De jure dot.*, L. 23, T. 3) la femme avait droit cependant à ce qui lui avait été légué *pro dote*.

Fiquet   6

3° De plus, elle ne subissait aucune retenue, pas même pour les dépenses nécessaires faites à l'occasion de sa dot (L. 2, pr. *h. t.*).

4° La femme pouvait obtenir par l'effet de *legatum pro dote* une somme supérieure au montant de sa dot (L. 6 pr.).

Le legs de la dot, surtout sous cette dernière forme, était donc utile à la femme même lorsque celle-ci s'était assuré le secours de l'action *ex stipulatu*. A l'époque de Justinien, l'avantage de ce legs se trouva encore diminué par suite de la transformation de l'action *rei uxoriæ*, et de l'abolition des *retentiones*. Sans doute, cet empereur en ramenant tous les legs à une seule classe permit au légataire de revendiquer les corps certains compris dans la dot (Loi 1 Code *Comm. de leg.*, Liv. 5, T. 43), mais d'un autre côté la femme avait aussi la revendication des biens dotaux non aliénés par le mari (L. 30 Code, Liv. 6, T. 12). Cependant, les Institutes qui sont postérieures à ces deux réformes (1) nous disent encore (Livre II, Titre 20, § 15) : « *Si uxori maritus dotem legaverit, valet legatum quia plenius est legatum quam de dote actio.* » En effet, le *commodum repræsentationis* subsistait encore, puisque la femme sous Justinien devait attendre pendant un an la restitution des meubles faisant partie de sa dot : grâce au legs, les meubles devenaient immédiatement exigibles.

Le legs de la dot n'était pas la seule libéralité testamentaire que les Romains avaient coutume de faire en faveur de leurs femmes. Le mari léguait aussi fréquemment à son

---

1. Ces deux lois datent de l'année 529. On sait que les Institutes furent promulguées vers la fin de l'année 533.

uxor « *quæ ejus causa parata sunt* » (Loi 2 Dig. Liv. 34, T. 2), c'est-à-dire tout ce qui avait été acquis pour l'usage particulier de l'épouse, et tous les objets dont celle-ci se servait ordinairement « *vestem, mundum muliebrem ormem, ornamentaque muliebria omnia* » (Loi 32, § 6, Dig., *h. t.*)

Souvent aussi, le mari faisait un legs d'usufruit en faveur de sa femme (Lois 22, 24, 25... Dig. Liv. 33, T. 2).

CHAPITRE V

EDIT DE ALTERUTRO.

Lorsque le mari faisait des libéralités testamentaires au
profit de sa femme, celle-ci ne pouvait obtenir à la fois le
bénéfice de ces dispositions et la restitution de sa dot. En
effet, un édit connu sous le nom de *Edictum de alterutro*,
obligeait la femme à choisir entre l'action *rei uxoriæ* et ces
libéralités testamentaires.

La règle allait de soi quand il s'agissait d'un *legatum
dotis*, la veuve ne pouvant agir « *bis de eadem re* ». Elle se
comprend encore, moins bien cependant, dans son application au *legatum pro dote*. Mais pourquoi l'édit frappait-il
aussi le legs des « *parata* » qui n'avait aucun rapport avec
la restitution de la dot? On a expliqué parfois cette disposition par la défiance dont les avantages entre époux étaient
l'objet. Peut-être serait-il plus exact de dire que l'on voyait
d'un œil défavorable la femme refuser de s'en tenir au testament de son mari et intenter l'action *rei uxoriæ*, montrant
ainsi qu'elle n'était pas satisfaite de la part qui lui était
offerte par celui-ci. On comprendrait alors aisément qu'on
l'ait privée des avantages écrits en sa faveur dans le testament contre lequel elle s'élevait. En d'autres termes, d'a-
près cette opinion, le préteur mettait la femme en demeure
de choisir entre deux partis: ou bien s'en tenir à la situation que lui créait le testament de son mari, ou bien, si

elle n'acceptait pas cette situation recourir à l'action que lui reconnaissait la loi. Dans ce dernier cas, elle méconnaissait l'autorité du testament ; par suite, on lui refusait le droit de se prévaloir de toutes les libéralités établies en sa faveur par ce testament, même de celles qui étaient totalement étrangères à la restitution de la dot.

Ce qui tend, pensons-nous, à confirmer cette manière de voir, c'est qu'elle cadre très bien avec la règle d'après laquelle l'édit cesse de s'appliquer lorsque la femme a stipulé la restitution de sa dot. Nous savons que dans ce cas l'action *ex stipulatu* pouvait être cumulée avec l'action née de la libéralité dont l'épouse se trouvait gratifiée. Or, on ne peut plus dire ici que la femme méconnaissant les dernières volontés de son mari aime mieux se servir des armes que la loi lui assure, car en mettant en mouvement l'action *ex stipulatu*, que fait-elle, si ce n'est demander l'exécution d'une promesse formelle de son mari? Et dans cette hypothèse, comme elle ne s'élève pas contre l'autorité du testament, on lui permet de se prévaloir des libéralités qu'il contient en sa faveur.

Lorsque Justinien supprima l'action *rei uxoriæ* et qu'il la remplaça par l'action *de dote*, il accorda à cette nouvelle action le bénéfice du cumul dont jouissait l'action *ex stipulatu*. L'édit *de alterutro* cessa donc de s'appliquer, mais le testateur pouvait subordonner sa libéralité à la condition que la femme ne recouvrerait pas sa dot.

Pour compléter l'étude des gains de survie, il nous reste à parler de l'influence qu'eurent sur leur acquisition les lois caducaires d'une part, les secondes noces d'autre part.

CHAPITRE VI

INFLUENCE DES LOIS CADUCAIRES SUR L'ACQUISITION DES GAINS DE SURVIE.

On comprend sous le nom de lois caducaires, deux lois rendues sous Auguste : la loi Julia *de maritandis ordinibus* en l'année 757, et la loi Papia Poppœa en l'année 762. Leur but était de pousser les citoyens au mariage et à la procréation légitime. Les guerres civiles, les divorces multipliés, les mœurs corrompues amenant comme conséquence l'abandon des justes noces et la décroissance de la population ingénue, avaient semblé nécessiter d'énergiques mesures législatives. Elles frappèrent à la fois le célibat et les unions stériles ; les *cœlibes* ne purent désormais bénéficier d'aucune libéralité testamentaire et les *orbi* furent privés de la moitié de ce qui leur était donné.

Dans l'application de ces lois aux époux, il ne peut évidemment être question des peines frappant les *cœlibes ;* seules les déchéances attachées à l'*orbitas* pouvaient atteindre les conjoints. Nous allons examiner successivement à quelles dispositions s'appliquaient ces déchéances et quelle était leur étendue.

Les lois caducaires ne s'appliquaient pas aux hérédités *ab intestat,* mais elles furent étendues aux donations à cause de mort, aux donations entre époux confirmées par le prédécès du donateur depuis Caracalla et même à l'acquisition de la dot par le mari.

Lorsque c'était la femme qui par sa survie recouvrait sa dot il n'y avait pas là à proprement parler une acquisition, aussi ne pouvait-elle subir aucune réduction par le fait des lois caducaires. Quant à la donation *ante nuptias*, pendant longtemp', nous l'avons vu, elle fut traitée comme une donation entre-vifs pure et simple ; il ne pouvait donc être question de la faire tomber sous le coup des lois qui nous occupent. Plus tard, lorsqu'elle fut traitée comme un gain de survie et qu'elle s'acquit comme la dot, les lois caducaires étaient déjà à leur déclin et le temps était proche où elles allaient être définitivement abolies.

Les déchéances auxquelles étaient soumis les époux *orbi* en ce qui concerne leurs gains de survie étaient régies par des dispositions spéciales et particulièrement sévères qui nous sont exposées par les *Regulæ* d'Ulpien (T. 15 et 16). Le but du législateur n'était pas de protéger la famille du testateur, mais bien de pousser les conjoints à donner des sujets à l'État : en aggravant le droit commun à l'égard des époux, on voulait les encourager plus fortement à ne pas laisser leur union inféconde. Une particularité met bien en lumière ce but de la loi : un enfant commun pouvait compter aux époux comme titre à la capacité de recevoir, encore qu'il fut décédé au moment de la dissolution du mariage par le prédécès d'un des conjoints. C'était donc seulement contre la stérilité de l'union conjugale que la loi était dirigée.

En vertu du mariage seul, chaque conjoint ne pouvait

ı ecueillir.qu'un dixième (1) en pleine propriété des biens
de son conjoint, plus l'usufruit du tiers de la portion dont
il se trouva privé (Ulpien. Règles, T. 15, § 1 et 3). Contrairement à la règle générale, cette privation de la *solidi
capacitas* en ce qui concerne les gains de survie ne dispa-
raissait pas quand le mari avait des enfants issus d'un précédent mariage. On voulait l'intéresser à ce que sa nouvelle union fût féconde.

Pour que les deux conjoints fussent l'un vis-à-vis de l'autre *solidi capaces*, il fallait donc qu'ils eussent un enfant
commun. On a soutenu parfois que cette disposition n'ag-
gravait le droit commun qu'à l'égard du mari ; la femme,
au contraire, y aurait trouvé des avantages. En effet, dit-
on, pour échapper aux peines de l'*orbitas*, il lui fallait en
général avoir le *jus liberorum*, c'est-à-dire avoir trois ou
quatre enfants, suivant les cas (*ter quaterve enixa*), tandis
que un enfant commun lui suffisait pour recueillir en
entier une libéralité de son mari. Les auteurs qui raison-
nent ainsi admettent implicitement que les dispositions
des lois caducaires concernant la *capacitas* de l'*orbus* à l'é-
gard des tiers s'appliquaient seulement aux hommes, la
femme étant privée du *jus capiendi* par cela seul qu'elle
était dépourvue du *jus liberorum* (2). Cependant, la ques-

1. C'est de cette quotité de un dixième que vient le nom de
« *Lois Décimaires* » donné parfois aux Lois Caducaires en tant
qu'elles s'appliquent à la *capacitas* respective des époux.

2. En ce sens, on peut citer MM. Machelard, Ortolan, Boissonade, Chastel Saint-Bonnet. M. Accarias tient pour la solution
contraire(*Précis de droit Romain*, 4ᵉ édition, Tome I, page 1007).
« Il est certain, dit-il, que la capacité respective de deux époux
sans enfants était beaucoup plus restreinte que la capacité

tion est au moins douteuse, car les textes ne la résolvent pas directement; et il y a des auteurs considérables qui estiment au contraire que les peines frappant l'*orbitas* étaient identiques pour les deux sexes.

Quoiqu'il en soit, ce n'est pas seulement lorsque les époux avaient un enfant commun qu'ils pouvaient recevoir la totalité du gain de survie. Ulpien (Règles. T. 16) nous énumère un grand nombre de cas où la même chose avait lieu ; les uns ne sont que l'application des règles générales, d'autres au contraire résultent d'exceptions établies en faveur des conjoints. Voici les diverses hypothèses où les peines de l'*orbitas* ne s'appliquaient pas entre époux :

1° « *Si vir absit reipublicæ causa.* » Cette règle se comprend aisément : il eût été inique dans ce cas de punir l'*orbitas* des conjoints. L'exemption de peine s'appliquait également à l'année qui suivait le retour du mari.

2° « *Si vir et uxor cognati inter se coierint usque ad sextum gradum.* »

3° « *Si uterque vel alteruter eorum nondum ejus ætatis sint a qua lex liberos exigit.* » Cet âge était de vingt-cinq ans pour le mari et de vingt ans pour la femme.

4° « *Item si utrique lege Papia finitos annos in matrimonio excesserint.* » C'est-à-dire, si le mari a dépassé soixante ans et la femme cinquante.

5° « *Si jus litrorum a principe impetraverint.* » C'est

d'un *orbus* à l'égard des tiers. Or, Ulpien qui nous donne des renseignements très complets sur ces restrictions paraît bien les présenter comme aggravant le droit commun, non seulement à l'égard du mari, mais encore à l'égard de la femme. »

encore là l'application de la règle générale. Le *jus libero-rum* comportait pour les conjoints divers avantages, entre autres la *solidi capacitas*.

6° « *Si quatuordecim annorum filium, vel filiam duodecim amiserint.* »

7° « *Vel si duos trimos amiserint.* » C'est-à-dire si les époux ont eu deux enfants communs morts après l'âge de trois ans.

8° « ... *Vel tres post nonam diem amiserint.* » On lit aussi le texte de la façon suivante : « *Vel tres post nominum diem amiserint.* » Le sens est le même : nous savons en effet d'après Festus qu'il était d'usage de donner un nom au nouveau-né le neuvième jour après la naissance si c'était un garçon, le huitième jour si c'était une fille.

La mort d'un seul enfant commun dans les mêmes conditions ne donnerait au conjoint le *jus solidi capiendi* que pour une année et six mois. Passé ce délai, la *capacitas* du conjoint se trouvait seulement augmentée de un dixième (de deux dixièmes s'il avait perdu deux enfants).

9° « *Idem si post mortem viri intra decem menses, uxor ex eo pepererit, solidum ex bonis ejus capit.* » La femme pourra donc recueillir la totalité de ce que lui a laissé son mari si elle met au monde un enfant posthume dans les dix mois de la mort de son conjoint.

10° Il résulte, en outre, la conclusion suivante d'une règle posée par Ulpien au titre 15 de ses *Regulæ* : si l'époux survivant a neuf enfants issus d'un précédent mariage il a droit : 1° à neuf dixièmes de la libéralité puisque la présence de chaque enfant lui permet d'en acquérir un dixième ; 2° à un dixième « *matrimonii nomine* ». Il recueille donc la totalité de ce que lui a laissé son époux.

Il pouvait arriver au contraire que les conjoints fussent complètement privés du *jus capiendi* l'un vis à vis de l'autre, encore qu'ils eussent des enfants communs. Ce cas nous est encore révélé par Ulpien (Titre 16, § 2). C'est celui où les époux ont contracté mariage au mépris des prohibitions portées par les lois Julia et Papia Poppœa « *verbi gratia, si famosam quis uxorem duxerit, aut libertinam senator* ».

Les peines du célibat étaient incompatibles avec les principes de la religion chrétienne. Aussi l'empereur Constantin s'empressa-t-il de les supprimer. Il laissa subsister, il est vrai, les restrictions apportées par les lois caducaires à la capacité respective des époux, mais ce ne fut pas pour punir, en haine de la stérilité, les époux dont l'union était restée inféconde. « *Verum hujus beneficii maritis et uxoribus interse usurpatio non patebit, quorum fallaces plerumque blanditiæ vix etiam opposito juris rigore cohibentur, sed maneat inter istas personas legum prisca auctoritas* » nous dit la loi unique au Code Théodosien. *De inf. pæn. cœl,* (Livre 8, Titro 16). C'est donc parce qu'il regardait les libéralités entre époux comme suspectes de captation que Constantin laissa subsister à l'égard des conjoints la rigueur des lois caducaires. Mais la règle. on le voit, changea tout à fait de caractère, elle eut désormais pour raison d'être la protection de la famille du testateur.

Ainsi, les lois décimaires survécurent aux considérations d'ordre pratique en vue desquelles elles avaient été édictées. L'abrogation en fut réalisée seulement en l'année

410, c'est-à-dire presque un siècle après la disparition des peines du célibat, par une constitution des empereurs Honorius et Théodose le Jeune (Loi 2, C. Theod. livre 8, t. 17. Loi 2, Code, livre 8, titre 58).

Dès lors, l'époux survivant sans enfant commun ne fut plus frappé d'aucune incapacité relativement aux libéralités testamentaires de son conjoint, et aux autres gains de survie, sauf toutefois au cas où il se remariait. Alors, en effet, il encourait certaines déchéances que nous allons maintenant passer en revue.

CHAPITRE VII

Les secondes noces furent pendant longtemps encoura-
gées par le droit Romain : les lois caducaires allaient jusqu'à
prohiber en quelque sorte le célibat des personnes veuves.
Nous avons vu plus haut quelle était la raison pour laquelle
on assurait à la veuve le remboursement de sa dot « *Reipu-
blicœ interest mulieres dotes salvas habere propter quas
nubere possunt* » disait la loi 2, *De jure dotium* (Dig. L. 23,
T. 3). Le but poursuivi était le même : l'accroissement de
la population « *ad sobolem procreandam replendamque
liberis civitatem* ».

Tout autres étaient les idées chrétiennes ; elles regardè-
rent avec défaveur les seconds mariages comme contraires
à la dignité de l'époux veuf et au respect dû à la mémoire
du défunt, et comme dangereuses pour les enfants nés de
la première union. Aussi en arriva-t-on à frapper de certaines peines le convol, soit considéré en lui-même, soit
lorsqu'il intervenait trop tôt après la dissolution du mariage.

Dès l'année 380, les empereurs Théodose Ier et Valentinien II décidèrent que la veuve réputée « *infamis* » parce
qu'elle se remariait dans les dix mois de son deuil, ne

pourrait apporter en dot à son nouveau mari plus de un tiers de ses biens, ni lui laisser plus de cette fraction par testament ou donation *mortis causa*. La femme perdait de plus tout ce qu'elle avait reçu de son premier mari à quelque titre que ce fût.

En 382, les empereurs Gratien, Valentinien II et Théodose I⁻, édictèrent une constitution bien connue sous le nom de constitution « *feminæ quæ* » et qui forme au Code la loi 3, *De Sec. Nupt.* (Livre 5, T. 19). Aux termes de cette constitution la veuve au cas de convol devait conserver les biens qu'elle tenait de son premier mari à tous les enfants du premier lit ou à l'un d'eux librement choisi par elle. Si c'est un droit d'usufruit que la femme avait reçu de son premier mari, elle perdait par l'effet du convol tout droit à cet usufruit, ainsi que l'établit par la suite, en l'année 392, une constitution des empereurs Valentinien II, Théodose Iᵉʳ et Arcadius.

En 444, la constitution « *generaliter* » due aux empereurs Théodose II et Valentinien III (Code, loi 5, *h. t.*), rendit la règle applicable aux hommes.

Ces constitutions ne faisaient que porter atteinte aux libéralités que le conjoint survivant avait reçues du prédécédé ; des restrictions furent apportées de plus à la faculté pour l'époux survivant de faire des libéralités à son nouveau conjoint. En 469, les empereurs Léon et Anthémius par la Constitution « *Hac edictali lege* » (Code, loi 6, *h. t.*) décidèrent que le *conjux binubus* ne pourrait désormais donner à son nouvel époux plus d'une part d'enfants le moins prenant ; sinon, la libéralité était réduite, mais seulement au profit des enfants du premier lit.

RÉFORMES DE JUSTINIEN.

Justinien apporta de nombreuses modifications aux constitutions de ses devanciers, aussi bien aux constitutions « *feminæ quæ* » et « *generaliter* » qu'à la constitution « *Hac edictali lege* ».

1° *Réformes aux constitutions* « *Feminæ quæ* » *et* « *Generaliter.* »

La Novelle II, chap. 1er retira au conjoint remarié le droit de choisir parmi les enfants du premier lit celui qu'il entendait faire profiter des biens réservés. Tous ces enfants eurent désormais un droit égal aux biens dont il s'agit (Novelle 22, chap. 25). Si au moment du convol, ces enfants étaient morts laissant des descendants, ces descendants jouissaient des mêmes droits que leurs auteurs.

Cette obligation de conserver aux enfants du premier lit les gains nuptiaux avait été établie uniquement pour le cas où le premier mariage était dissous par la mort d'un des conjoints : Justinien étendit la même règle au cas où l'union conjugale prenait fin par le divorce (Novelle 22, chap. 30).

Cet empereur fit plus ; il décida dans la Novelle 98 (chap. 1er) que l'époux survivant, même s'il ne se remariait pas, n'aurait plus désormais qu'un droit d'usufruit sur les gains de survie, la nue-propriété étant réservée aux enfants. C'était faire à l'époux fidèle à la mémoire de son conjoint prédécédé la même situation qu'à l'époux qui contractait une seconde union. Mais cette assimilation ne fut pas de longue durée, car dans sa Novelle 127 chap. 3°, Justinien conféra au conjoint non remarié dans les gains nuptiaux, une part en propriété égale à la part de chacun des enfants.

2° *Réformes à la constitution « Hac Edictali. »*

Nous avons vu que lorsqu'un époux convolant en secondes noces donnait à son nouveau conjoint une somme supérieure à celle que fixait la constitution *« Hac Edictali »* cette donation était soumise à une réduction qui ne profitait qu'aux enfants issus du premier mariage. Justinien abrogeant cette disposition décida que la partie retranchée de la donation excessive, serait attribuée non seulement aux enfants du premier mariage mais encore à ceux du second (L. 9, Code, *De Sec. Nupt., h. t.*). Mais il changea bientôt d'avis et faisant revivre la loi *hac edictali*, il rendit aux enfants du premier lit le bénéfice exclusif de la réduction (Novelle 22, chap. 27). Il décida aussi que lorsqu'un conjoint remarié aurait exhérédé pour de justes motifs un des enfants issus de sa première union, il ne serait pas pour cela privé du droit de faire une libéralité en faveur de son nouveau conjoint. Cette règle nous semble fort sage : les enfants du premier lit doivent sans doute être protégés, mais ce n'est pas une raison pour que le conjoint se trouve contraint de renoncer à punir l'enfant coupable, pour conserver le droit de faire une donation à son nouvel époux.

Ce n'est pas seulement par ces réformes que Justinien

protégea au cas de second mariage l'enfants du premier lit. Dans la Nov. 22 chap. 31, après avoir rappelé que suivant les lois antérieures la dot et la *donatio propter nuptias* pouvaient être diminuées « *constante matrimonio* », cet empereur décida que s'il s'agissait d'un second mariage et s'il existait des enfants de la précédente union, la *donatio propter nuptias* ou la dot ne pourraient être diminuées. Voici la raison que Justinien donne de cette nouvelle règle : si la libéralité a été excessive, la réduction en est faite au moment du décès du donateur (Nov. 22, chap. 23) au profit des enfants du premier lit. Mais si l'époux pouvait opérer le retranchement au cours du mariage, ces enfants se trouveraient privés de leur droit exclusif sur la partie de la libéralité excédant le taux légal. C'est ce qu'a voulu empêcher Justinien.

RÉSUMÉ ET CONCLUSION.

Nous avons terminé l'étude des droits du conjoint survivant dans la législation Romaine, droits de succession *ab intestat* proprement dits et gains de survie. En résumé, au temps où le mariage *cum manu* était en vigueur, il ne pouvait être question pour le mari d'aucun droit à la succession de sa femme, puisque celle-ci n'ayant pas de patrimoine personnel ne laissait pas à proprement parler de succession. Par contre la veuve avait sur la succession de son mari les droits d'une *filiofamilias*. Lorsque la *manus* eut disparu l'époux ne succéda qu'à un rang très éloigné conformément à l'édit du préteur qui lui accordait la *bonorum possessio unde vir et uxer*. Au Bas-Empire, Justinien fit une part plus large au conjoint pauvre, mais par la suite il restreiguit à la veuve la protection qu'il avait assurée d'abord aux deux époux.

Indépendamment de ces droits de succession qui peuvent paraître insuffisants, le conjoint survivant trouvait dans la dot, dans la *donatio propter nuptias*, dans les donations entre-vifs confirmées par le prédécès du donateur, et surtout dans les libéralités testan ntaires que l'usage dictait au mari, des avantages pécuniaires qui le mettaient à l'abri du besoin. L'existence fréquente de ces gains de survie établis par la convention des parties, ne fut pas sans doute sans influence sur le peu d'étendue des gains de survie créés par la loi. Le législateur n'avait guère besoin d'intervenir pour sauvegarder des intérêts qui d'après l'état général des mœurs, ne subissaient aucune lésion.

D'ailleurs la situation du conjoint survivant telle qu'elle résultait des lois Romaines, était bien préférable à celle qu'établissait le Code civil de 1804 : et cependant le besoin de l'intervention législative se faisait, chez nous, bien plus vivement sentir !

HISTOIRE DU DROIT FRANÇAIS

Nous avons vu quelle était la situation faite par le droit Romain au conjoint survivant au point de vue du droit successoral ; nous allons maintenant étudier la même question dans l'ancienne France.

Ici, une grande distinction s'impose entre les pays de droit écrit et les pays de coutume.

Notre sujet se divisera donc en deux parties : dans la première, nous étudierons les droits du conjoint survivant dans les pays de droit écrit ; nous examinerons dans la seconde comment la même question était résolue dans les pays de coutume.

PREMIÈRE PARTIE

Pays de droit écrit.

Les avantages accordés au conjoint survivant sont dési-
gnés dans les pays de droit écrit sous l'expression généri-
que de gains de survie. On y rangeait même les droits de
succession *ab intestat* entre époux. « En effet, dit Boucher
d'Argis (1), quoique ce droit de succession réciproque entre
le mari et la femme n'ait pas toujours lieu lorsque l'un des
conjoints a survécu à l'autre, quoique ce ne soit qu'à défaut
d'héritiers testamentaires et *ab intestat* que le conjoint
survivant succède au prédécédé, il faut cependant convenir que lorsque le cas arrive où ce droit peut avoir lieu, le
conjoint survivant n'est préféré au fisc qu'en considération de sa qualité de conjoint, en faveur du mariage et
de la survie ; en sorte que ce droit peut bien être regardé
comme une espèce de gain nuptial et de survie. » De
même Merlin (2), nous dit : « Les gains nuptiaux et de survie s'entendent des avantages qui ont lieu entre époux au
profit du survivant. Tels sont : l'augment, le contre-augment, la quarte du conjoint pauvre. »

Nous nous occuperons d'abord de ces droits de succession *ab intestat*, puis nous passerons en vue les gains de
survie proprement dits.

1. Voir *Traité des gains nuptiaux et de survie qui sont en usage
dans les pays de droit écrit ;* par Boucher d'Argis.

2. Voir : Répertoire de Merlin V. *Gains nuptiaux et de survie.*

TITRE PREMIER

Droit de succession ab intesta⁴

CHAPITRE PREMIER

QUARTE DU CONJOINT PAUVRE.

Nous avons vu que le droit Romain dans son dernier
état accordait à la veuve pauvre et non dotée dans la succession de son mari une part en pleine propriété égale à
un quart, une part virile s'il y avait plus de trois enfants.
Telles n'étaient pas les règles suivies dans les pays de
droit écrit : la jurisprudence y suivait la novelle 53 de Justinien dont Irnerius avait formé l'Authentique *prœterea,*
et ne tenait pas compte des réformes qui l'avaient modifiée. D'où les règles suivantes :

1° On ne distinguait pas entre le mari et la femme, tous
deux avaient les mêmes droits sur la succession de leur conjoint prédécédé. La novelle 117 qui avait privé le mari de

la quarte n'était pas observée dans les pays de droit écrit (1).

2° La quarte n'était qu'en usufruit lorsque le conjoint concourait avec des enfants du *de cujus*. On laissait donc de côté la novelle 106 de Léon le Philosophe.

Par dérogation à la novelle 53, la veuve avait le droit à la quarte même quand elle avait reçu une dot, pourvu que ses biens ne fussent pas suffisants pour lui assurer une subsistance honorable suivant la condition de son défunt mari : telle était l'opinion de Lebrun, et elle avait été sanctionnée par plusieurs arrêts, notamment par un arrêt du Parlement de Toulouse « prononcé en robes rouges, la veille de Sainte-Croix 1581 » et relaté par Maynard (2).

L'Authentique *præterea* fut-elle appliquée par tous les Parlements des pays de droit écrit ? Boucher d'Argis l'affirme, et disait même qu'elle devait être suivie dans les pays de droit écrit qui ressortissaient au Parlement de Paris (3). Il est certain que l'Authentique était observée par le parlement de Toulouse, différents arrêts le prouvent, par les parlements de Bordeaux et de Grenoble (4). Mais malgré le témoignage de Boucher d'Argis, il faut reconnaître que la quarte était considérée comme abrogée par le par-

1. Cependant Lebrun pensait que la femme seule avait droit à la quarte (*Traité des Successions,* Livre I, chap. VII.) Mais son opinion était restée isolée.

2. Voir : G. de Maynard. *Notables et singulières questions de droit Ecrit jugées au Parlement de Toulouse.*

3. Boucher d'Argis cite en même temps l'opinion conforme de Despeisses.

4. Voir Barry. *De successionibus.* Livre 18, chap. IV.

lement de Paris (1) et même par le parlement d'Aix. La question fut vivement débattue dans ce dernier. Un arrêt solennel de ce parlement rendu en 1732, considéra le droit de la quarte comme toujours en vigueur. Cet arrêt ayant été attaqué par voie de requête civile, le parlement d'Aix en 1737 rescinda sa première décision et jugea que l'Authentique tombée en désuétude n'était plus applicable en Provence (2). Ces deux arrêts en sens contraire dans la même affaire montrent bien que le point de droit qui nous occupe était fortement controversé. L'Authentique *Prœterea*, nous apprend Augeard, passait pour oubliée en Provence, et il fut affirmé au cours des débats devant la Grand Chambre du parlemant d'Aix que depuis plus de six cents ans l'Authentique n'y avait point eu d'exécution.

Au surplus, l'autorité de l'Authentique *Prœterea* fut dans la suite méconnue par d'autres parlements encore. Les Parlements de Toulouse en 1761 et de Grenoble en 1783 refusèrent à la veuve le quart de la succession de son mari et lui accordèrent seulement une pension viagère en rapport avec l'importance de cette succession. C'est ce que nous apprend Roussilhe (3) en ces termes : « Observez que ce droit de quarte se pratiquait anciennement dans tout le pays de droit écrit. Mais à présent, la jurisprudence a changé. Au supplément du *Journal du palais* de Toulouse,

1. Voir Papon. *Recueil d'arrêts*, Livre 15, t. IV, art. 7.

2. Les détails de ce procès (affaire Laugier-Raillon) sont rapportés tout au long par Merlin (Répertoire V. quarte du conjoint pauvre). Boucher d'Argis ne connaissait que l'arrêt de 1732, quant en 1738, il publia son *Traité des gains de survie*.

3. Voir Roussilhe. *Traité de la dot.* Tome 2, page 174.

il y a un arrêt du 27 août 1764 qui n'a adjugé à la veuve sur les biens de son mari qu'une pension viagère eu égard à sa condition, et non le quart de la succession. M. de Montvallon en son *Traité des successions* observe que l'on ne suit pas l'Authentique *præterea* à la rigueur, et qu'on n'accorde à la veuve qu'une pension eu égard aux facultés du mari, et non le droit de quarte. C'est ce qui vient d'être jugé au Parlement de Dauphiné par un arrêt du 11 mars 1783. » Il est donc manifeste qu'au cours du xviiie siècle, un revirement s'était fait dans la jurisprudence des Parlements du droit écrit contre l'Authentique *præterea*.

CHAPITRE II

Lorsque le conjoint prédécédé ne laisse aucun parent qui réclame sa succession, le survivant lui succède pour la totalité ; on suivait donc en pays de droit écrit l'Edit du préteur. La même règle, nous le verrons, s'appliquait d'ailleurs dans un grand nombre de coutumes.

Application de la règle était faite au cas où le conjoint étant bâtard et par suite n'ayant pas de parents en ligne ascendante ou collatérale, ne laissait pas d'enfants de son mariage. Il s'en suivait, comme le remarque Roussilhe, « que ceux qui s'unissent avec des bâtards ont plus d'espérances de succéder à leur conjoint que n'ont les autres. »

Le convol en secondes noces, nous dit encore Roussilhe, ne portait nul obstacle au droit de succession acquis par le conjoint survivant. Au surplus le droit du conjoint était un véritable droit de succession ne différant en rien des autres successions. Nous n'avons donc pas à nous en occuper davantage ; nous allons maintenant passer en revue les différents gains de survie établis en pays de droit écrit au profit de l'époux survivant.

TITRE DEUXIÈME

Gains de survie.

CHAPITRE PREMIER

GAINS DE SURVIE COMMUNS AUX PAYS DE DROIT CIVIL.

SECTION I

De l'augment de dot.

La femme survivante reprenait toujours sa dot quels
que fussent d'ailleurs les héritiers en face desquels elle se
trouvait, et indépendamment de toute convention formelle
à ce sujet. Lorsque la veuve avait apporté des sommes
d'argent à titre de dot, les héritiers du mari avaient un
délai d'un an pour les restituer ; la femme avait alors
droit aux intérêts de ces sommes à partir du jour du
décès de son mari, à moins que durant ce délai elle fût
nourrie par ces héritiers. Mais ce droit à la restitution de
la dot ne peut pas être considéré comme un gain de survie, car lorsque la femme prédécédait ses héritiers avaient
eux aussi le droit de réclamer la dot.

Au contraire l'augment de dot était pour la femme un gain de survie. Cujas définissait l'augment de dot « *quod, mortuo marito, uxori superstiti redditur supra dotem* » ; et de son côté Boucher d'Argis nous dit : « L'augment de dot est un gain nuptial et de survie que la femme survivante prend en récompense et à proportion de sa dot sur les biens de son mari prédécédé. »

On le voit, l'augment de dot n'a rien qui ressemble à ce que nous trouvons en droit Romain sous le nom d'*augmentum dotis*. Cet *augmentum dotis* n'était pas un gain de survie, c'était l'augmentation de dot que la femme apportait à son mari pendant le mariage. C'est en ce sens que le mot *augmentum* est employé par la novelle 97 qui décide que la *donatio propter nuptias* doit être augmentée à proportion de ce que la dot a été elle-même augmentée pendant le mariage.

On discutait dans l'ancien droit la question de savoir si l'augment de dot dérivait de la *donatio propter nuptias* où s'il tirait son origine d'une institution usitée chez les Grecs du Bas-Empire d'Orient sous le nom de hypobolon (ὑπόβολον). Il ne s'agissait pas là d'une simple discussion historique : si l'on décidait que l'augment venait de l'hypobolon et non de la *donatio propter nuptias*, il fallait décider aussi que les lois romaines se référant à cette *donatio* ne pouvaient pas être appliquées à l'augment de dot, sauf les dispositions de ces lois convenant à tous les gains nuptiaux et de survie en général. La controverse présentait donc un certain intérêt pratique.

Boucher d'Argis soutenait que l'augment de dot ne descendait pas de la *donatio propter nuptias*, et à l'appui de son opinion, il relevait entre les deux institutions quatre différences essentielles :

1° La *donatio propter nuptias* pouvait être faite ou augmentée pendant le mariage. Au contraire, l'augment ne peut être ni constitué ni accru postérieurement au mariage.

2° Tandis que la *donatio* devait être égale à la dot, l'augment était ordinairement moindre et pouvait être plus fort.

3° La femme dont la dot n'avait pas été payée n'avait pas droit à la *donatio*. Au contraire, l'augment dans le même cas était dû à la femme (1).

4° La *donatio* n'était payée à la femme qu'à proportion de ce qui avait été payé de la dot, tandis que l'augment était toujours dû en entier à la femme.

D'après Boucher d'Argis, la *donatio propter nuptias* serait tombée en désuétude sous les derniers empereurs de Constantinople et aurait été remplacée par le gain de survie qui était en usage chez les Grecs sous le nom de hypobolon, et c'est de cet hypobolon que viendrait l'augment de dot. A l'appui de cette manière de voir, il cite le témoignage de Harmenopule. D'après le texte de cet auteur rétabli par Cujas (2) l'hypobolon était un gain de survie accordé à la femme et se réglant suivant la convention des époux ; cependant s'il n'avait pas été établi expressément, il était dû néanmoins en vertu de l'intention présumée des par-

1. Cependant E. de Laurière dans son glossaire, V. *Augment de dot*, nous dit : « L'augment diffère du douaire parce que l'augment n'est point dû quand la femme a promis elle-même sa dot et qu'elle ne l'a point payée. »

2. Voir : Cujas, Observations. Livre V. Chapitre 4.

ties : autrefois fixé à la moitié de la dot en l'absence de
convention. il n'était plus dans le dernier usage que du
tiers. Or, Boucher d'Argis prétend que Harmenopule distinguait nettement l'hypobolon de la *donatio propter nuptias*
et qu'il n'avait jamais employé ces deux expressions comme synonymes dans le texte grec et le texte latin de son
livre. Pour traduire le mot grec ὑποβόλον, il aurait employé dans le texte latin l'expression hypobolon, et il aurait
dans le texte grec employé l'expression προγαμιαῖα δωρεά
pour désigner la donatio ante nuptias. Boucher d'Argis en
conclut que l'hypobolon et la *donatio propter nuptias* étaient
deux institutions bien distinctes, et que vu les différences
qui existent entre la *donatio* et l'augment dé dot c'est dans
l'hypobolon qu'il faut chercher l'origine de l'augment de
dot.

Nous avons recherché si l'assertion de Boucher d'Argis
était exacte, et malgré la grande confusion qui existe sur
ce point dans l'ouvrage de Harmenopule, il semble bien que
cet auteur ne distinguait pas l'hypobolon gain de survie
usité en Grèce de l'institution romaine de la *donatio propter nuptias*. Il paraît ressortir bien au contraire du *promptuarium juris* que ces deux institutions ne faisaient au
fond qu'une seule et même chose, sauf quelques règles de
détail (1). L'opinion de Boucher d'Argis nous semble donc

1. Dans un appendice au *Promptuarium juris* intitulé « *No-
menclator Græcarum juris dictionum* », on trouve il est vrai :
« ὑποβόλον, *donatio propter vel ante nuptias, male. Est enim quid-
dam ab his separatum* ». Il est vrai aussi que Harmenopule emploie souvent l'expression προγαμιαῖα δωρεά pour désigner la *donatio ante nuptias* et qu'il semble ainsi faire une différence entre

mal fondée. En réalité, c'est bien de la *donatio propter nuptias* que dérive l'augment de dot. Sans doute, ces deux institutions diffèrent, sur plusieurs points, mais ces différences s'expliquent suffisamment par l'affaiblissement de la tradition romaine et l'influence du droit Franc. D'ailleurs, ce n'est pas de la *donatio propter nuptias* telle qu'elle était réglementée sous Justinien que vient l'augment de dot, mais de ce qu'était cette *donatio* dans les mœurs romaines avant les réformes qui, nous l'avons vu, en changèrent tout-à-fait le caractère primitif (1). Comme le dit fort bien M. Esmein : « L'augment de dot semble avoir pris son nom et ses caractères plutôt à une ancienne coutume qu'aux dispositions des lois du Bas-Empire sur la *donatio propter nuptias* ».

cette *donatio* et l'hypobolon (Livre 1, Titre 13 *De mulieribus*, § 39). On peut remarquer également en ce sens qu'il y a au livre IV, titre 7, un chapitre intitulé en grec περι προγαμιαιας δωρεας et que l'on trouve en regard dans le texte latin la rubrique « *De donatione ante nuptias* ». Mais dans d'autres parties de l'ouvrage, υποβολον est traduit par *donatio ante nuptias* (Livre V, Titre 19, De Falcidia, § 22). On trouve au Livre IV, Titre 4 *De finit. ac statu rituque nupt.* § 7) : « ... *In hoc casu contingit ut virgo et dotem et de dote habeat actionem, item. et ante nuptias donationem quæ Græcis hypobolon appellatur* » et dans le texte grec correspondant on assimile l'expression προγαμιατα δωρεα à υποβολον. De même au Livre II, Titre 10, § 14, il y a un chapitre intitulé en grec « περι υποβολου » et en latin « *De donatione propter nuptias* ». De même encore, Harmenopule nous dit au Livre IV, Titre 7, § 23 : « *Quæ secundo nupsit hypoboli quidem hoc est donationis ante nuptias proprietate excedit* ».

 1. Se reporter à ce que nous avons dit ci-dessus sur l'origine de la *donatio propter nuptias.*

2. Voir l'étude de M. Esmein intitulée : *Le testament du mari et la donatio ante nuptias. Nouvelle revue historique,* année 1884.

Quoi qu'il en soit de l'origine de l'augment de dot, ce gain de survie n'était pas régi par les mêmes règles dans tous les parlements des pays de droit écrit. C'était tantôt un avantage légal, tantôt un avantage simplement conventionnel.

L'augment était dû en l'absence de toute stipulation à Bordeaux et dans le pays Bordelais, à Toulouse, et dans les provinces de Lyonnais, Forez et Beaujolais. Il existait de même dans certains pays de l'Auvergne, l'augment y étant établi par des coutumes locales avec le caractère d'augment légal.

La quotité de cet augment était réglée, soit selon l'importance et la nature de la dot, soit suivant l'état et la qualité des conjoints. A Bordeaux, l'augment était du double de la dot, du tiers seulement pour la veuve remariée (Coutume de Bordeaux de 1521, art. 47-49). A Toulouse l'augment était égal à la moitié de la dot, mais il consistait seulement en un droit d'usufruit quand il existait des enfants issus du mariage (Coutume de Toulouse de 1283 confirmée par Philippe-le-Bel en 1289. Partie 3. *De dotibus*). Dans le Lyonnais enfin, l'augment est de la moitié de la dot, lorsque cette dot consiste en deniers, du tiers seulement lorsqu'elle se compose de biens autres que des deniers. « Cette différence, nous dit Bretonnier (1), procède de ce que l'argent est plus utile au mari que les immeubles, surtout dans la ville de Lyon, à cause du commerce. » Dans quelques pays, l'augment était de la

1. Voir Bretonnier, Observations sur Henris. T. 1, livre VI, chap. 2.

moitié des deniers dotaux quand le mari épousait une femme de sa condition ou d'une condition supérieure, et du tiers seulement quand un noble s'unissait à une roturière.

Dans certains pays, l'augment n'était dû qu'en vertu d'une stipulation expresse. Parmi ces pays, il y en avait dans lesquels l'usage constant était de stipuler un augment; c'est ce qui se rencontrait dans les Parlements de Grenoble, de Pau, de Toulouse (à l'exception de la ville de Toulouse elle-même où, nous venons de le voir, l'augment était légal). Dans d'autres endroits, au contraire, non seulement l'augment n'était pas légal, mais la stipulation expresse d'un augment n'était pas dans l'usage ordinaire. Telles étaient les provinces de Provence, Mâconnais, Bresse, et les parties de l'Auvergne régies par le droit écrit.

Qu'arrivait-il dans ces provinces où il n'y avait pas d'augment légal, lorsque les parties stipulaient un augment sans en déterminer la quotité ? A la vérité, le cas devait être assez rare, mais on conçoit cependant qu'il pouvait se réaliser parfois ; par exemple, lorsque des personnes issues d'un pays où l'augment était légal se mariaient dans un pays où l'augment n'avait pas ce caractère. « On tâcherait alors de connaître par les termes du contrat de mariage, nous dit Boucher d'Argis, si les parties ont eu intention que la quotité de l'augment fût réglée suivant l'usage de quelque province où il y a augment coutumier, ce qui vaudrait autant que si l'augment était fixé par le contrat. S'il y avait obscurité dans les termes du contrat, on réglerait l'augment *arbitrio boni viri.* »

Fiquet   8

. Même dans les pays d'augment légal, la stipulation d'un augment était usitée, les conjoints avaient en effet intérêt à ce que l'augment fût réglé par le contrat de mariage d'une manière fixe et invariable. De plus ils évitaient par là les difficultés qui au dire de Boucher d'Argis se rencontraient presque toujours dans l'augment coutumier lorsqu'il s'agissait de liquider la valeur de la dot et de régler l'augment à proportion.

Au surplus, que l'augment fût légal ou conventionnel, le droit de la femme différait suivant qu'il y avait ou qu'il n'y avait pas d'enfants issus du mariage. Si la femme qui a survécu à son mari n'a point eu d'enfants, elle a la pleine propriété de l'augment; si au contraire elle a eu des enfants, elle ne devient propriétaire que d'une portion virile, c'est-à-dire d'une portion égale à celle d'un des enfants ; sur le reste de l'augment, elle n'a qu'un droit d'usufruit. Encore, dans ce dernier cas si elle convole en secondes noces, elle n'a plus sur tout l'augment qu'un droit d'usufruit.

SECTION II

Contre-augment.

On appelle ainsi un gain nuptial et de survie que le mari survivant retient sur la dot de sa femme. Dans le dernier état du droit romain, le mari, nous l'avons vu, n'avait en l'absence de stipulation formelle aucun gain de survie sur la dot de sa femme, mais l'usage s'était établi de stipuler quelque avantage au profit du mari survivant (1). Cet usage s'était perpétué et avait passé dans le midi de la France où il forma le contre-augment.

Comme l'augment de dot, le contre-augment est tantôt légal, tantôt simplement conventionnel. Le contre-augment était légal notamment à Bordeaux et dans le pays Bordelais, dans les villes de Toulouse (Coutume de 1289, partie 3°, *de dotibus*) de Montpellier, de Montauban, de Cahors. Généralement, c'est la dot tout entière que le mari gagnait par sa survie (Coutume de Bordeaux, art. 47. C. de Toulouse *de dotibus*, art. 2). Il en devenait propriétaire s'il n'y avait pas d'enfants ; sinon, il n'en avait que l'usufruit, sauf une part virile qui lui était attribuée en pleine propriété. Parfois cependant on n'accordait au mari que la jouissance de la dot même à défaut d'enfants. C'est ce qui avait lieu par exemple à Montpellier (Statuts, art. 18).

Le contre-augment coutumier était dû au mari même au cas où on avait stipulé que la femme n'aurait point d'augment. Il était également dû lorsque le mari n'avait aucun bien de son chef ; la règle, nous l'avons vu, était contraire pour l'augment de dot qui n'était payé à la femme qu'à proportion de sa dot.

Le contre-augment était simplement conventionnel dans le ressort du Parlement de Toulouse (la ville de Toulouse exceptée), dans les provinces du Lyonnais, Forez, Beaujolais, dans les ressorts des Parlements de Grenoble et de Pau. D'ailleurs, dans ces pays on stipulait ordinairement ce gain de survie par contrat de mariage ; la convention

1. Voir au Code : Loi unique, § 6, *De rei uxoriæ actione*, V, 13. Loi 19 *De donat. ante nuptias*, V, 3. Loi 9 *De pactis conventis.* V. 11.

était surtout usitée entre gens de campagne. Les parties pouvaient à cet égard adopter telles dispositions qu'elles jugeaient à propos.

L'augment de dot et le contre-augment étaient les principaux des gains de survie usités en pays de droit écrit, mais il en existait d'autres moins importants que nous a'lons passer en revue.

SECTION III

Bagues et joyaux.

On appelait ainsi un don de survie fait par le mari à sa femme à proportion de la dot. C'était donc un autre augment de dot moins considérable que le premier et qui était fixé, soit par la coutume, soit par la convention des parties, car ce gain de survie était suivant les pays, soit légal, soit conventionnel.

Il était dû en l'absence de toute stipulation dans les provinces de Lyonnais, Forez, Beaujolais, à ce qu'assure B.etonnier. Mais dans les parlements de Toulouse de Bordeaux et de Grenoble, la femme n'y avait droit que lorsqu'il avait été expressément stipulé par le contrat de mariage. La quotité de ce gain était variable suivant la condition du mari. Elle était égale au vingtième de la dot si le mari était d'une condition tout-à-fait obscure ; « par exemple, nous dit Boucher d'Argis, s'il était un bas artisan, ou un habitant de la campagne ». Sinon, les bagues et joyaux étaient du dixième de la dot.

Lorsqu'il y avait des enfants issus du mariage, la femme ne devenait propriétaire incommutable que d'une part virile de ce gain; le surplus était de plein droit réversible aux enfants.

SECTION IV

Du trousseau ou coffre.

Sous le nom de trousseau, troussail, troussoil ou troussel, on désignait d'une manière générale les linges, hardes et bijoux que la femme apportait en se mariant. En Provence ces mêmes objets étaient appelés coffre, « à cause qu'ils sont ordinairement enfermés dans un coffre ». La coutume, dans quelques provinces de droit écrit, accordait à la femme un gain de survie sur le trousseau ou coffre (Pays Bordelais, Roussillon). En Provence, l'usage était de stipuler que les coffres des deux conjoints appartiendraient au survivant. Généralement, le gain de trousseau n'était pas réversible aux enfants, mais le conjoint le perdait au cas de convol.

SECTION V

Droit d'habitation (1).

Boucher d'Argis définit le droit d'habitation « un gain nuptial et de survie qu'on stipule par le contrat de mariage en faveur de la femme en cas qu'elle survive et tant qu'elle reste en viduité. » Comme son nom l'indique, ce gain consiste pour la veuve dans le droit d'habiter gratuitement

1. Nous ne nous occupons ici que du droit d'habitation en vigueur dans les pays de droit écrit.

dans une maison ayant appartenu à son mari. Nous voyons par la définition : 1° que ce gain de survie n'était pas dû sans une stipulation expresse ; 2° que la stipulation était faite en faveur de la femme survivante ; 3° que celle-ci perdait le droit d'habitation en se remariant.

Notons que la femme pouvait, elle aussi, promettre à son mari un pareil droit, mais cette convention n'était pas fréquente. Le plus souvent, la promesse émanait du mari, ou bien le droit était stipulé en faveur du survivant des conjoints.

Quant à la règle d'après laquelle la veuve qui convole en secondes noces perd son droit d'habitation, elle s'explique d'elle-même. La femme étant obligée de partager la demeure de son second mari, ne doit plus décemment habiter la maison du premier. Au surplus, Bretonnier dans ses observations sur Henris nous apprend que d'habitude il était stipulé que la veuve conserverait le droit d'habitation même au cas de convol (Tome 1, livre 4, chap. 6).

SECTION VI

Droit de viduité.

Pendant l'année du deuil, la femme a droit à des aliments qui doivent lui être fournis par la succession du mari. Ce droit a été établi en faveur de la veuve pour lui tenir lieu des intérêts de sa dot mobilière. Nous savons que dans le droit de Justinien les héritiers du mari jouissaient d'un délai d'un an pour rembourser à la veuve la partie de la dot qui consistait en meubles ; cette disposition était observée dans les pays de droit écrit, mais pour que la femme privée de sa dot mobilière ne vint pas à manquer pendant ce délai des choses nécessaires à sa subsistance, un usage ayant force de loi avait mis à la charge des héritiers du mari l'obligation de nourrir et d'entretenir la veuve pendant l'année de son deuil.

Ce n'était pas là du reste le seul fondement du droit de viduité. En effet, si ce droit avait été établi uniquement dans le but que nous venons de dire, il aurait fallu logiquement en conclure qu'il n'existait pas lorsque la femme n'avait pas apporté de dot. Or, Bretonnier (1) nous apprend : 1° que dans le Lyonnais le droit était toujours accordé à la veuve encore qu'elle n'eût point apporté de dot ; 2° que, au témoignage de Collet, tels était aussi l'usage de Bresse et du Bugey. De son côté, Boucher d'Argis nous déclare que la même règle était suivie dans tous les pays de droit écrit. Il résulte évidemment de là que le droit de viduité n'est pas fondé uniquement sur cette considération que les héritiers du mari ont un délai d'un an pour restituer la dot mobilière. Cette raison n'était pas la seule. « Il y en a une autre plus ancienne et plus naturelle, nous dit Bretonnier: par les dispositions du droit, il est défendu aux veuves de se remarier avant la fin de l'an de deuil, aussi pendant ce temps la femme étant obligée de pleurer la perte de son mari, il est juste qu'elle lui rende cet honneur dans sa maison, et qu'elle soit nourrie et entretenue aux dépens de son hoirie. » La

1. Voir : Œuvres de Claude Henrys avec observation B. J. Bretonnier. Observation 101 (pages 609 et 610, tome 2, de la 6° édition).

raison d'être du droit de viduité serait donc en partie au moins la même que celle du droit d'habitation.

D'ailleurs, Roussilhe nous donne une explication différente. D'après lui « outre la compensation qui se fait avec les intérêts de la dot, le mariage est encore présumé durer pendant l'année que la femme doit pleurer son mari » (1). Expilly dit de même dans ses arrêts (chap. 190) que la règle est fondée sur ce que pendant l'année du deuil « n'y ayant point encore d'arrangement ni de partage des biens, *fictione juris*, le mariage semble durer encore ».

Quoiqu'il en soit, la femme qui exerçait son droit de viduité n'avait pas droit aux intérêts de sa dot. Si la veuve avait opté pour son droit de viduité, elle devait se contenter de la somme à laquelle il avait été estimé, quand même elle n'égalerait pas les intérêts de la dot mobilière. Le paiement de cette somme était garanti par une hypothèque datant du jour du contrat de mariage ; par exception cependant, à Toulouse, l'hypothèque de la femme primait celle des créanciers même antérieurs au mariage conformément à la loi Assiduis. En un mot, le droit de viduité considéré comme représentant les intérêts d'une partie de la dot, était garanti par les mêmes sûretés que la dot elle-même.

1. *Traité de la dot*, tome 2, page 169. Roussilhe donne le nom de Pension Viduelle à la pension que les héritiers du mari doivent pendant un an payer à la femme.

SECTION VII

Droit de deuil.

Ce droit consiste en une somme d'argent donnée à la femme pour les linges et hardes dont elle a besoin durant l'année du deuil. La veuve étant obligée de porter pendant un an le deuil de son mari, il était équitable de prélever sur la succession du mari les sommes nécessaires à faire face aux frais de ce deuil. « *Mulier non debet sumptibus suis virum lugere.* » Etant donné le fondement de ce gain de survie, il était logique de conclure que la femme y avait droit même quand elle n'avait pas apporté de dot : c'est la règle que nous rencontrons en effet.

Le montant du droit du deuil était plus ou moins élevé suivant la condition du mari, le paiement en était garanti à la femme par une hypothèque valant au jour du contrat de mariage.

Nous n'avons parlé que du deuil de la veuve ; c'est que en règle générale les héritiers de la femme n'en devaient pas au mari, puisque celui-ci n'était pas obligé de porter le deuil. Cependant un usage particulier au ressort du Parlement de Dijon rendait l'obligation de porter le deuil réciproque entre conjoints. Aussi la jurisprudence de ce Parlement décidait-elle que les héritiers de la femme prédécédée devaient pourvoir au deuil du mari : c'était là une conséquence nécessaire de l'obligation que nous avons rapportée.

CHAPITRE II

Après avoir parlé de gains de survie généralement usités
dans les pays de droit écrit, il nous reste à dire quelques
mots sur certains gains particuliers à quelques-uns de ces
pays.

SECTION I

Donations de survie.

On entend *stricto sensu* par donations de survie des donations qui sont faites réciproquement par chacun des conjoints en faveur du survivant. Elles n'ont lieu que dans
certains pays de droit écrit, tels que la Bresse, le Mâconnais et la Provence, pays où la femme n'avait pas d'augment de dot ni le mari de contre-augment. Au lieu de stipuler ces gains de survie, on préférait dans ces pays se
faire entre conjoints une donation réciproque par contrat
de mariage. Du reste, la réciprocité de la donation n'était
nullement exigée, mais en fait, la libéralité avait le plus
souvent ce caractère.

Cette donation bien que réciproque n'était pas ordinairement égale pour chacun des conjoints. Le mari donnait généralement à sa femme, pour le cas où elle survivait, le double de ce qu'il recevait d'elle pour le cas où elle prédécéderait.

Les biens compris dans la donation de survie appartenaient en toute propriété au survivant, même s'il y avait des enfants issus du mariage, mais la femme n'y avait pas droit au cas de faillite du mari.

SECTION II

Droit de tenute.

C'est un droit particulier au Roussillon. Il y avait été établi à l'époque où cette province faisait partie de la Catalogne et y était resté en vigueur après sa réunion à la Couronne (1).

D'après ce droit, la femme survivante avait la possession et la jouissance de tous les biens de son mari jusqu'à ce qu'elle fût payée de sa dot et de ses gains de survie. Ce n'était donc pas un droit de survie nouveau accordé à la femme, mais bien une garantie lui assurant le paiement de ses gains nuptiaux. La femme n'avait le droit de tenute qu'à condition de faire bon et fidèle inventaire de tous les biens laissés par son mari dans les deux mois qui suivaient le décès.

La veuve ténutaire était dispensée, nous dit Boucher d'Argis, de « prendre une nouvelle possession des biens

1. On sait que le Roussillon n'a été réuni à la Couronne que par le traité des Pyrénées, en 1659.

de son mari » bien que cette obligation fut imposée communément aux héritiers et autres successeurs en pays de droit écrit. Dès qu'elle avait fait inventaire, elle était censée continuer la possession du défunt; on disait que, en cette matière « le mort saisit le vif ». Il n'est pas étonnant que l'on ait appliqué à cette femme une règle différente de celle qui était en vigueur à l'égard des héritiers; car, nous l'avons vu, le droit de tenute n'était en aucune manière un droit de succession.

SECTION III

Droit d'insistance.

Sous le nom de droit d'insistance, il existait à Toulouse un droit analogue au droit de tenute du Roussillon; c'était pour la femme un avantage légal. Dans le ressort du parlement de Bordeaux, il était d'usage de stipuler que la veuve aurait la jouissance des biens de son mari jusqu'au remboursement de sa dot et de ses gains nuptiaux. Mais ce droit n'était accordé à la femme qu'autant qu'il résultait du contrat de mariage.

Après avoir ainsi passé en revue les différents gains de survie en usage dans les pays de droit écrit, il nous reste à examiner les règles qui leur étaient communes.

CHAPITRE III

RÈGLES COMMUNES AUX DIFFÉRENTS GAINS DE SURVIE.

SECTION I

Cas dans lesquels les conjoints y ont droit.

Pour que l'un des conjoints puisse réclamer les gains nuptiaux, il faut qu'il ait survécu à l'autre conjoint, à moins qu'il ne soit intervenu dans le contrat de mariage quelque stipulation contraire. De même, il faut que le conjoint ait survécu pour qu'il puisse transmettre les gains nuptiaux à ses héritiers.

SECTION II

Conditions auxquelles le conjoint peut toucher les gains de survie.

Il faut à cet égard établir une distinction entre les gains de survie réversibles aux enfants issus du mariage et ceux qui ne sont pas réversibles.

Certains gains de survie, tels que l'augment de dot et les bagues et joyaux, étaient de plein droit réversibles aux enfants après la mort de la mère, sauf convention contraire. Celle-ci n'avait que l'usufruit de ces gains, excep-

tion faite de la part virile qui lui appartenait en toute propriété, et l'on décidait qu'elle ne pouvait en obtenir la
délivrance qu'en fournissant bonne et suffisante caution
de les rapporter. Bien entendu, il n'était dû aucune caution
lorsqu'il n'y avait point d'enfants vivants à l'époque de
l'ouverture des gains de survie, ou lorsque l'augment avait
été stipulé sans retour. Au surplus, le contrat de mariage
pouvait décharger la femme de l'obligation de fournir
caution.

Pour ce qui est des gains nuptiaux non réversibles, le
conjoint les touchait sans être tenu de donner caution.

SECTION III

Exigibilité et intérêts des gains de survie.

Le plus souvent, ces gains consistaient en deniers ; l'é-
poux ne pouvait alors les réclamer qu'une année après le
décès de son conjoint. C'est seulement lorsque les gains
portaient sur la propriété ou l'usufruit d'un immeuble,
qu'ils étaient immédiatement exigibles dès la dissolution
du mariage.

En un mot, à défaut de règles spéciales, on avait appliqué aux gains de survie les dispositions relatives à la restitution de la dot. Mais il résulte de la nature même des
choses que la veuve pouvait réclamer immédiatement les
droits d'habitation, de viduité et de deuil qui avaient justement pour but de pourvoir à ses besoins pendant l'année
qui suivait le décès du mari.

La question des intérêts ne se pose pas pour les gains
de survie du mari : celui-ci les retient sur la dot et n'a pas

besoin d'en demander le paiement aux héritiers de la femme. Pour ce qui est des gains dus à la femme, les intérêts n'en étaient dus que du jour de la demande en justice. Cependant, dans les pays de droit écrit qui étaient du ressort du Parlement de Paris, l'usage était de faire courir les intérêts du jour de la mort du mari.

SECTION IV

Droits garantissant le paiement des gains de survie.

Pour le paiement de ses gains de survie, la femme avait hypothèque sur les biens de son mari à dater du jour du contrat de mariage seulement. Telle était la règle suivie même par la jurisprudence du Parlement de Toulouse qui cependant, en ce qui concerne la restitution de la dot, appliquait la loi Assiduis.

De plus, la femme avait pour ses gains nuptiaux un privilège sur les meubles de son mari. Elle était donc préférée sur ces meubles à tous autres créanciers, encore que ceux-ci eussent saisi ces biens avant elle, et que le mari fût en état de faillite.

Le mari a également sur les biens de sa femme et pour ses droits de survie hypothèque datant du jour du contrat de mariage, mais il n'a pas de privilège sur les meubles de celle-ci. La question d'ailleurs n'offre d'intérêt que pour le cas où la dot ne lui a pas été payée. Sinon, le mari se solde à lui-même le montant de ses gains de survie en retenant la dot jusqu'à due concurrence.

SECTION V

Réduction des gains de survie.

Les gains nuptiaux fondés sur la seule convention des parties étaient réductibles lorsqu'ils portaient atteinte à la légitime des enfants. Par application de cette règle l'augment préfix en ce qu'il excédait le coutumier était sujet à réduction. L'augment coutumier, au contraire, ou l'augment préfix n'excédant pas le coutumier, n'était pas réductible. Il en était de même des autres gains de survie légaux. « Mais, nous dit Boucher d'Argis, la légitime est si favorable qu'il y a lieu de croire que si le cas arrivait que le gain de survie pût absorber tous les biens du conjoint prédécédé au préjudice de la légitime, le juge selon les circonstances, prendrait quelque tempérament pour assurer la légitime ».

SECTION VI

Insinuation des gains de survie.

Une déclaration du 20 mars 1708 ayant soumis à la formalité de l'insinuation les donations faites « par formes d'augments droit de rétention, gains de noces et de survie » on prétendit que faute d'avoir été insinuées, ces donations étaient frappées de nullité. Mais une déclaration de 1729 confirmée par l'ordonnance de 1731 décida que le défaut d'insinuation de ces actes n'emporterait pas la peine de nullité.

SECTION VII

Causes privant le conjoint des gains de survie

Le conjoint perdait tout droit aux gains de survie s'il avait tué son conjoint : nous avons vu que la règle romaine était analogue. Il y avait en outre des causes de déchéance particulières à la veuve.

Celle-ci était déchue de tout droit de survie :

1° Si elle se remariait avec un homme tout-à-fait indigne de sa qualité, par exemple si étant de haute condition elle convolait en secondes noces avec son valet ;

2° Si la femme avait quitté son mari sans cause légitime.

3° Si elle s'était rendue coupable d'adultère ;

4° Si elle se remariait dans l'année du deuil ;

5° Si après la mort de son mari elle menait une vie déréglée.

Dans tous ces cas, elle était privée des gains de survie pour avoir méconnu ses devoirs envers son mari ou pour avoir manqué au respect qu'elle devait à la mémoire du défunt.

SECTION VIII

Droits des conjoints sur les gains de survie.

En règle générale, les conjoints n'ont aucun droit sur les gains de survie tant que le mariage n'a pas été dissous par la mort de l'un d'eux. Par exception, l'un des conjoints pouvait y prétendre au cas de mort civile de l'autre, et la femme au cas d'absence ou de faillite de son mari.

Les droits du conjoint sur les gains étaient différents suivant que, à l'époque de leur ouverture, il existait où il n'existait pas d'enfants issus du mariage.

S'il y avait des enfants, l'époux prenait : 1° la pleine propriété d'une part virile, c'est-à-dire d'une part égale à celle d'un des enfants ; 2° l'usufruit du surplus à moins qu'une convention expresse ne lui eût attribué la pleine propriété de la totalité du gain à tout événement. S'il venait à se remarier il perdait la propriété de la virile ; il ne lui restait plus alors qu'un droit d'usufruit sur l'ensemble des gains.

S'il n'y avait pas d'enfants, l'époux recueillait la pleine propriété de tous les gains nuptiaux.

RÉSUMÉ ET CONCLUSION.

En résumé, la situation de l'époux survivant telle qu'elle résultait des usages en vigueur dans les pays de droit écrit était meilleure que celle qu'avait établie la législation Romaine. Indépendamment de la quarte du conjoint pauvre et du droit de succession *ab intestat*, des gains de survie nombreux existaient dans le midi de la France, avantages légaux ou conventionnels, qui assuraient pleinement l'existence du survivant. La veuve était particulièrement bien traitée, et c'est justice car il lui serait bien difficile la plupart du temps de se créer des ressources par son travail personnel. En étudiant la législation des pays de coutume, nous allons voir que par des moyens différents, on avait poursuivi et atteint le même but.

DEUXIEME PARTIE

Pays de Coutume.

Avant d'étudier les droits que conférait à l'époux survivant la législation du nord de la France à l'époque monarchique et postérieure à la rédaction des coutumes, il est indispensable, pour bien suivre la filiation des idées et le développement historique des institutions que nous abordons, d'examiner comment la question était résolue à l'époque franque et à l'époque féodale. C'est ce que nous allons faire brièvement.

TITRE PREMIER

Époque Franque.

Nous ne nous dissimulons pas que la diversité des législations barbares rend assez complexe cette partie de notre travail. Sans doute, beaucoup d'auteurs se sont occupés déjà de la question que nous allons étudier, mais les controverses fort nombreuses et fort vives qui se sont élevées entre eux ne laissent pas d'augmenter encore les incertitudes et les dangers de notre tâche. Nous examinerons successivement le droit de succession *ab intestat* entre époux, la dos, le morgengabe, le droit à une *pars collaborationis* et le *faderfium*.

CHAPITRE PREMIER

DROIT DE SUCCESSION AB INTESTAT.

Les époux, d'après la loi des Wisigoths, se succédaient mutuellement à défaut de parents au septième degré (Liv. 4. Tit. 2, § 11). Un texte de la loi des Bavarois décide implicitement la même chose (Liv. 14, chap. 9, § 4). Certains droits de succession étaient spécialement reconnus à la veuve qui ne se remariait pas.

D'après la loi des Bavarois (T. 4, chap. 6 et 7), et la loi des Wisigoths (Liv. 4. Tit. 2, § 14), la veuve prenait une part d'enfant en usufruit. D'après la loi des Bourguignons, elle avait droit à un tiers en usufruit de la succession de son mari, à un quart seulement si elle avait plusieurs fils.

La femme avait en outre des gains de survie que nous allons passer en revue.

CHAPITRE II

SECTION I

Dos.

« *Dotem non uxor marito, sed uxori maritus offert. Inter-sunt parentes et propinqui ac munera probant, munera non ad delicias muliebres quæsita, nec quibus nova nupta comatur, sed boves et frenatum equum, et scutum cum framea gladioque. In hæc munera, uxor accipitur.* »

Ainsi s'exprime Tacite dans le *De moribus Germanorum* (chap. 18). En droit Germain, la dot est donc un apport fait par le mari à la femme : l'antithèse avec le droit Romain est complète. La règle est la même dans le droit Franc et veut qu'on l'explique.

Anciennement, dans les législations barbares le mariage n'était pas autre chose qu'un achat de la femme par le mari qui en payait le prix à la famille de celle-ci. Plus tard, ce ne fut plus la femme elle-même qui fut achetée par le mari, l'objet du contrat fut le *mundium*, c'est-à-dire un droit d'autorité et de protection sur la femme. C'est dans le transport de ce *mundium* de la famille de la femme au mari que consistait la convention : c'est donc à cette famille qu'était versé le prix du *mundium*. La femme dès lors n'était plus l'objet de la vente ; son rôle s'était relevé, elle était devenue partie au contrat. Dans la suite, sa situation fut encore améliorée ; ce fut à la femme elle-même que fut remis le prix du *mundium :* ainsi se trouva constituée la dos, primitivement *pretium uxoris*, puis prix du *mundium* payé à la famille de la femme d'abord, ensuite à la femme elle-même. Le prix d'achat s'était ainsi transformé en donation (1).

L'Eglise encouragea l'institution de la dos qui avait l'avantage de permettre de distinguer le mariage légitime de l'union libre. C'est ainsi que le Concile d'Arles (521) formula ce précepte « *nullum conjugium sine dote fiat.* » Il n'en résultait pas que le mariage était nul quand le mari n'avait fait aucun apport à sa femme, seulement ce mariage, jusqu'à preuve contraire, était présumé simple concubinage.

D'ailleurs dans un certain nombre de législations, la dos était due à la femme en l'absence de toute stipulation. Nous rencontrons cette *dos legitima* notamment chez les Ripuaires (Loi Rip. 37, § 2), les Alamans (L. Alam. T. 55, 1) et les Bavarois (L. Bajuw. T. 7, chap. 14, § 1 et 2).

Quel était le droit de la femme sur les biens compris dans la dos ? C'était parfois un droit de propriété (L. Alam. 56, § 1) parfois un droit d'usufruit (L. Sax. T. 8). On trouve dans la loi des Burgondes une distinction fort

1. On trouve pour désigner la dos des noms différents suivant les diverses législations barbares. Elle s'appelle Witthum chez les Alamans, Wittemon chez les Burgondes, meta chez les Lombards, etc.

importante : la veuve n'avait sur la dos qu'un droit d'usufruit s'il y avait des enfants issus du mariage ; au cas
contraire, elle avait la dos en toute propriété au moins
pour une part. Cette règle tendit à se répandre de plus
en plus ; on la rencontre dans un assez grand nombre des
formules de la pratique. Un capitulaire de Clovis adopta
une disposition analogue.

La *dos legitima* acquise à la femme indépendamment de
toute convention était un gain de survie dans la loi des
Ripuaires (L. Rip. 37, § 2). Le texte est formel sur ce
point : « *si autem... nihil ei contulerit, si virum supervixerit
quinquaginta solidos in dotem (uxor) recipiat.* » Il faut donner sans doute la même règle et décider que la dos n'est
qu'un gain de survie, lorsque le droit accordé à la femme
n'est qu'un droit d'usufruit ; sinon, on ne comprendrait
guère l'utilité de ce droit d'usufruit. Mais lorsqu'il s'agissait pour la femme d'une dos conventionnelle sur laquelle
elle avait un droit de propriété ce droit était-il subordonné à sa survie ?

Il n'est pas facile de répondre d'une façon précise à cette
question. Il semble que, ordinairement, le droit de propriété de la femme sur la dot n'était pas un droit de propriété immédiat conservé par elle quels que fussent les
événements postérieurs. Cependant d'après la loi des Wisigoths la femme pouvait disposer par testament de sa dot
pour le cas où elle ne laisserait pas d'enfants ; c'est donc
qu'on lui reconnaissait sur sa dot un droit de propriété
qui n'était pas subordonné à sa survie (L. Wisig. Liv. 3,
Titre 1, § 5). D'autre part, nous voyons dans plusieurs formules, notamment dans la formule 336 de Rozière, que, au

cas de prédécès de la femme, les enfants recueillaient la nue-propriété de la dos, l'usufruit étant attribué au père. Ici encore la dos n'était pas considérée comme un gain de survie, au moins en ce qui concerne la nue-propriété des biens sur laquelle elle portait. Mais ce n'était là sans doute que des cas exceptionnels et l'on peut dire, croyons-nous, que en général, la dos n'était pour la femme qu'un gain de survie.

SECTION II

Morgengabe.

La femme avait encore un autre gain de survie, le morgengabe ou *donum matutinum.* On appelait ainsi un présent fait par le mari à sa femme le lendemain de ses noces. Comme il n'était donné qu'à la jeune fille et après la consommation du mariage, les commentateurs l'appelèrent « *Pretium delibatæ virginitatis* ».

Le morgengabe se distinguait donc nettement de la dos. C'était ordinairement un don de quotité purement conventionnel, et pour la femme un simple gain de survie. Celle-ci, le cas échéant, avait un droit de propriété sur les biens qui lui advenaient par l'effet du morgengabe, tandis qu'elle pouvait n'avoir sur la dot qu'un droit d'usufruit. Il est à remarquer d'ailleurs que le morgengabe intervenait dans d'autres cas que celui d'un véritable mariage.

SECTION III

Droit de la femme sur les bona collaborationis.

Outre la dos et le morgengabe la femme pouvait encore avoir droit à une part des acquêts faits en commun. Cette part était fixée au tiers par la loi des Ripuaires (Tit. 37, § 2). « *Tertiam partem de omni re quam simul conlaboraverunt, sibi studeat evindicare* ». Ce n'était là encore qu'un droit d'usufruit, ainsi que le montre la suite du texte. C'est bien à tort, croyons-nous, qu'on a voulu y voir la preuve de l'existence de la communauté de biens dès le VIe siècle. D'ailleurs, ce droit à la *tertia pars collaborationis* ne pouvait pas se cumuler avec la morgengabe, et il n'appartenait à la femme que s'il avait été formellement stipulé.

SECTION IV

Faderfium.

Le mari, nous l'avons vu, apportait une dot à la femme. Tacite qui nous atteste cet usage nous montre aussi que de son côté la femme faisait un apport au mari : « *Uxor invicem armorum aliquid viro offert.* » Plus tard, cet apport prit plus d'importance. il consista en troupeaux, d'où le nom de *Faderfium* (Vater, Vieh) qui fut changé en celui de *maritagium* lorsqu'on voulut désigner cet apport sous un nom plus romain.

C'est ce *Faderfium* qui correspondait à la dot romaine

la veuve survivante le reprenait et le gardait même au cas de convol (L. Alam., T. 45, § 1. L. Rotharis, chap. 182 et 199). De même la femme injustement répudiée y avait droit (L. Bajuw. Tit. 7, chap. 14, § 2). Mais que décider, si la femme prédécédait? S'il n'y avait pas d'enfants issus du mariage, le mari recueillait le *faderfium* (L. Luitprand, 2, § 1). Il est moins facile de résoudre la question de savoir quels étaient les droits du mari survivant sur le *faderfium* en présence d'enfants nés du mariage. Il est probable que dans ce cas le mari en recueillait au moins une part. La loi des Lombards nous apprend que le mari meurtrier de sa femme perdait tout droit au *faderfium*; à coup sûr on n'aurait pas pris la peine de formuler cette solution si le mari survivant qui n'a pas tué sa femme n'avait eu quelque droit sur ce *faderfium*.

TITRE II

Epoque Féodale.

CHAPITRE PREMIER

DROIT DE SUCCESSION AB INTESTAT.

Il y a peu de chose à dire à cette époque du droit de succession *ab intestat* entre conjoints. Les Assises de Jérusalem cependant contiennent à ce sujet un texte fort intéressant : « S'il avient que uns hors ait conquis eritages ou autre aver avant qu'il preigne feme, et puis prent feme, et avient par la volonté de nostre Seignor qu'il chiet malade et meurt sans devise qu'il face de nul riens, la raison coumande et juge que tout can qu'il avet deit estre de sa feme par dreit, encore seit ce que celui qui est mort ait père et mère, et fils et filles et seurs et frères, car ce dit la lei et l'assise dou reaume de Jérusalem que nus home n'est si dreit heir au mort comme est sa feme espouse : sanctæ enim civitatis Dei cives apostolica doctrina confisi dicunt uxorem esse in successione viro proximiorem, quia vir et uxor unum corpus sunt et duæ animæ » (*Cour des bourgeois*, chap. 186).

Dans le droit des Assises l'épouse héritait donc de son conjoint prédécédé à l'exclusion des parents ; la raison par laquelle cette règle est justifiée au texte semble bien montrer que le mari survivant avait le même droit de succession sur les biens propres de sa femme. Cette disposition est d'autant plus exorbitante que d'après les Assises, le survivant des époux avait la moitié de tout ce qui avait été acquis pendant le mariage, et en outre, si c'était le mari, l'usufruit de l'autre moitié. Cette règle qui sacrifiait si manifestement les droits des héritiers du sang n'était probablement suivie que dans les pays occupés par les croisés. On la retrouve dans les Assises de Romanie (5) : « *Se l'homo muor intestado, la muoier* (mulier) *succiede in li bene mobili et immobili burgexiatichi, ma se illo non haveva muoier, lo filiol succiede* » (chap. 28). D'après M. Beugnot la même règle existait également en Syrie et en Morée. M. Beugnot la considère comme le produit des mœurs particulières à la société fondée par les Latins en Orient. Ils auraient voulu par là récompenser l'attachement de leurs femmes qui n'avaient pas craint de les accompagner en terre si lointaine. Nous croyons plutôt que c'est par fidélité à l'esprit de l'Evangile que les croisés ont adopté cette solution. C'est ce qui nous semble bien résulter de la phrase du texte qui commence ainsi : « *Sanctæ civitatis Dei lives apostolica confisi...* » et qui fait allusion à la fin à un pas-

1. L'Empire de Romanie fondé par les Croisés en 1204 subsista jusqu'en 1261.

sage bien connu de l'Evangile. D'ailleurs ce souci de la part des Croisés de se conformer à la parole divine n'a rien qui doive nous surprendre. Quoi qu'il en soit, il faut noter que cette règle ne s'applique qu'aux bourgeois et non pas aux nobles.

En dehors de cette exception, il est probable que l'époux survivant n'avait aucun droit de succession. Loysel lui préfère le Seigneur Haut Justicier (Règle 342). Ce n'est que plus tard que l'édit *Unde vir et uxor* fut appliqué dans la plupart des pays de coutume.

CHAPITRE II

GAINS DE SURVIE.

SECTION I

Douaire.

Le dos et le morgengabe de l'époque Franque ne demeu-
rèrent pas très longtemps deux institutions distinctes.
Comme elles présentaient plusieurs traits de ressemblance, elles tendirent à se fondre en une seule : d'une
part, la dos jadis prix d'achat de la femme, était devenue
simplement une donation faite par le mari à la femme
avant le mariage ; d'autre part le morgengabe sous l'influence de l'Eglise qui le considérait comme contraire à la
dignité du mariage, perdit le caractère de *pretium delibatæ virginitatis* et ne fut plus qu'une donation faite par
l'époux à son épouse. De la combinaison de la dos et du
morgengabe, résulta le *Dotalitium* ou Douaire. Cette fusion
amenée par l'évolution progressive des deux institutions
ne s'accomplit pas, du reste, à la même époque dans toutes les législations barbares. Chez les Lombards, elle
était déjà réalisée à l'époque de l'édit de Luitprand. En
France, elle fut plus tardive, et ne fut complète que vers le
xie siècle. Dans d'autres pays, le morgengabe se maintint

plus longtemps encore à côté de la dos : c'est ce que nous voyons notamment par le Miroir de Saxe (I, 20).

On retrouve dans les règles du douaire à l'époque féodale des traces de sa double origine. Certaines dispositions qui concernent ce gain de survie viennent à n'en pas douter de la dos. C'est ainsi que :

1° La constitution du douaire était obligatoire. C'est là une disposition empruntée à la règle : « *Nullum conjugium fiat sine dote.* »

2° Le douaire devait être constitué avant le mariage : « *ante ostium ecclesiæ* ». Comme le remarque Beaumanoir : « le prêtre fait dire à l'homme, quand il épouse la femme : du douaire qui est divisé entre mes amis et les tiers, je te doue. » Ici encore, on reconnaît l'influence de la dos.

D'autres règles du douaire provenaient du morgengabe :

1° Le douaire n'était acquis définitivement à la femme qu'après la consommation du mariage. « Au coucher femme gagne son douaire » disaient les anciennes coutumes. C'est à tort, croyons-nous, que M. Rimasson (1) attribue à cette règle une origine canonique et pense qu'elle provient de la distinction entre le *matrimonium ratum* et le *matrimonium consummatum*. Ce système n'est pas nouveau : Eusèbe de Laurière l'expose sous l'article 248 de la coutume de Paris et le reproduit sous la règle 140 de Loysel ; Pothier à son tour la formule dans son traité du douaire

1. Voir : Rimasson, *Etude sur le douaire. Revue de législation* années 1870-1871.

(1re partie, chap. 3). Mais cette distinction entre le *matrimonium ratum* et le *matrimonium consummatum* ne fut établie qu'au xiie siècle par le décret de Gratien. Or le douaire nous l'avons vu, existait dès le xie siècle, et dès cette époque il n'était dû qu'après la consommation du mariage.

2° Le douaire porte en général sur une quotité des biens du mari; il en était ainsi également du morgengabe.

3° Le douaire était un gain de survie. Cette règle vient encore de morgengabe. La dos, elle aussi était le plus souvent un gain de survie, mais il n'y avait pas à ce sujet un accord complet entre les différentes législations barbares : les héritiers de la femme recueillaient parfois une partie de la dos.

Le droit de la femme sur le douaire finit par être très généralement un simple droit d'usufruit, mais il put pendant longtemps être un droit de propriété. Dans certaines chartes le droit de la femme sur son douaire était un droit d'usufruit s'il y avait des enfants issus du mariage, un droit de propriété au cas contraire. On retrouve donc concurremment appliquées les règles de la dos et du morgengabe. Finalement, la femme n'eut plus que l'usufruit des biens sur lesquels portait le douaire; l'esprit féodal poursuivant la conservation des propres dans la famille ne pouvait reconnaître à la douairière un droit de pleine propriété.

Nous trouvons à l'époque féodale outre le douaire conventionnel, un douaire coutumier dû à la femme en l'absence de toute promesse du mari. D'après Beaumanoir (Coutume de Beauvoisis, XIII, 12), le douaire coutumier aurait été institué par Philippe Auguste. « Devant l'établissement du roi Philippe, nule femme n'avait douaire.

fors tel comme il avait été convenancié au marier ». Telle est aussi l'opinion de Pierre de Fontaines : « Les voves dames n'ont mie douaires par lor mariz, ains ont tele seisine par l'établissement le roi Philippe » (Conseil à un ami, chap. 21, § 15). Mais ce roi ne fit que généraliser le douaire coutumier, il ne le créa pas, car ce douaire existait dans certains pays antérieurement au xiii° siècle. Indépendamment de la *dos legitima* qui était établie, nous l'avons vu, par un certain nombre de lois barbares, la loi des Burgondes (T. 42, § 1 et 2) et la loi des Wisigoths (L. 4, t. 2, § 14) donnaient à la veuve un droit d'usufruit sur une partie des biens du mari, droit qui ne se confondait ni avec la dos, ni avec le droit aux acquêts, et qui n'était autre chose qu'un douaire légal. Les Assises de Jérusalem admettaient également l'existence d'un douaire coutumier (Assises de la Haute-Cour, Livre de Jacques d'Ibelin, § 48) : « L'usage des doaires par l'assise est tel : que quant l'ome muert que de totes les choses quel qu'elles seient, meubles et estables que l'on li treuve, sa femme en deit aveir la meitié, ce est puisque l'on a paiée la dette dou mort... La femme ne peut riens faire de ce que elle a en doaire, seit fié ou irritage, mais que joyr des rentes sa vie. Et ceste assise est des chevaleriers ». De même, Jean d'Ibelin nous dit (Assises de la Haute-Cour, chap. 177) : « Et par l'assise ou l'usage dou reiaume de Jérusalem chascune franche dame a en doaire la moitié de tot quanque son baron a à l'hore que il vait de vie à mort. »

L'innovation de Philippe-Auguste consista donc seulement dans la généralisation d'un douaire coutumier déjà connu antérieurement. En même temps, le douaire fut porté du tiers à la moitié des biens qu'avait le mari au jour du mariage. Cependant, il est à remarquer que les Établissements de Saint-Louis accordent seulement à la roturière un douaire de moitié; ils ne donnent encore à la femme noble qu'un droit à l'usufruit du tiers des biens du mari.

Sur quels biens portait le douaire à l'époque féodale? Il portait d'une manière générale sur les immeubles qui appartenaient au mari au jour du mariage, et sur ceux qui lui advenaient par la suite par succession de ses ascendants. Mais une difficulté se présentait en ce qui concerne le douaire de la femme noble. Comme le remarque M. Laboulaye (*Condition des femmes*, p. 260), « le douaire devait difficilement se concilier avec la nature de la concession féodale, et il semble que le droit du tenancier ne pouvait aller jusqu'à grever la jouissance d'un successeur qui n'était pas le continuateur de sa personne. » D'ailleurs le douaire ne pouvait pour une raison porter sur les fiefs. Qui donc eût rempli les services féodaux à charge desquels ils avaient été concédés? Le service militaire en particulier ne pouvait se trouver suspendu pendant toute la vie de la douairière.

Cependant, avec l'affaiblissement progressif des idées féodales, on soumit au douaire le fief du mari. Seulement lorsque celui-ci laissait des biens roturiers suffisants, ces biens seuls étaient soumis au douaire, et le fief était dégrevé de cette charge. Enfin, lorsque les femmes eurent été admises à la succession des fiefs, cette restriction disparut elle-même. Mais il resta des traces de l'ancienne règle. C'est ainsi que d'après la coutume de Normandie, la

veuve ne pouvait prétendre aucun droit sur le chef ma-
noir : elle devait se remplir de son douaire sur les meilleurs ténements roturiers. C'est ce qu'on appelait le douaire
de la plus belle. De même la coutume de Poitou (A. 262),
disait que le mari ne pouvait bailler à sa femme son
principal hébergement en douaire sans le consentement
de son héritier.

Le douaire ne pouvait porter sur la Couronne de France
ni sur les comtés et baronnies, comme nous l'apprend
Beaumanoir (*Du douaire,* n° 12). La raison en était que le
royaume et les grandes seigneuries sont indivisibles. Le
douaire ne s'étendait pas non plus sur les châteaux jura-
bles et rendables, c'est-à-dire sur les châteaux que les
vassaux s'étaient obligés sous la foi du serment de livrer
en cas de guerre à leur seigneur (C. de Bourges A. 59, C.
d'Amiens, A. 121).

SECTION II

Maritagium.

Le mari survivant avait-il droit à l'apport de la femme,
c'est-à-dire au *maritagium* ou mariage ? Les assises de
Jérusalem font allusion à ce droit (*Assises de la cour des
bourgeois,* chap. 198). « Bien sachés que s'il avient par aucune aventure que aucune feme veigne à mort avant que
ces maris, et elle done à son marit autre chose que de ce
des dreis de son mariage... » Mais dans leur chapitre 170,
les assises supposent que le mariage peut être attribué
aux héritiers du mari prédécédé : « S'il avient que les mariages se partent par la mort dou marit, la raison cou-

mande que un sien hair dou mort ou cil qui averont ces choses devent rendre le douaire à sa feme. Mais ce les mariages fut donnés au pere dou mort, ou à sa mere, ou à aucun des siens, dreis est que cil qui resurent le mariage si deivent rendre le douaire. »

Les héritiers du mari recueillant le mariage, nous en concluons que le droit au mariage n'était pas pour le mari un gain de survie. Nous ne pouvons nous rallier à l'opinion contraire que soutient cependant la haute autorité de M. Boissonade. Il nous semble bien en effet résulter du texte des assises que le mari avait sur le mariage un droit de propriété immédiat, non subordonné à sa survie. On peut en conclure également : 1° que au cas de prédécès du mari le mariage n'était pas attribué à sa femme par exception à la règle que formule le chapitre 186 en ces termes : « Nus home n'est si dreit heir au mort comme est sa feme espouse » 2° que le douaire de la veuve (c'est-à-dire l'usufruit de la moitié des biens du mari) s'étendait sur le mariage.

D'après les Etablissements de Saint-Louis (Livre I, chap. 21) le mari survivant avait droit au mariage s'il était né de l'union conjugale un enfant viable. De même, dans l'Echiquier de la Saint-Michel tenu à Falaise en 1210 « il fut jugié que se li mariz ot oirs de sa fame, il tendra son mariage tant come il sera sanz fame » (Marnier, Etabliss. et Cout. p. 121).

TITRE III

Epoque Monarchique.

Nous nous placerons maintenant à l'époque où l'autorité royale a définitivement triomphé de la féodalité, et où les coutumes ont été non seulement rédigées, mais encore réformées par la plupart. Nous étudierons à cette époque le droit de succession *ab intestat* entre époux, le douaire, le préciput légal des nobles, l'entravestissement de sang et enfin les droits d'habitation de la veuve, de deuil et de linges et hardes.

CHAPITRE PREMIER

L'authentique *prœterea* n'était pas appliquée dans les pays de coutume comme elle l'était dans les pays de droit écrit. La raison de cette différence est facile à saisir : en pays coutumier, le régime de communauté existant entre époux, le conjoint pauvre recueillait sa part dans la communauté enrichie par l'époux le plus opulent ; le besoin d'une quarte en sa faveur se faisait donc beaucoup moins sentir.

Le conjoint pouvait-il du moins succéder à son conjoint à défaut d'héritiers, et à l'exclusion du fisc ? Il y avait certaines coutumes où la succession entre époux était admise par des dispositions précises. La coutume de Poitou dit expressément dans son article 299 : « Où il n'y aurait lignager capable à succéder, la femme succéderait au mari et le mari à la femme, plutôt que les biens soient dits vacants. » La coutume du Berry avait une disposition analogue (titre 19, A. 8).

D'autres coutumes, au contraire, préfèrent le fisc au conjoint survivant, à moins que ce ne soit le seigneur haut-justicier. Ce sont là sans doute les coutumes les plus fidèles au passé. Telles sont les coutumes de Bourbonnais (art. 328), de Maine (art. 286), d'Anjou (art. 268). Mais il était admis que l'on pouvait par contrat de mariage déroger à ces dispositions rigoureuses.

Enfin, il y avait des coutumes qui ne faisaient pas mention du tout de la succession entre époux. De ce nombre était le coutume de Paris qui dans son article 167, disait simplement : « Quand le propriétaire possesseur d'aucun héritage va de vie à trépas sans hoirs apparents, le Haut-Justicier en la justice duquel les héritages sont assis peut et lui est loisible iceux héritages vacans et non occupez saisir et mettre en sa main. » La question de savoir si le conjoint ne devait pas exclure le fisc avait été fort débattue. Bacquet soutenait la négative : « On tient pour arresté, disait-il, que le titre *unde vir et uxor* qui porte que *maritus et uxor invicem in solidum succedunt excluso fisco*, n'a lieu en païs coutumier de France, car en France même en la prévosté et vicomté de Paris, la femme n'est jamais héritière de son mari ni le mari de sa femme. » Et Bacquet ajoute : « En France, le roi tenant lieu du préteur *non dabit bonorum possessionem contra se.* » Mais il donne une raison plus sérieuse à l'appui de sa manière de voir. Il avait été inséré, nous dit-il, au cahier de la nouvelle coutume de Paris, lors de la réformation, qu'à défaut d'héritiers le conjoint survivant succéderait à l'exclusion du fisc. « Mais cet article ne fut receu par MM. les commissaires députés par le Roy pour la rédaction de la nouvelle coustume, ainsi que je l'ai veu au cahier » (Jean Bacquet. *Du droit d'aubaine,* chapitre 34, § 2 et 3). La nouvelle disposition projetée avait donc été supprimée du texte définitif de la coutume réformée. Par suite, c'est à bon droit, semble-t-il, que Bacquet décidait que le fisc ne pouvait pas être exclu par le conjoint survivant. C'est ce que décida du reste un arrêt du 23 novembre 1568.

Mais cette solution était tellement inique que l'opinion contraire mal fondée en droit finit cependant par prévaloir. Par un arrêt du Parlement de Paris en date du 22 août 1582, la veuve fut préférée au seigneur haut-justicier. Cet arrêt à ce que nous dit Louet (Lettre F. chap. 22), fut donné *multis contradicentibus* contre M. de Montpensier seigneur de Champigny en la coutume de Touraine qui n'avait pas de disposition spéciale sur ce point particulier. Dans la suite, la jurisprudence resta constante sur ce point. On peut donc affirmer que dans les coutumes qui étaient muettes sur le droit de succession entre époux, l'application de l'édit *unde vir et uxor* ne laissa pas d'être admise.

Le conjoint survivant qui succédait au prédécédé était traité comme un véritable héritier. C'est ainsi qu'il avait la saisine. Cette solution qui nous était déjà donnée par Lebrun (*Traité des successions*, Liv. I, chap. 7), est reproduite par Pothier (Introduction à la coutume d'Orléans, titre 17, section IV, § 2). « C'est pour cette raison, nous dit ce grand jurisconsulte, que l'article 301 (de la coutume d'Orléans) dit, le mort saisit le vif son plus proche héritier, en termes généraux, et non pas son plus proche parent. » Notons toutefois que les biens qui advenaient ainsi au conjoint survivant n'avaient pas la qualité de propres.

Voici la raison que Lebrun nous donne de cette particularité : « Toutes les raisons pour lesquelles l'on a établi les propres ne conviennent point à cette espèce de succession, un conjoint étant entièrement étranger à l'égard des biens de son conjoint qui passent par le moyen de cette succession dans une autre famille : ainsi il n'y a plus de sujet d'en empêcher la libre disposition, ni de les assujettir au retrait, ni de les affecter à aucune ligne, et ce sont là néanmoins les seuls motifs de l'établissement des propres. » D'ailleurs, si les héritages advenus au conjoint survivant avaient été considérés comme propres, ce conjoint n'en aurait plus eu la libre disposition. Or, comme le remarque Lebrun : « Il ne semble pas fort équitable que celui qui met le premier un héritage dans une famille n'en ait pas lui-même la libre disposition et soit obligé de le réserver à sa famille. »

Quant au point de savoir en quelle mesure le conjoint survivant qui à défaut de parents succédait au prédécédé était tenu des dettes de la succession, il n'est pas résolu par Pothier. Lebrun nous apprend que la question était discutée : « On a aussi douté si le conjoint qui se portait héritier avait besoin de lettres de bénéfice d'inventaire et si en cela il n'avait pas le même privilège que le seigneur haut-justicier qui n'est point tenu *ultra vires* pourvu qu'il fasse faire inventaire et quoiqu'il n'obtienne pas de lettres. » Mais de ce principe que le conjoint est un véritable héritier, on devait conclure qu'il était tenu des dettes *ultra vires hereditatis*.

CHAPITRE II

GAINS DE SURVIE.

—

SECTION I

Douaire.

« Le douaire, nous dit Renusson, (*Traité de douaire,* Chap. V, n° 43) est un avantage accordé à la femme sur les biens du mari au cas qu'elle le survive » Pothier nous en donne une définition à peu près semblable. « Le douaire, nous dit-il, est ce que la convention ou la loi accorde à la femme dans les biens de son mari pour la subsistance, et en cas qu'elle lui survive. » Nous avons vu que cette institution provenait de la combinaison de la dos germanique avec le morgengabe, et que l'on retrouvait dans les dispositions qui le régissaient des traces de cette double origine ; nous n'avons pas à revenir sur ce point.

On distingue, comme nous le montre la définition de Pothier, deux sortes de douaires : le douaire légal ou coutumier qui est attribué à la femme par la coutume en l'absence de toute convention, et le douaire préfix ou conventionnel qui est celui dont les parties sont convenues par contrat de mariage. Mais avant de les étudier séparément, nous devons examiner quelle était au juste la nature du douaire.

A. — Nature du douaire.

Le douaire, même lorsqu'il est conventionnel, n'est pas une donation, car il procède de l'obligation que l'homme a contractée de pourvoir sur ses biens à la subsistance de sa femme, au cas où celle-ci lui survivrait. Le douaire préfix qui dépassait le douaire coutumier n'était même pas considéré comme une libéralité pour l'excédant (1). On en concluait qu'il n'était pas soumis à la formalité de l'insinuation et qu'il n'était pas sujet à retranchement pour la légitime des enfants.

Le douaire était un gain de survie. « Jamais mari (vivant) ne paya douaire, nous dit Loysel » (règle 141). Cependant certaines coutumes permettaient parfois à la femme de réclamer le douaire du vivant de son mari. C'est ce qui arrivait au cas de mort civile du mari, dans quelques coutumes. « Le douaire coutumier ou préfix peut être demandé après la mort du mari naturelle ou civile » disait l'article 235 de la coutume de Melun. La même règle était posée parfois lorsque le mari était dissipateur de biens (coutume du Maine, art. 331), ou lorsqu'il était absent (coutume d'Anjou, art. 269).

La coutume du Nivernais (chap. 24, art. 6) édictait une règle plus générale: « Le douaire, soit coutumier ou con-

1. Il faut faire exception pour le douaire qu'un homme veuf ayant des enfants d'un précédent mariage accordait à sa seconde femme. Cette exception se rattache à l'édit des secondes noces.

venu échet par la mort naturelle du mari. Et si le mari vient à pauvreté évidente par mauvais ménage, est banni ou absent par long espace de temps, ou échet un autre évident inconvénient par lequel vraisemblablement les biens du mari soient en voie de dépérir, la femme se pourra pourvoir par justice pour avoir provision de son douaire. » Guy Coquille en commentant cet article nous indique à la fois la raison d'être et la portée de cette règle. En ce qui concerne la mort civile, il dit : « Quoy que le mariage quant au lien ne soit dissolu, toutefois le mari ayant perdu toute communion de droit civil et tous les biens, est réputé comme mort et sa femme comme veuve en tant que touche le fait des biens. » Il nous donne une raison analogue pour les autres cas où la femme peut réclamer provision de son douaire du vivant de son mari : « La femme, dit-il, est dans ces cas comme destituée du secours de son mary qui n'a plus moyen de l'entretenir et supporter les charges du mariage ; et en ce qui est des biens, elle est comme veuve.

Que fallait-il entendre au juste par ces mots : « La femme peut se pourvoir par justice pour avoir provision de son douaire? » Guy Coquille nous l'indique avec sa clarté ordinaire : « Cet article, dit-il, permet à la femme de demander provision de son douaire. Aucuns ont douté si elle en devait jouir incontinent, ou seulement en avoir sûreté pour en jouir après la mort de son mary. Mais je croy qu'elle en doit jouir incontinent après qu'elle a fait sa preuve, parce que ce mot de provision dont use la coutume sonne en aliments. »

L'article 6 de la coutume de Nivernais accordait donc à

la femme dans plusieurs hypothèses, le droit au douaire
du vivant du mari. En pratique, on ajoutait encore à ces
cas exceptionnels. C'est ainsi qu'on donnait ouverture au
douaire au cas de *separatio quoad torum et mensam.* On
arguait en ce sens des mots « mauvais ménage » que renferme l'article 6. « Si le mauvais ménage du mary, dit
Guy Coquille, est en tenant par lui une concubine ou
autrement paillardant, la femme peut requérir... être
séparée du lit de son mari et la séparation ainsi faite...
elle peut demander son douaire. »

Au surplus, on peut bien dire que ces exceptions au
principe que le douaire n'est dû qu'à la femme survivante
ne faisaient que confirmer la règle, puisque pour justifier
ces exceptions on disait que le mari était réputé comme
mort et la femme comme veuve.

B. — Douaire Coutumier.

**§ 1er. — *Quelles sont les coutumes qui admettent le douaire
coutumier?***

La plus grande partie des coutumes accordait à la
femme un douaire légal ; quelques-unes seulement n'admettaient que le douaire préfix : de ce nombre étaient
notamment les coutumes de La Rochelle, d'Issoudun, de
Cambrai et de la Marche. La Coutume de Saintonge n'établissait de douaire coutumier qu'au profit des femmes
nobles ; les coutumes d'Anjou et du Maine au contraire
accordaient un douaire légal à toutes les femmes roturières, tandis qu'elles ne reconnaissaient pas le même avan=

tage à toutes les femmes nobles : la diversité des coutumes sur ce point était donc fort grande.

§ 2. — *Quelles femmes ont droit au douaire coutumier ?*

Ce sont les femmes mariées, survivant à leur mari.

Mais le droit au douaire étant une conséquence du mariage, il fallait pour que la femme pût y prétendre que le mariage fût valablement contracté et ne fût pas dénué d'effets civils. On admettait cependant que la femme avait droit au douaire nonobstant la nullité de l'union, lorsqu'elle avait contracté mariage de bonne foi, ayant juste sujet d'ignorer l'empêchement qui rendait nul le mariage.

Dans quelques coutumes, se trouve encore cette règle que la femme ne gagne son douaire qu'au coucher (Coutumes de Normandie, art. 352, de Bretagne art. 450, de Chartres, art. 52, de Valois, de Ponthieu, etc...) Nous avons vu quelle était l'explication historique de cette disposition. Cette règle archaïque que nous signale encore Loysel, était devenue par la suite tout à fait exceptionnelle. Dans les coutumes où elle existait encore, on en tirait cette conclusion que si le mari venait à mourir immédiatement après la bénédiction nuptiale, la femme n'avait aucun douaire à prétendre.

§ 3. — *En quoi consiste le douaire coutumier ?*

Il consiste la plupart du temps en un droit d'usufruit portant sur une quotité déterminée de certains biens du mari prédécédé. Il nous faut rechercher : 1° quelle était cette quotité ; 2° sur quels biens du mari portait le douaire.

1° *Quotité du douaire coutumier.* — La plupart des coutumes fixe cette quotité à la moitié ; telle est notamment la disposition des coutumes de Paris et d'Orléans. Nous avons vu d'ailleurs que c'est à cette portion que le droit de la femme avait été étendu par le roi Philippe Auguste, au témoignage de Beaumanoir.

D'autres coutumes fixaient au tiers la portion dont la femme devait jouir pour son douaire. On peut citer en ce sens les coutumes de Normandie, de Bretagne, de Poitou, d'Anjou, du Maine, etc... Pothier dit à ce sujet : « ces coutumes paraissent avoir retenu cette règle d'une ordonnance de Jean sans Terre roi d'Angleterre qui avait réglé le douaire au tiers » et il remarque que la plupart des provinces qui ont admis cette quotité du tiers ont été autrefois sous la domination anglaise. Notons d'ailleurs que dans le droit de l'époque féodale, le douaire coutumier de la femme noble était seulement du tiers, en général du moins. Le douaire ne pouvait dépasser cette quotité puisque les deux tiers du fief étaient réservés au fils aîné dans le but d'assurer le service féodal. Telle était encore la règle posée par les Etablissements de Saint-Louis pour la « Gentilfame. » L'influence de la règle féodale est reconnaissable dans la coutume de Touraine qui étend à la moitié le douaire de la femme roturière, alors que le douaire de la femme noble ne porte que sur un tiers.

2° *Sur quels biens porte le douaire coutumier.* — Le douaire coutumier porte le plus souvent sur les immeubles appartenant au mari au jour du mariage, et sur ceux qui pendant la durée du mariage lui sont advenus de ses ascendants à titre de succession ou de donation. La règle que posait l'article 248 de la coutume de Paris était un peu différente : « Douaire coutumier est de la moitié des héritages que le mari tient et possède au jour des épousailles et bénédiction nuptiale, et de la moitié des héritages qui, depuis la consommation dudit mariage et pendant icelui, échéent et adviennent en ligne directe audit mari ». Mais il faut remarquer : 1° que l'on admettait que le mot héritage comprenait tous les biens réputés immeubles tels que les rentes constituées et les offices ; 2° que l'on ne prenait pas à la lettre ces mots « depuis la consommation dudit mariage » et que l'on entendait par là la bénédiction nuptiale ; 3° que la jurisprudence décidait que les biens échus au mari en ligne directe descendante n'étaient pas soumis au douaire, bien qu'on entende généralement par « ligne directe » aussi bien la ligne descendante que l'ascendante.

La coutume de Paris n'accordait donc aucun douaire à la femme sur les biens qui advenaient au mari par succession de ses enfants ou de ses collatéraux, ni sur ceux qui étaient acquis par le mari au cours du mariage. Telles étaient également les règles posées par la plupart des coutumes, mais quelques-unes avaient édicté à ce sujet des dispositions particulières. La coutume de Sedan (Art. 204) soumettait au douaire les biens advenus au mari en ligne directe descendante. La coutume d'Orléans ne voulant pas que le douaire de la femme fût réduit à rien faute de biens de nature à être soumis au douaire, établissait pour la femme un douaire subsidiaire dans son article 221 : « En traité de mariage auquel il n'y a convention de douaire et le mari n'a aucuns propres héritages, la femme aura pour son douaire le quart des conquêts de la portion des héritiers du décédé en usufruit, en payant les charges; et s'il n'y a conquêts, aura la quarte partie des meubles de la portion des héritiers du trépassé à perpétuité, les dettes réduites. » D'autres coutumes encore, la coutume de Bourbonnais par exemple avaient accordé à la veuve un douaire subsidiaire.

Il y avait enfin des coutumes soumettant au douaire les biens laissés par le mari lors de son décès, à l'exception des conquêts (C. de Berry, de Bourbonnais).

C. — Douaire Préfix.

C'est le douaire que les parties substituent par leur contrat de mariage au douaire coutumier. Dans les coutumes où le douaire coutumier n'existe pas, le douaire préfix est le douaire que le mari établit expressément au profit de sa femme.

La convention des parties peut en toute liberté fixer la quotité du douaire préfix. De même que l'on pouvait convenir qu'il n'y aurait point de douaire du tout, de même il pouvait être stipulé que le douaire serait inférieur au coutumier. Il était également loisible au mari d'accorder à la femme un droit de pleine propriété sur certains biens, mais à défaut de clause expresse sur ce point, le douaire préfix était présumé viager, par la raison qu'il était établi pour la subsistance de la veuve. Ainsi, contrairement au droit commun, lorsqu'il était dit au contrat de mariage que la femme aurait telle terre pour son douaire, la clause ne s'entendait que de l'usufruit de cette terre. C'est en ce sens que s'était prononcée la jurisprudence, à ce que nous apprend Pothier.

Certaines coutumes cependant avaient formellement édicté la règle contraire ; elles décidaient que si par la convention le douaire avait été réglé à une certaine somme de deniers ou à quelque autre chose mobilière sans qu'on se fût expliqué sur la nature du droit accordé à la veuve, cette somme ou cette chose serait attribuée en pleine propriété à la douairière. Telles étaient les coutumes d'Auxerre (art. 213) et de Sens (art. 168).

Mais que dire à ce sujet du douaire préfix, dans les coutumes où le douaire coutumier n'existait pas ? Devait-il être réputé accordé en pleine propriété ou en usufruit seulement ? Il fallait pensons-nous, se référer à la règle la plus générale des pays de coutume. Le douaire ne conférant le plus souvent qu'un droit d'usufruit à la veuve, le mari devait être présumé n'avoir accordé à sa femme qu'un avantage viager.

Le douaire préfix pouvait-il excéder le coutumier ? La question était diversement résolue par les coutumes. La plupart décidaient l'affirmative ; telle était notamment la décision des coutumes de Paris et d'Orléans. D'autres, telles que les coutumes de Normandie, du Maine, du Poitou, du Nivernais, d'Auxerre, etc..., ne permettaient point d'accorder à la femme de douaire préfix plus fort que le coutumier. « La raison de cette disposition est la crainte que le mari dans les premières ardeurs de sa passion et pour en posséder l'objet, ne se dépouillât au préjudice de ses enfants ». Ainsi s'exprimait Néo de La Rochelle, commentateur de la coutume d'Auxerre.

Mais que décider si le mari n'est propriétaire d'aucun bien de nature à être soumis ou douaire? Dans ce cas, le douaire coutumier est réduit à rien, la femme pourra-t-elle néanmoins dans les coutumes que nous venons de citer, obtenir un douaire préfix? La question était formellement résolue en faveur de la veuve par la coutume d'Auxerre (art. 212): « Douaire préfix ne peut excéder le coutumier, et si le mari n'a héritages propres, le préfix aura lieu de quelque valeur qu'il soit. » D'après Pothier, cette solution devait être étendue aux autres coutumes qui décidant que le douaire préfix ne pouvait être supérieur au coutumier, n'avaient pas envisagé particulièrement le cas où le douaire coutumier serait nul. En effet, quel était le but poursuivi par ces coutumes? Empêcher que le mari n'accordât à sa femme un douaire excessif. C'est simplement pour décider si le douaire préfix était excessif qu'elles le comparaient au douaire coutumier. De ce que le douaire coutumier était réduit à néant, on ne pouvait donc conclure que la femme n'avait aucun droit à un douaire préfix quelque minime qu'il fût.

La coutume de Paris pose en règle dans son article 261 que « femme douée de douaire préfix ne peut demander de douaire coutumier s'il ne lui est permis par contrat de mariage. » Une disposition analogue se retrouve dans un grand nombre de coutumes, notamment dans les coutumes d'Orléans et de Blois. La raison en est que le douaire coutumier a été établi seulement pour le cas où aucun douaire n'aurait été convenu. Cependant quelques coutumes (coutumes de Meaux, de Troyes, de Reims, d'Amiens, par exemple) reconnaissent à la femme le droit d'opter entre le douaire préfix et le douaire coutumier à moins que par le contrat de mariage celle-ci ait renoncé formellement au coutumier. Si la femme n'a pas opté dans un certain délai, délai fixé souvent à quarante jours, elle doit alors s'en tenir au douaire préfix.

D. — Règles communes au douaire coutumier et au douaire préfix.

C'est le prédécès du mari qui donne ouverture au douaire. Nous avons déjà examiné ce point ci-dessus en établissant que, en règle générale, la femme survivante seule avait droit au douaire, nous n'avons donc pas à y revenir ici.

D'après la plupart des coutumes, et notamment d'après la coutume de Paris, la femme était saisie de plein droit de son douaire par la mort du mari. « Douaire soit coutumier ou préfix, saisit sans qu'il soit besoin de le demander en jugement, et courent les fruits et arrérages du jour du décès du mari », dit l'art. 256 de la coutume de Paris. De ce principe, découlaient des conséquences importantes. L'art. 256 nous en indique une relativement aux fruits et arrérages des biens soumis aux douaires ; on en concluait également que si la femme était troublée dans son usufruit elle pouvait intenter l'action en complainte.

La règle que le douaire saisit, qu'il soit coutumier ou préfix, n'avait pas toujours été admise. Loysel dans sa règle 146 nous dit « Douaire préfix ou convenancé ne saisissait point et se devait demander en jugement, ce qui commence à se corriger quasi partout ». Dans l'ancienne coutume de Paris, le douaire préfix ne saisissait point (Art. 141) ; il n'avait point de lieu, nous dit de Laurière, jusqu'à ce qu'il eût été demandé en jugement. Une règle semblable s'était maintenue dans quelques coutumes, notamment dans les coutumes de Senlis, Étampes, Châteauneuf.

D'ailleurs, on trouve sur ce point comme sur beaucoup d'autres une grande diversité dans les coutumes. La coutume de Normandie n'accordait jamais la saisine à la douairière ; la coutume de Blois (art. 190), disait « le douaire préfix est dû au jour du trépas, et le coutumier du jour qu'il est requis et non plus tôt ». Pothier trouvait cette règle « singulière et au rebours des autres » et s'en étonnait à bon droit. Quant à la coutume d'Orléans, elle avait sur ce point des dispositions assez complexes. D'après l'art. 218 de cette coutume, la femme n'est saisie du douaire coutumier que du jour où elle fournit caution. L'art. 219 statue sur le cas où le contrat de mariage a conféré à la femme un droit d'option, entre le douaire préfix et le douaire coutumier. Si la veuve choisit le douaire coutumier, elle devra le demander, et c'est au jour de la demande qu'elle en sera saisie. Si au contraire elle s'en tient au douaire préfix, elle n'a pas besoin de le demander et elle en est saisie de plein droit. Telles sont les règles qui nous paraissent résulter des articles 218 et 219 de la coutume d'Orléans, mais il faut noter qu'il s'était élevé des controverses sur le sens exact de ces articles. Pothier dans son *Traité du douaire* (1re partie, chap. 3, n. 169-170), soutient à ce sujet une théorie toute différente de celle qu'il émet sous les articles 218 et 219 de la coutume d'Orléans.

Le droit au douaire s'ouvre pour la femme par le prédécès du mari, mais c'est du fait du mariage lui-même que ce droit prend naissance. Dès l'époque des épousailles les immeubles du mari sont sujets au douaire, dès cette époque aussi le mari est grevé de l'obligation de les conserver pour ne pas porter atteinte aux droits éventuels de sa femme. Si donc le mari aliène volontairement sans le consentement de sa femme les héritages affectés au douaire, ces biens en quelques mains qu'ils passent, continueront d'y être soumis. Le droit de la femme se trouvait ainsi fortement garanti.

Nous n'avons pas à nous étendre sur le partage qui intervenait entre la douairière et les héritiers du mari. Remarquons seulement qu'une ancienne règle que nous rapporte Loysel, disait « la douairière lotit et l'héritier choisit ». Cette manière de procéder au partage assurait d'une façon fort ingénieuse l'égalité des lots. Elle fut conservée dans quelques coutumes, notamment en Champagne, Picardie, Artois. Mais dans la plupart des coutumes on suivait les règles ordinaires du partage.

Il nous reste à examiner la question de savoir si la femme peut cumuler don et douaire, c'est-à-dire si elle peut avoir un droit de douaire sur certains biens du mari, et recueillir en même temps d'autres biens de son mari à titre de donation. Nous savons en effet que la femme pouvait être donataire par don mutuel de l'usufruit de la part de son mari dans les conquêts de communauté. Loysel nous dit (règle 150) que « Don mutuel n'empêche pas le douaire » ; dans la coutume de Paris et dans un grand nombre d'autres, on admettait que le cumul était possible. Mais

ce_taines coutumes le prohibaient, par exemple les coutumes d'Anjou (art. 310), de Maine (art. 313), de Touraine
(art. 337). Il est vrai qu'il s'était élevé sur l'étendue de cette
prohibition certaines controverses que de Laurière nous
rapporte sous les règles 149 et 150 de Loysel, et dans le
détail desquelles nous ne pouvons entrer.

Quant au droit de la douairière, c'était, nous l'avons vu,
un droit d'usufruit. La veuve avait donc d'une manière
générale les droits et les obligations d'une usufruitière
ordinaire. Seulement, son droit comportait certains modes
d'extinction particuliers. C'est ainsi que la femme était
privée de son douaire si pendant l'année du deuil elle
menait une vie irrégulière « *Mulier si infra annum luctus
commiserit stuprum, perdit donata et relicta, et hoc manet in
viridi observantia* » nous dit Dumoulin. De même, d'après
la coutume d'Anjou (Art. 316), la veuve perdait son douaire
si elle faisait des dégradations considérables aux biens
soumis à son droit d'usufruit.

SECTION II

Préciput légal des nobles.

« Le préciput légal, nous dit Pothier, est le droit que plusieurs coutumes accordent au survivant de deux conjoints
nobles de prélever au partage qui est à faire des biens de
leur communauté les biens meubles dépendant de leur
communauté sous certaines charges. »

Du nombre de ces coutumes était la coutume de Paris

(art. 238) et certaines coutumes du centre. La coutume d'Orléans n'établissait aucun préciput légal.

Nous devons rechercher successivement à propos de ce gain de survie : 1° Quelles étaient les personnes qui y avaient droit ; 2° en quoi consistait le préciput légal ; 3° de quelles charges se trouvait grevé le préciputaire.

1° Les conjoints nobles seuls peuvent prétendre au préciput ; la veuve d'un homme noble serait admise au préciput encore qu'elle soit d'une naissance roturière, car elle participe à la qualité de son mari. La coutume de Paris n'accordait le préciput qu'aux nobles « vivants noblement », mais la coutume de Châlons (art. 29) conférait ce droit même aux nobles vivant roturièrement. Il faut, en outre, pour qu'il y ait lieu au préciput : 1° qu'il y ait eu communauté de biens entre les époux et que cette communauté ait subsisté jusqu'au moment de la dissolution du mariage; 2° qu'il n'y ait pas d'enfants du mariage ; 3° que le survivant des époux n'y ait pas renoncé par contrat de mariage ; 4° qu'au moment du prédécès d'un des conjoints ceux-ci aient eu leur domicile dans une coutume accordant le préciput. Notons de plus que la femme survivante qui renonce à la communauté perd tout droit au préciput, ce qui est tout à fait logique.

2° Le préciput comprend en général tous les meubles faisant partie de la communauté au jour de la dissolution du mariage. Toutefois, l'article 238 de la coutume de Paris en exceptait les meubles étant dans la ville ou les faubourgs de Paris. Cette restriction qui n'existait pas dans l'ancienne coutume de Paris s'explique par une raison économique. « Le luxe qui s'était déjà introduit à Paris, nous dit Pothier, aurait rendu souvent ce préciput un avantage trop considérable. »

Le préciput portait-il sur les créances ? L'affirmative est certaine pour le droit de l'ancienne coutume de Paris, l'art. 131 ayant expressément résolu la question en ce sens. Mais lors de la réformation de cette coutume, les mots « et créances » furent retranchés. Pothier dans son *Traité du Préciput légal des nobles* nous dit qu'on avait voulu par là soustraire les créances au préciput, et il ajoute : « Il y a apparence que c'est par la même raison pour laquelle les meubles de Paris ont été exceptés du préciput, pour ne pas le rendre trop considérable. » Mais dans son *Traité de la communauté* le même auteur adopte une opinion diamétralement opposée, et soutient que les termes « et créances » ont été retranchés comme superflus et comme suffisamment compris dans l'expression générale de meubles. La solution contraire nous semble plus probablement exacte, bien que, en présence de cette contradiction de l'illustre jurisconsulte, il soit difficile de démêler la vérité sur ce point. D'ailleurs parmi les coutumes autres que la coutume de Paris, certaines faisaient formellement entrer les créances dans le préciput, d'autres étaient muettes sur ce sujet.

3° La plupart des coutumes qui établissent le préciput légal mettent à la charge du préciputaire le paiement des dettes mobilières de la communauté et les frais des funérailles du conjoint prédécédé. D'autres y ajoutaient l'obligation d'acquitter les legs pieux ou les legs piteux, c'est-à-dire les legs faits à des églises pour des prières ou à des pauvres à titre d'aumône. Quelques coutumes au contraire dispensaient le conjoint survivant de l'obligation d'acquitter les frais funéraires. Enfin, la coutume de Berri était muette en ce qui concerne les charges du préciput. D'après Lebrun, il fallait décider dans ce cas que le préciputaire devait contribuer aux dettes avec les héritiers du prémourant à proportion de son émolument.

Le survivant qui prend le préciput sans faire d'inventaire est tenu indéfiniment des charges de ce préciput quand même elles excéderaient l'actif qu'il recueille. Mais la question de savoir si le conjoint préciputaire qui a fait inventaire est tenu des charges de ce préciput *ultra modum emolumenti* était très controversée. Lebrun tenait pour l'affirmative, et Pothier dans son *Traité du préciput légal* semble bien se rallier à cette opinion. Mais dans son *Traité de la communauté* le même auteur incline évidemment vers la négative sans se prononcer cependant d'une façon bien formelle. Nous trouvons, quant à nous, que le système de Lebrun est beaucoup trop rigoureux. Le préciput légal, nous dit Pothier, est une pure donation que la loi fait au survivant de la part du prédécédé ; or, en droit commun le donataire n'est pas tenu des charges de la donation au-delà de l'émolument qu'il recueille. D'ailleurs si c'est la veuve qui prend le préciput, comment décider qu'elle sera tenue des dettes de la communauté au-delà de ce qu'elle a recueilli dans cette communauté tant en sa qualité de commune que par l'acceptation du préciput ?

SECTION III

Entravestissement ou Ravestissement de sang.

On désigne sous ce nom un gain de survie qui, dans quelques coutumes, a lieu de plein droit entre époux qui ont donné le jour à un ou plusieurs enfants. Il existe une autre sorte d'entravestissement dit Entravestissement par lettres; on nomme ainsi un don mutuel, une donation réciproque que les époux font à celui des deux qui survivra. Nous ne nous en occuperons pas, mais nous examinerons rapidement les règles concernant l'entravestissement de sang.

Ce gain de survie était établi par les coutumes de la Flandre Française, telles que celles de Lille, de Béthune, d'Arras, de Valenciennes; il avait lieu de plein droit entre époux dont le mariage avait été fécond. La coutume de Lille (Titre 5, article 17) n'accordait l'entravestissement qu'aux bourgeois de cette ville « Si deux conjoints par mariage bourgeois de la dite ville avaient eu enfant durant le dit mariage, ravestissement de sang entrevient entre les dits conjoints. » La coutume d'Arras ne conférait ce gain de survie qu'aux époux communs en biens domiciliés dans son ressort à l'époque de leur mariage.

Patou, commentateur de la coutume de Lille, nous explique que le ravestissement a été établi pour tâcher de consoler les conjoints de la perte de leurs enfants. En effet, d'après cet auteur, il ne suffisait pas pour que le ravestissement eût lieu que les époux eussent eu un enfant; il fallait en outre que cet enfant fût mort pendant la durée du mariage. Patou tirait cette règle de la formule employée par l'article 17 : « Si deux conjoints avaient eu enfant durant le mariage. » Cette conséquence qui paraît singulièrement forcée est combattue par Merlin. Ce jurisconsulte soutient au contraire que le conjoint survivant avait droit au ravestissement même si à l'époque du décès du prémourant les enfants issus du mariage étaient encore vivants. Telle était d'ailleurs la règle posée formellement par la plupart des coutumes qui admettaient ce gain de survie, notamment par les coutumes d'Arras et de Valenciennes.

Mais comment expliquer alors la raison d'être du ravestissement du sang ? La réponse nous est donnée par Jean Le Bouc, commentateur de la coutume de Lille. « La cause de ce gain, dit-il, n'est autre que pour induire le survivant à se maintenir en sa viduité et retenir en activité l'amour et l'affection de ses enfants, pour ne violer la mémoire du deffunct, car on dit que par les nopces secondes l'âme du deffunct se deult et se contriste. »

Les effets du ravestissement de sang différaient suivant les coutumes. Dans la coutume de Lille, le survivant des conjoints obtenait « tous les biens meubles, cateulx et héri_tages qu'ils auraient et acquerre pourroient réputés pour meubles, où qu'ils soient. » Le ravestissement s'étendait même aux propres conventionnels, décidait la jurisprudence. Dans la coutume de Douai, ce gain de survie comprenait la propriété de tous les meubles, terres, catteux et héritages du prédécédé sans que les enfants pussent y avoir aucun droit, pas même à titre de légitime. Les enfants n'étaient protégés qu'en cas de second mariage du conjoint survivant ; dans ce cas ce conjoint n'avait plus sur les terres, catteux et héritages qu'un droit d'usufruit.

Enfin, dans beaucoup de coutumes, le ravestissement comprenait la propriété des meubles de la communauté et l'usufruit des héritages du prémourant. Souvent l'époux qui se remariait devait céder aux enfants du premier lit une portion de ses droits ; c'était là une peine civile portée par la coutume en haine des secondes noces, et qui dans une certaine mesure, dédommageait les enfants du préjudice que leur faisait souffrir la rigueur de l'entravestissement.

SECTION IV

Droit d'habitation de la veuve.

Pothier définit le droit d'habitation le droit accordé à une veuve d'habiter pendant sa vie ou du moins pendant sa viduité dans une des maisons de la succession de son mari. Dans toutes les coutumes la convention des parties pouvait donner naissance à ce droit ; de plus, certaines coutumes reconnaissaient ce droit à la veuve, encore qu'il n'ait pas été stipulé dans le contrat de mariage. Telles étaient les coutumes du Maine (art. 322), d'Anjou (art. 309), d'Amiens (art. 120). Mais de même que la femme pouvait renoncer par contrat de mariage au douaire coutumier, de même elle pouvait dans ce contrat valablement renoncer au droit d'habitation.

D'ailleurs, il y avait beaucoup de variété dans ces coutumes au sujet de l'habitation légale. Les unes n'accordaient ce droit qu'aux femmes nobles (Anjou, Maine); d'autres les conféraient expressément aussi bien aux roturières qu'aux nobles; d'autres enfin étaient muettes sur la qualité des veuves qui pouvaient prétendre à l'habitation; on y décidait que toutes les veuves sans distinction devaient jouir de ce droit.

La plupart des coutumes admettant le droit d'habitation légal faisaient porter ce droit sur l'une des maisons se trouvant dans la succession du mari. Les coutumes de Montreuil et d'Amiens en excluaient cependant les châteaux ou lieux forts, restriction qui, nous l'avons vu, avait été apportée également au droit de la douairière. Dans la coutume de Saint-Quentin le droit d'habitation ne pouvait s'exercer que sur une des maisons sujettes au douaire.

La femme jouissait du droit d'habitation pendant toute sa vie, mais elle le perdait si elle venait à convoler en secondes noces. Cette règle posée formellement par quelques coutumes était en vigueur même dans les coutumes qui ne s'étaient pas expliquées sur ce point. Du reste, elle se justifie facilement. « La femme, dit Pothier, acquérant le domicile de son second mari, c'est dorénavant à son second mari à lui fournir son logement.. La bienséance ne permet pas qu'elle introduise son second mari dans une maison dont l'habitation ne lui a été accordée qu'en considération de la mémoire du premier. »

Le droit d'habitation coutumier était un droit réel, un droit de servitude, dont la maison que la femme avait choisie pour son habitation était chargée envers elle. Tout autre est le droit au logement que l'article 1465 du code civil accorde à la femme pendant les délais pour faire inventaire et délibérer ; ce droit provient d'un ancien usage suivi même dans les coutumes qui ne connaissaient pas l'habitation coutumière. « Les héritiers du mari, dit Pothier, ne sont pas recevables à faire supporter à la veuve aucun loyer dans la maison où elle est restée après la mort de son mari, car c'est la communauté qui est censée avoir occupé la maison par les effets qu'elle y avait et dont la femme qui est restée dans la maison n'est que la gardienne. » Ce droit au logement qui se justifie par cette considération que la femme administre et fait inventaire dans un intérêt commun, n'est qu'un droit de créance contre la succession du mari. Comme le dit M. Colmet de Santerre (*Cours analytique de Code Civil*, tome VI, n. 132 *bis*) : « on s'est contenté de dispenser la femme de payer le loyer sans paraître modifier d'une façon quelconque la nature du droit en vertu duquel la femme occupait l'immeuble avant la mort de son mari. »

SECTION V

Deuil de la veuve.

Pothier le définit « une créance qu'une femme a contre a succession de son mari qui est tenue de lui fournir la somme qui lui est nécessaire pour porter le deuil de son mari. » Nous avons vu que le même droit existait pour la femme dans les pays de droit écrit, et dit quel en était le fondement. La somme à laquelle s'estimait ce droit était plus ou moins considérable suivant la condition du mari prédécédé. Pothier nous dit même qu'on n'accordait pas de deuil à la femme du bas peuple, par exemple à la femme d'un « gagne-denier », mais Roussilbe était d'un avis contraire et soutenait que le droit de deuil était reconnu sans distinction à toutes les veuves ; seulement, la fixation en étant réglée suivant la qualité et les facultés du mari, le deuil ne pouvait être en tous cas pour la femme du bas peuple qu'un avantage fort modique.

Le deuil étant considéré comme faisant partie des frais funéraires du mari, l'usage était de donner à la veuve pour la créance de son deuil le même privilège qu'à celle des frais funéraires. Au surplus, le deuil était dû à la veuve qu'elle fût ou ne fût pas commune en biens. Mais elle était privée de ce droit quand elle se remariait dans l'année du veuvage.

SECTION VI

Droit aux linges et hardes.

- « Lorsqu'une femme renonce à la communauté, nous dit Pothier, on doit néanmoins lui laisser une robe et le reste de ce qui forme un habillement complet, quand même il n'y aurait aucun préciput stipulé par le contrat de mariage, car *non debet abire nuda* ». L'étendue de ce droit variait suivant les coutumes ; d'après les unes la femme emportait son meilleur habillement, d'après d'autres ce ne devait être ni le meilleur, ni le pire. Il n'est pas besoin d'insister sur ces dispositions qui se justifiaient par des motifs de convenance et d'humanité.

RÉSUMÉ ET CONCLUSION.

En résumé, ia législation des pays de coutume s'était sérieusement préoccupée de la situation du conjoint survivant.

L'édit *unde vir et uxor* n'y était pas appliqué aussi généralement qu'en pays de droit écrit ; quelques coutumes le repoussaient d'une façon expresse. Mais dans toutes les autres coutumes le conjoint était préféré au fisc ou au seigneur haut justicier car après quelques controverses, l'édit avait fini par être sanctionné dans les coutumes qui étaient muettes sur le droit de succession *ab intestat* entre époux.

Quant aux gains de survie ils étaient, il est vrai, moins nombreux et moins importants qu'en pays de droit écrit, mais leur nécessité se faisait moins vivement sentir. Le conjoint pauvre n'avait pas de quarte sans doute, mais il recueillait la moitié de la communauté dont l'actif avait été grossi aux dépens de l'époux riche. Les intérêts de la veuve, d'ailleurs, étaient parfaitement sauvegardés au moyen du douaire qui conférait à la femme survivante la jouissance d'une portion importante des biens du mari. La situation du mari survivant n'était pas aussi bonne : dépourvu de toute quarte, il n'avait pas non plus d'avantage équivalent au contre-augment de dot ; il devait se contenter de sa part dans la communauté, à de rares exceptions près. On avait considéré sans doute qu'il lui était plus facile qu'à la veuve de se procurer des ressources par son travail personnel. Il n'en est pas moins vrai qu'il y avait là une lacune regrettable. Nous allons voir que le droit intermédiaire traita de la même façon la veuve et le veuf en se montrant également injuste pour tous deux.

TROISIÈME PARTIE

Droit intermédiaire.

Les lois révolutionnaires apportèrent de grandes modifications aux droits pécuniaires du conjoint survivant. La théorie des gains nuptiaux et de survie touchait de trop près à la matière des successions et des donations, elle était liée trop intimement à la condition des personnes et des biens pour ne pas ressentir l'influence et comme le contre-coup des réformes qui modifièrent si profondément notre droit civil.

Le droit accordé au conjoint survivant de recueillir la succession du prédécédé mort *intestat* et sans laisser d'héritiers fut maintenu par le droit intermédiaire ; la règle d'après laquelle ce conjoint était préféré au fisc était trop équitable pour qu'on puisse songer à l'abroger. Il y a plus, cette règle qui, nous l'avons vu était rejetée formellement par quelques coutumes fut étendue à toute la France. En effet, le décret du 22 novembre, — 1er décembre 1790, relatif aux domaines nationaux aux échanges et concessions et aux apanages, après avoir dit que les biens des personnes qui décèdent sans héritiers légitimes ou dont les successions sont abandonnées appartiennent à la nation, ajoute dans son article 4 « le conjoint survivant pourra succéder à défaut de parents, même dans les lieux où la loi territoriale a une disposition contraire. » Cet état de droit fut maintenu par le décret du 17 nivôse, an II ; cela résulte du silence même de cette loi sur le droit de succession *ab intestat* entre époux.

Quant aux gains de survie coutumiers, ils furent abolis par l'article 61 du décret du 17 nivôse An II, disposant que « toutes lois, coutumes, usages et statuts relatifs à la transmission des biens par succession ou donation sont déclarés abolis. » Cet article 61 fut d'ailleurs développé et confirmé par l'article 49 du décret du 22 ventôse An II et l'article 24 du décret du 9 fructidor An II. Merlin a soutenu cependant que les gains de survie des époux n'avaient pas été abrogés par le décret du 17 nivôse An II ; il argumentait de ce que ces gains ne pouvaient être assimilés ni à des droits successifs ni à des donations. La Cour de Cassation a rejeté ce système par arrêts du 20 octobre 1806 et du 8 janvier 1814 « considérant que ces divers avantages sont évidemment des transmissions statutaires qui, si elles ne peuvent être rangées dans la classe des donations ou des successions proprement dites, participent néanmoins de ces deux espèces de transmissions. »

Notons que cette question ne présentait d'intérêt que en ce qui concerne les époux ayant contracté mariage après la publication du décret du 17 Nivôse An II, et avant la loi du 30 Pluviôse An XII qui forme aujourd'hui le titre 5 du livre 3 du Code civil. D'une part, il ne s'élevait aucune difficulté quant aux mariages célébrés avant la loi de Nivôse. Sans doute, l'article 1er de cette loi frappait de nullité les donations entre-vifs faites depuis le 14 juillet 1789, mais l'article 13 dérogeant expressément à cette règle pour les gains de survie disait : « Les avantages stipulés entre les époux encore existants… ou qui se trouveraient établis dans certains lieux par les coutumes, statuts ou usages, auront leur plein et entier effet nonobstant les dispositions de l'article 1er auquel il est fait exception sur ce point ». C'est par inadvertance que M. Bourbeau dans un discours d'ailleurs fort éloquent prononcé au Sénat dans la séance du 6 mars 1877 a dit : « la loi du 17 Nivose An II effaçait tous les anciens gains de survie *même pour les époux qui avaient été mariés avant la promulgation de cette loi*, elle ne laissait subsister que les stipulations qui avaient été écrites dans les contrats de mariage. »

D'autre part, si le mariage était postérieur à la loi du 30 Pluviôse An XII le conjoint survivant ne pouvait alléguer la coutume pour réclamer un gain de survie ; l'Article 7 de cette loi devenu aujourd'hui l'article 1390 du Code civil lui déniait ce droit.

Remarquons que les gains de survie légaux furent seuls abolis. Les libéralités conventionnelles entre époux reçurent au contraire une large extension. D'après les articles 13 et 14 du décret du 17 nivose An II, les époux qui avaient des enfants issus de leur union ou d'un précédent mariage pouvaient se donner la moitié de leurs biens en usufruit. En l'absence d'enfants, aucune restriction n'était plus apportée aux libéralités entre époux.

DROIT MODERNE

PREMIÈRE PARTIE

Droit du Code civil.

De toutes les législations que nous avons passées en revue jusqu'ici, celle qu'établit le code civil est la plus rigoureuse pour le conjoint survivant. D'une part, les droits successoraux de ce conjoint sont des plus minimes, et d'autre part les gains de survie sont réduits à presque rien.

Le conjoint survivant ne prime que le fisc ; l'article 767 nous dit que « lorsque le défunt ne laisse ni parents au degré successible, ni enfants naturels, les biens de sa succession appartiennent au conjoint non divorcé qui lui survit. » Donc, pas de quarte du conjoint pauvre, pas d'augment ni de contre augment de dot, pas de douaire.

Est-ce volontairement que le législateur a fait au conjoint survivant une part si exiguë ? Si l'on se reporte aux tra-

vaux préparatoires, voici ce que l'on trouve au procès-
verbal de la séance du Conseil d'Etat du 9 Nivôse An XI.
« M. Maleville observe qu'on a omis une disposition reçue
par la jurisprudence qui donnait une pension à l'époux
survivant lorsqu'il était pauvre et qu'il ne recueillait pas
la succession. M. Treilhard répond que par l'article 55, on
lui accorde l'usufruit du tiers des biens. » Or, si l'on se
réfère à l'article 55, on trouve qu'il parle de tout autre
chose. Maleville se contenta pourtant des explications de
Treilhard sans relever son inadvertance. Là-dessus, on a
soutenu que la rigueur du code civil à l'égard du conjoint
survivant n'était pas voulue, mais qu'elle était simplement le résultat d'une erreur de fait. D'autres auteurs au
contraire s'élèvent contre cette manière de voir; ils remar-
quent que la solution de l'article 767 avait déjà été établie
par la loi du 17 Nivôse An II, et que d'ailleurs il est bien
difficile de croire qu'une assemblée composée en grande
partie de membres éminents ait pu commettre une telle
erreur matérielle. Ils concluent de là que le législateur a
voulu de propos délibéré maintenir la règle qu'avait posée
la loi de nivôse. Cette opinion a été notamment soutenue
au Sénat dans la séance du 21 novembre 1890 par M. Humbert; elle nous semble assez vraisemblable.

Quoiqu'il en soit, les dispositions du code civil sur ce
point ont été l'objet d'une réprobation presque universelle, et c'est justice.

« Nous ne craignons point d'appeler dérisoire, dit
M. Boissonade, le rang auquel la loi appelle le conjoint
survivant à la succession du conjoint prédécédé... C'est là
une tache affligeante dans leur belle page des droits de

succession... Quel étrange système que celui de la loi! Les époux se doivent pendant la vie secours et assistance, et c'est au moment où le secours est devenu indispensable qu'il est refusé! » (1) Le législateur n'avait donc pas médité ce que Labruyère disait à une époque où les droits de la veuve étaient cependant moins restreints : « Géronte meurt de caducité et sans avoir fait de testament qu'il projetait depuis longtemps. Dix têtes viennent *ab intestat* partager sa succession. Il ne vivait que par les soins d'Astérie sa femme jeune encore... Il ne lui laisse pas assez de biens pour pouvoir se passer, pour vivre, d'un autre vieillard. »

Remarquons d'ailleurs que la solution qui nous occupe n'était guère en harmonie avec les principes qui président à la dévolution de la succession *ab intestat*. C'est en effet l'ordre des affections présumées du défunt qui règle la façon dont se doivent partager les biens. En l'absence de testament, la fortune du *de cujus* est répartie comme l'aurait répartie selon toute vraisemblance le défunt lui-même s'il avait manifesté ses dernières volontés ; on recherche l'intention probable du *de cujus* et l'on s'y conforme. Or, peut-on raisonnablement supposer que le défunt préférait à son conjoint un cousin au huitième, au dixième, au douzième degré ? Ecoutons les paroles éloquentes de M. Paul Gide : « Dans la distribution des héritages comme dans l'organisation des rapports domestiques, ce n'est pas l'uti-

1. Voir aussi l'appréciation de M. Balbie dans la *Revue Critique*, Tome 28, 2ᵉ Livraison, page 145, et de M. Rodière dans le *Recueil de l'Académie de Législation de Toulouse*, 1856, pages 1836 et suivantes.

lité politique ou l'intérêt social que le législateur a pris pour guide, c'est la nature même des choses, ce sont ces liens d'affection naturelle qui unissent les personnes issues d'un même sang en une communauté d'intérêts et de vie. Là est le vrai fondement du droit héréditaire, et en conséquence l'ordre et le rang des héritiers doivent se régler avant tout sur les affections présumées du défunt... Tout en rendant hommage à ce principe de raison et d'équité, nos législateurs en ont trop souvent méconnu les conséquences. S'ils voulaient, en effet, prendre pour règle, les affections présumées du défunt... pourquoi reléguer le conjoint survivant au dernier rang des successibles, à côté du fisc ? Pourquoi ravaler à ce point la dignité du mariage et réduire peut-être une veuve indigente à traîner dans la misère et dans l'opprobre le nom d'un époux riche et honoré (1) ?

C'est qu'en effet la rigueur du Code était particulièrement regrettable à l'égard de la veuve car il lui est plus difficile qu'à l'homme veuf de subvenir à ses besoins par son travail personnel.

M. Gueidan, avocat général au Parlement de Provence, condamnait par avance le système du Code civil quand il disait à l'audience du 17 juin 1787 : « Conviendrait-il que

1. Voir : Paul Gide, *Revue historique du droit Français et étranger*, 1800.

Il est vrai que le législateur de 1801 a tenu compte aussi du principe de la conservation des biens dans les familles. Mais cette considération ne venait qu'en deuxième ligne, et d'ailleurs elle ne mettait pas obstacle à l'attribution d'un droit d'usufruit au conjoint.

celle qui a porté avec dignité le nom et la qualité d'époux, durant la vie de son mari, qui a partagé son état et a participé à tous ses avantages, tombât tout à coup dans une honteuse pauvreté parce qu'elle n'aurait apporté dans la communauté des biens que des vertus et du mérite ? Si les bienséances sont choquées par cette indigne dégradation, la justice ne l'est pas moins... Un homme qui épouse une femme dont il connaît l'indigence n'ayant égard qu'à ses qualités personnelles ne contracte-t-il pas l'obligation de pourvoir pour toujours à sa subsistance ?... La mort du mari sera donc la raison qui réduira cette femme au comble de la misère ?... »

Il faut ajouter pour être juste que le Code civil n'avait pas totalement oublié le conjoint survivant. Il attribue à la veuve certains droits de viduité. C'est ainsi que l'article 1492 confère à la veuve qui renonce à la communauté le droit de reprendre les linges et hardes à son usage. Les articles 1481 et 1570 allouent à la veuve les frais de deuil quel que soit le régime matrimonial sous lequel elle était mariée. L'article 1465 accorde à la veuve commune en biens le droit à la nourriture et à l'habitation pendant les délais fixés pour faire inventaire et délibérer. Mais ce sont là des avantages bien minimes. Pour ce qui est du droit à des aliments, pendant un an, droit que l'article 1570 confère à la femme dotale, ce n'est qu'un mode de paiement par compensation des intérêts de sa dot. Il n'en est pas de même du droit d'habitation que lui attribue également l'article 1570 pour la durée d'une année ; à cet égard, la situation de la veuve dotale est plus avantageuse que celle de la veuve commune en biens.

Les rédacteurs du Code ont aussi dans les articles 1091 et suivants reconnu aux futurs conjoints la faculté de se faire des libéralités par contrat de mariage. Ils ont admis par l'article 1096 que les époux pourraient se faire l'un à l'autre des donations entre-vifs, en déclarant d'ailleurs qu'elles seraient révocables. Enfin, dans l'article 1094 ils ont autorisé entre conjoints les dons ou legs jusqu'à concurrence d'une quotité disponible qui est le plus souvent supérieure à la quotité disponible ordinaire.

D'ailleurs, le régime de communauté dont le Code civil fait un régime légal obviait dans une certaine mesure aux inconvénients de la règle qui rendait presque illusoire le droit de succession entre conjoints, d'autant plus qu'il était permis aux époux de stipuler que le survivant prendrait la totalité de la communauté (art. 1525). Le Code mettait donc à la portée de l'époux différents procédés lui permettant de venir au secours de son conjoint; la disposition rigoureuse de l'article 767 se trouvait ainsi, non pas certes justifiée, mais en partie atténuée. Certaines lois particulières vinrent encore par la suite réparer dans des hypothèses spéciales la dureté vis-à-vis du conjoint survivant du Code de 1804, attestant ainsi que la rigueur en était généralement réprouvée.

DEUXIÈME PARTIE

Lois spéciales postérieures au Code civil modifiant la condition du conjoint survivant.

CHAPITRE PREMIER

DROITS DES VEUVES DES TITULAIRES DE MAJORATS.

Les décrets des 1er mars 1808 et 21 août 1812 confèrent certains droits aux veuves sur les majorats. On sait que Napoléon Ier rétablit les majorats, majorats de propre mouvement constitués avec des biens du domaine extraordinaire de l'Etat au profit de personnes qui avaient rendu de grands services au pays, et majorats sur demande fondés par de grands dignitaires à l'aide de leurs biens particuliers avec l'autorisation impériale.

Les articles 48 et 49 du décret de 1808 reconnaissaient à la veuve du titulaire d'un majorat le droit à une pension viagère prélevée sur les revenus de ce majorat. D'ailleurs, la quotité de cette pension était variable suivant les cas. Le décret de 1812 détermine à quelles conditions la pension serait accordée à la veuve lorsque le majorat faisait retour au domaine de l'Etat et suivant quelle procédure cette pension devait être réclamée.

Une loi du 12 mai 1835 prohiba pour l'avenir toute institution de majorat. De plus la transmission des majorats antérieurement fondés sur demande avec des biens particuliers fut limitée à deux degrés l'institution non comprise. Enfin, la loi du 7 mai 1849 apportant une nouvelle restriction à ces majorats décida que la transmission limitée à deux degrés ne pourrait profiter qu'aux appelés déjà nés ou conçus lors de la promulgation de cette loi. Le droit de la veuve fut en même temps frappé du même droit de transmission qu'un usufruit.

Les majorats de propre mouvement existent toujours, et avec eux le droit de la veuve à une pension viagère prise sur les revenus des biens qui les composent.

CHAPITRE II

L'ordonnance des 11-11 avril 1831 sur les pensions de l'armée de terre accorde aux veuves des militaires une pension dont le montant est déterminé par l'article 22. Cet article est ainsi conçu : « La pension des veuves de militaires est fixée au quart du maximum de la pension d'ancienneté affectée au grade dont le mari était titulaire. Néanmoins la pension des veuves des maréchaux de France est fixée à 6,000 francs. Celle des veuves de caporaux, brigadiers, soldats et ouvriers, ne sera pas moindre de cent francs. »

La loi du 18 avril 1831 (art. 22) établit les mêmes règles pour les pensions des veuves de marins.

Depuis cette époque une loi du 20 juin 1878 a élevé la pension de la veuve du quart au tiers, parfois même à la moitié du maximum de la pension d'ancienneté affectée au grade dont le mari était titulaire.

La loi du 9 juin 1853 sur les pensions civiles accorde à la veuve par son article 13 une pension égale au tiers de celle que le mari avait obtenue ou à laquelle il aurait eu droit. Cette pension ne peut être inférieure à cent francs pourvu toutefois qu'elle n'excède pas celle que le mari avait obtenue ou aurait pu obtenir. Le droit de la veuve n'existe que si le mariage a été contracté six ans au moins avant la cessation des fonctions du mari.

CHAPITRE III

DROITS DU CONJOINT SURVIVANT SUR LA PROPRIÉTÉ LITTÉ-
RAIRE OU ARTISTIQUE.

Le décret du 5 février 1810 concernant seulement les ouvrages imprimés ou gravés avait déjà consacré le droit viager de la veuve de l'auteur sur les œuvres de son mari. La loi du 14 juillet 1866 sur les droits des héritiers et ayants-cause des auteurs après avoir porté à cinquante ans à partir du décès de l'auteur les droits des ayants-cause de celui-ci, déclara dans son article 1ᵉʳ que le conjoint survivant indépendamment des droits pouvant résulter en sa faveur de sa qualité d'époux commun en biens, aurait la jouissance des droits dont l'auteur n'aurait pas disposé par acte entre-vifs ou par testament. Les innovations de cette loi sont considérables :

1° Elle s'applique aux œuvres de tous les auteurs, tandis que le décret de 1810 ne concernait que la librairie et l'imprimerie ;

2° Elle consacre les droits du conjoint survivant quel qu'il soit ; au contraire, la législation antérieure ne s'appliquait qu'à la veuve ;

3° Le droit du conjoint, en théorie du moins, n'est pas viager, il ne peut durer plus de cinquante ans.

Mais cette restriction n'a pas grande importance pratique, car il est assez rare qu'un conjoint survive de cinquante ans au prémourant. Au moins faut-il pour que cette éventualité se réalise que le prédécédé soit mort à un âge peu avancé, c'est-à-dire à un âge où en règle générale un auteur n'a pas produit d'œuvres fort importantes.

4° Le droit du conjoint existe quel que soit le régime matrimonial adopté par les époux. La question avait fait doute sous l'empire du décret de 1810, l'article 39 de ce décret renfermant à ce sujet une disposition assez ambiguë.

5° Le décret de 1810 en consacrant les droits de la veuve ne faisait pas mention de ceux des héritiers réservataires. La loi de 1866, au contraire, dit expressément que la jouissance du conjoint devra le cas échéant être réduite au profit de ces héritiers ;

6° D'après la loi de 1866, le conjoint contre lequel un jugement de séparation de corps a été prononcé ne peut prétendre aux droits de l'auteur prédécédé. De même, le survivant qui contracte un second mariage perd le droit de jouissance qui lui avait été attribué.

CHAPITRE IV

D'après la loi du 28 mars 1873, les déportés peuvent recevoir une concession provisoire de terres, concession qui peut même devenir définitive à certaines conditions, au bout du délai de cinq ans. La loi attribue certains droits sur ces concessions au conjoint survivant du déporté, quel que soit ce survivant. Le plus souvent d'ailleurs, ce conjoint sera la femme, et c'est en vue de cette hypothèse qu'ont surtout été édictées les dispositions de la loi.

1° Droits du conjoint survivant sur les concessions provisoires.

« En cas de prédécès du titulaire d'une concession provisoire avant les cinq ans, dit l'article 11 *in fine*, la veuve pourra être autorisée à continuer la possession et devenir propriétaire à l'expiration du délai qui restait à courir, sous les conditions imposées au concessionnaire. »

2° Droit du conjoint sur les concessions définitives.

Ils sont réglés par l'article 13 qui distingue plusieurs cas. S'il n'y a pas d'enfants légitimes ni de descendants du conjoint, la veuve succèdera à la moitié en propriété de la concession (et des autres biens acquis par le déporté dans la colonie). S'il existe des enfants légitimes ou des descendants, la veuve recueillera le tiers en usufruit de ces mêmes biens. Dans les deux cas le droit de la veuve n'existe que si celle-ci habitait avec son mari.

Notons que ces droits de succession équivalent à une réserve, car le déporté ne peut disposer de ses biens, soit par actes entre-vifs, soit par testament qu'en faveur de son conjoint habitant avec lui.

TROISIÈME PARTIE

Projet de loi de 1851.

Les lois spéciales que nous venons de passer rapidement
en revue protestaient contre la rigueur que le législateur
de 1804 avait montrée vis-à-vis du conjoint survivant.
Une réforme était urgente en vue d'améliorer la situation
de ce conjoint.

Dès l'année 1850, l'assemblée législative fut saisie par
huit de ses membres d'un projet de loi en ce sens. Ce projet ne concernait que le conjoint indigent, ses droits étaient
fixés ainsi qu'il suit : L'époux devait recueillir l'usufruit
du quart de la succession lorsque le défunt n'avait pas
laissé plus de trois enfants. S'il y avait plus de trois
enfants, son droit était égal à l'usufruit d'une portion
virile. En l'absence d'enfants légitimes, l'époux obtenait
un quart de la succession en pleine propriété. Somme
toute, on retrouvait là les règles de la quarte du conjoint
pauvre.

Ce projet défendu à l'Assemblée nationale par MM. Bourzat, Crémieux et Dupont, fut combattu par M. Thomine-
Desmasures, rapporteur, et par le ministre de la justice.
L'assemblée qui semblait ne prêter qu'une attention fort
distraite à la proposition de loi la prit néanmoins en con-

sidération dans la séance du 7 février 1851, malgré les conclusions contraires de la quinzième commission d'initiative.

La commission chargée de l'examiner choisit comme rapporteur M. Victor Lefranc et remania complètement les dispositions primitives du projet. Repoussant le système qui accordait à l'époux un droit héréditaire, elle se borna à consacrer à son profit un droit alimentaire. On avait soutenu que le conjoint survivant qui se trouvait dans le besoin avait le droit d'intenter une action alimentaire contre l'hérédité du prédécédé, mais c'était là une question extrêmement controversée; la commission après avoir rejeté le système qui accordait un droit de succession à l'époux pensa que pour combler la regrettable lacune du Code civil signalée par les auteurs du projet de loi, il était bon « d'accorder au conjoint survivant sur la succession de son conjoint prédécédé, une action alimentaire aussi semblable que possible à celle qui est instituée par les articles 205 et suivants du Code civil ». Cette pension ne devait pas d'ailleurs être supérieure à l'usufruit des biens composant la quotité disponible.

Cette réforme en soi était excellente. Comme le dit M. Victor Lefranc dans son remarquable rapport (1) « on ne voit pas pourquoi le conjoint survivant sans enfants serait privé vis-à-vis d'héritiers collatéraux d'un droit qu'il a contre ses enfants et même contre les conjoints de ses enfants morts. » Mais nous pensons qu'il valait mieux

---

1. Ce rapport se trouve dans la *Revue de législation et de jurisprudence*, année 1851, tome 2 (Tome 11 du recueil).

aller plus loin dans cette voie, et comme le faisait le projet accorder des droits de succession au conjoint.

Du reste, le rapport de M. Victor Lefranc ne put pas
être discuté à cause de la dissolution de l'Assemblée nationale ; des évènements politiques bien connus de tous firent
tomber dans l'oubli la réforme projetée, mais la nécessité
de cette réforme resta comme un fait désormais acquis.

QUATRIÈME PARTIE

Loi du 9 mars 1891.

CHAPITRE PREMIER

TRAVAUX PRÉPARATOIRES.

Le 21 mai 1872, M. Delsol présenta à l'Assemblée nationale une proposition de loi d'après laquelle les droits de succession du conjoint survivant se trouvaient très notablement augmentés. Cette proposition après bien des incidents, bien des vicissitudes, après avoir subi des modifications importantes, aboutit enfin à la loi du 9 mars 1891.

D'après cette proposition, les droits de l'époux étaient réglés ainsi qu'il suit :

1º Si le prémourant laisse des enfants communs aux époux, le survivant recueille l'usufruit d'une part d'enfant légitime. Néanmoins s'il y a plus de trois enfants le droit du conjoint s'étendra toujours sur le quart de la succession.

2º Si le défunt laisse des enfants issus d'un précédent

mariage, l'usufruit du conjoint sera d'une part d'enfant légitime le moins prenant, sans que cet usufruit puisse porter sur plus de la moitié de la succession.

3° Si le défunt ne laisse point d'enfants, l'usufruit sera de la moitié de la succession. Cependant, lorsque le prémourant ne laisse que des parents au-delà du sixième degré, l'époux succède à la moitié des biens en pleine propriété.

Le conjoint contre lequel un jugement de séparation de corps aurait été prononcé perdait tout droit de succession.

Cette proposition de loi ayant été renvoyée à la douzième commission d'initiative parlementaire, celle-ci par l'organe de M. Delsol lui-même nommé rapporteur conclut sommairement à la prise en considération. L'Assemblée Nationale vota la prise en considération ; une commission spéciale fut nommée avec mission d'examiner la proposition, et le Garde des Sceaux à la demande de M. Sacase, président de cette commission, consulta à ce sujet les Facultés de Droit, la Cour de Cassation et les Cours d'Appel. C'était là un heureux retour à d'anciennes traditions trop longtemps méconnues. Les observations des Facultés de Droit favorables pour la plupart au principe même du projet furent rapprochées et résumées par M. Humbert qui déposa son rapport le 29 décembre 1875. Le lendemain, M. Sebert déposait également un rapport relatant l'opinion de la Cour de Cassation et des Cours d'Appels. La discussion de la proposition se trouvait ainsi préparée avec le plus grand soin ; rarement projet avait été mieux éclairé par l'avis des jurisconsultes compétents. Malheureusement, il en advint pour cette tentative de réforme comme pour la proposition de M. Bourzat : les évènements politiques l'empêchèrent d'aboutir ; l'Assemblée nationale se sépara avant de l'avoir discutée.

Sans se décourager, M. Delsol, nommé sénateur, reprit dès 1876 sa proposition devant le Sénat. Elle fut renvoyée d'abord à la quatrième commission d'initiative qui fut d'avis à l'unanimité de prendre la proposition en considération. M. Bonafous rapporteur ayant conclu dans ce sens, et le Sénat ayant voté la prise en considération, une commission spéciale fut nommée à l'effet d'étudier la question. Les travaux de cette commission modifièrent sur quelques points le projet primitif. On ne fit en cela que se conformer aux avis donnés par la plupart des corps savants consultés.

D'après le projet de la commission, l'époux survivant, quels que fussent les parents du prédécédé avec lequel il se trouvait en concours, n'obtenait jamais qu'un droit d'usufruit. De plus, ce projet disait : « La succession du conjoint prédécédé doit des aliments au conjoint survivant qui est dans le besoin. Ces aliments sont réglés eu égard à la valeur de la succession, au nombre et à la qualité des successeurs du conjoint prédécédé. » Cette disposition était littéralement empruntée au texte que M. Duverger, au nom de la Faculté de droit de Paris, avait proposé d'ajouter au dispositif de M. Delsol.

Le projet de la commission au rapport de M. Delsol lui-même fut voté une première fois par le Sénat le 1ᵉʳ mars 1877. La seconde délibération eut lieu quelques jours après ; il en résulta un projet qui fut voté par 193 voix contre 53. Ce projet est à peu près analogue à celui que défendait la commission. Notons seulement que sur la proposition de M. Bernard, il fut décidé que les droits accordés au conjoint survivant cesseraient de recevoir leur application toutes les fois qu'ils auraient été réglés, soit par le contrat de mariage, soit par donation entre époux, soit par testament.

La proposition votée par le Sénat fut transmise à la Chambre des Députés, d'abord en 1881, puis en 1885. La Chambre nomma une commission chargée d'examiner le projet, et M. Piou nommé rapporteur déposa son rapport sur le bureau de la Chambre le 20 mars 1886. Le projet fut voté en première lecture par la Chambre des Députés. en juin 1886, mais il ne put être discuté en seconde lecture avant la fin de la législature. La nouvelle Chambre de 1889 dut en être saisie de rechef; la proposition lui fut donc transmise pour la troisième fois le 24 novembre 1889. M. Piou nommé à nouveau rapporteur de la commission déposa le 27 janvier 1890 un rapport presque identique à celui qu'il avait déjà présenté en 1886. La commission s'était unanimement ralliée au principe de la réforme votée par le Sénat, mais elle apportait au projet d'assez grandes modifications.

1° C'est ainsi que l'on supprimait le § 8 du projet d'après lequel « dans le cas prévu par l'article 754 du Code civil l'usufruit du père ou de la mère survivant ne s'exercerait qu'après celui du conjoint. » D'après M. Piou dans le cas précité l'usufruit de l'époux qui est de moitié et celui des ascendants qui est du sixième de la succession devaient s'exercer en concours sur la moitié que l'article 753 attribue aux collatéraux non privilégiés.

2º La commission de la Chambre des Députés supprimait également la règle d'après laquelle l'État, à défaut de tous autres successibles, était préféré au conjoint survivant contre lequel un jugement de séparation de corps avait été prononcé. On ne pouvait, d'après le rapporteur, présumer que le défunt avait préféré l'État à son conjoint même lorsque ce conjoint lui avait donné de justes sujets de plainte.

3º De même, la commission rejetait le système adopté par le Sénat en ce qui concerne la composition de la masse sur laquelle l'usufruit de l'époux devait se calculer et s'exercer. Tandis que dans le projet voté par le Sénat la masse dont il s'agit comprenait uniquement les biens composant la succession du prédécédé, dans le système préconisé par la commission de la Chambre des Députés, cette masse comprenait : 1º Les biens se trouvant dans la succession du *de cujus* ; 2º les biens donnés ou légués par le *de cujus* et sujets à rapport.

4º Enfin on supprimait le § 12 du projet disposant que le conjoint ne recueillerait pas d'usufruit lorsque ses droits auraient été réglés, soit par contrat de mariage, soit par donation, soit par testament.

Le projet de la commission fut après une courte discussion adopté par la Chambre des Députés le 22 mars 1890.

La proposition amendée fut transmise au Sénat: une commission chargée de l'examiner nomma encore pour rapporteur M. Delsol l'auteur même du projet. D'après le rapport de M. Delsol, la commission sénatoriale acceptait la plupart des modifications introduites par la Chambre, notamment la disposition relative au concours des droits d'usufruit du conjoint survivant et des ascendants dans l'hypothèse prévue par l'Art. 754 du code civil. Elle admettait en outre : 1° que le conjoint contre lequel un jugement de séparation de corps avait été prononcé recueillait néanmoins à défaut de successibles la totalité de la succession du prédécédé, à l'exclusion de l'Etat; 2° que le conjoint ne serait pas privé de son droit d'usufruit par cela seul que ses droits auraien' été réglés par contrat de mariage ou par acte postérieur. Seulement, le conjoint qui avait reçu du défunt des libéralités dont le montant était inférieur aux droits que la loi lui attribuait, ne pouvait réclamer que le complément de sa part.

Restaient les règles relatives à la composition de la masse sur laquelle devait se calculer et s'exercer l'usufruit de l'époux. Devait-on accepter le système de la Chambre? Fallait-il au contraire maintenir le projet primitif? La question était délicate : la commission du Sénat s'arrêta à une solution intermédiaire. Voici la règle qu'elle soumit à l'agrément du Sénat « 1° Le calcul sera opéré sur une masse faite de tous les biens existants au décès du *de cujus* auxquels seront réunis fictivement ceux do:' '' aurait disposé, soit par donation entre-vifs, soit par acte testamentaire au profit de successibles, sans dispense de rapport; 2° mais l'époux survivant ne pourra exercer son droit que sur les biens dont le prédécédé n'aura disposé ni par acte entre-vifs ni par acte testamentaire.

Le Sénat discuta le projet en première délibération dans les séances des 14, 18 et 21 novembre 1890. La discussion fut beaucoup plus sérieuse et plus approfondie qu'elle ne l'avait été à la Chambre des Députés. Dans la séance du 14,

M. Delsol fit à nouveau l'exposé de la question, c'était la quatrième fois que l'honorable sénateur faisait un tel exposé, soit devant le Sénat, soit devant l'Assemblée Nationale.

Au cours de la séance suivante, M. Demôle défendit un amendement aux termes duquel l'époux survivant contre lequel un jugement de séparation de corps avait été prononcé ne pouvait recueillir la succession du prédécédé n'ayant pas laissé de parents au degré successible. C'était à l'Etat que la succession se trouvait attribuée. M. Demôle rétablissait ainsi une disposition qui avait été votée par le Sénat en 1877 et que la Chambre avait rejetée. Cet amendement combattu par M. Delsol et par M. le garde des Sceaux fut voté par le Sénat à une faible majorité (119 voix contre 102).

M. Demôle discuta ensuite la question de savoir comment devait être composée la masse sur laquelle serait calculé le droit d'usufruit du conjoint. Il défendit le système voté par le Sénat en 1877, d'après lequel le droit du conjoint ne devait se calculer et s'exercer que sur les biens dont le *de cujus* n'avait disposé ni par donation entre-vifs, ni par acte testamentaire, et critiqua vivement le système du rapport fictif proposé par la Commission du Sénat. Ce nouvel amendement de M. Demôle combattu par M. Delsol fut repoussé à une forte majorité (130 voix contre 81), dans la séance suivante, celle du 21 novembre 1890. Enfin, après un discours de M. Bozérian qui soutint que l'époux indigent était seul digne de la sollicitude du législateur, le projet fut voté en première lecture.

La seconde délibération sur le projet eut lieu dans la

séance du 2 décembre 1890. M. Bozérian s'inspirant d'un article de M. le professeur Lyon-Caen, demanda qu'il fût introduit dans la loi une disposition aux termes de laquelle le conjoint ne pourrait cumuler ses droits successoraux avec les droits qu'il tenait de la loi du 14 juillet 1866. Cet amendement combattu au nom de la commission par M. Lacombe ne fut pas pris en considération. Après un discours de M. Xavier Blanc, l'ensemble du projet fut adopté par le Sénat à une très forte majorité (211 voix contre 12).

Le projet ayant été amendé par le Sénat, la Chambre des Députés devait être appelée de nouveau à l'examiner. La commission nommée à cet effet par la chambre choisit M. Piou pour rapporteur: c'était la troisième fois que M. Piou remplissait ces fonctions pour l'examen de ce projet de loi. Le rapport déclara ne pas s'opposer aux modifications apportées par le Sénat au texte voté antérieurement par la Chambre. Un seul député, M. Taudière prit part à la nouvelle discussion qui eut lieu dans la séance du 26 février 1891. Le projet voté par le Sénat fut adopté par la Chambre sans aucune modification. La loi fut promulguée le 9 mars 1891 : la proposition de M. Delsol avait mis dix-neuf ans à aboutir. Nous allons maintenant étudier les dispositions de la loi du 9 mars 1891.

1. Voir l'article de M. Lyon-Caen dans le Droit du 31 mars 1890.

CHAPITRE II

SECTION I

*Conditions auxquelles la loi subordonne le droit de succession
du conjoint.*

C'est au conjoint survivant que la loi qui nous occupe
accorde un droit de succession. Pour prétendre à ce droit
il faut donc d'abord être un conjoint, il faut ensuite survivre au *de cujus*.

1° Il faut avoir été uni au *de cujus* par les liens du mariage. Ici se place naturellement la question de savoir ce
que l'on doit décider au cas de mariage putatif, c'est-à-
dire au cas où une personne aurait contracté de bonne foi
avec le défunt un mariage annulé par la suite. Cette question n'est pas nouvelle ; elle pouvait être soulevée à l'époque où l'article 767 n'avait encore reçu aucune modification. Elle doit être résolue, pensons-nous, par une distinction. Si le mariage a été annulé antérieurement au décès
du *de cujus*, cette annulation a eu pour effet la dissolution
du mariage, il ne peut donc être question d'un droit de
succession fondé sur le mariage. Au contraire, si le mariage a duré jusqu'à l'ouverture de la succession du pré-

décédé et n'a été annulé que postérieurement, le survivant de bonne foi pourra prétendre à un droit de succession par application des articles 201 et 202 du Code civil, car ce droit est un effet civil du mariage. Notons cependant que cet effet du mariage putatif ne peut se produire que autant qu'il n'en résulte aucun préjudice pour le conjoint véritable.

Le divorce étant une cause de dissolution du mariage, le divorcé n'est plus un conjoint ; il n'a donc aucun droit successoral. C'est une application pure et simple des principes. *Cessante causa, cessat effectus :* la cause de la vocation héréditaire, c'est le mariage ; plus de mariage, plus de vocation. Cette règle qui s'impose avait été établie par l'ancien article 767 du Code civil.

2° Le droit de succession est accordé à l'époux survivant. L'ayant-cause d'un conjoint qui prétendrait que ce conjoint a survécu à l'autre, devrait donc prouver la survie. *Quid,* si les deux époux ont péri dans le même événement sans qu'on puisse reconnaître lequel est décédé le premier ? Comme ce sont deux personnes respectivement appelées à la succession l'une de l'autre, on appliquera purement et simplement le système des articles 720-722 du Code civil.

Pour que le conjoint recueille la part qui lui est faite par la loi de 1891, il faut qu'il ne soit pas intervenu contre lui un jugement de séparation de corps passé en force de chose jugée. C'est là une innovation : l'ancien article 767 laissait intacts les droits des époux séparés de corps. Les auteurs du Code pensaient que la règle de la réciprocité des vocations héréditaires devait les amener à priver de ses droits de succession même l'époux qui avait obtenu la séparation de corps. Or, ils ne voulaient pas « que l'exclusion de la succession en cas de séparation put tomber sur l'époux qui n'avait rien à se reprocher et qui aurait au contraire à se plaindre de l'autre (1). » Ils avaient donc été amenés à ne pas porter atteinte au droit de succession d'ailleurs si minime du conjoint aux torts duquel la séparation du corps avait été prononcée. Les scrupules du législateur de 1804 nous semblent exagérés, et l'on peut, croyons-nous, sans violer aucun principe priver de droits héréditaires seulement l'époux qui a encouru la séparation de corps. Comme le dit notre regretté maître M. Duverger « cette décision se rattache au grand principe de la personnalité des peines. L'époux contre lequel la séparation de corps a été prononcée encourt justement une punition qui ne doit pas rejaillir sur son conjoint (2). » Telle était du reste la solution donnée par Pothier à propos de la succession *unde vir et uxor* (3). »

Cependant la décision que nous trouvons dans la loi n'a pas été votée sans de grandes difficultés. Elle figurait dans le projet adopté par le Sénat en 1877, mais la commission nommée par la Chambre des Députés à l'effet d'examiner ce projet proposa une distinction : s'il existe des parents au degré successible du défunt, le conjoint contre lequel un jugement de séparation de corps a été prononcé est privé de tout droit héréditaire ; au con-

1. Maleville, *Analyse raisonnée du Code civil*, Tome II, p. 218.
2. Observations de la Faculté de droit de Paris sur la proposition de M. Delsol, page 16.
3. Coutume d'Orléans. Introduction au titre 17, n° 35.

traire le conjoint séparé par sa faute qui n'est en présence d'aucun successible du *de cujus* succèdera néanmoins à l'exclusion de l'Etat.

Cette modification adoptée par la Chambre des Députés fut défendue au Sénat par M. Delsol et par M. le Garde des Sceaux. « La question, remarquait M. Delsol, n'a en fait qu'une importance secondaire, car pour qu'elle se pose, il faut admettre que le conjoint survivant est en face d'un conjoint prédécédé qui n'a pas laissé un seul parent jusqu'au douzième degré, qui n'a pas laissé d'enfant naturel, et de plus il faut admettre que ce conjoint survivant ait eu le malheur de subir la séparation de corps demandée par son conjoint prédécédé. C'est une hypothèse qui se présentera peut-être une fois tous les vingt ans ; c'est par conséquent une question qui intéresse fort peu la pratique. » Et l'honorable sénateur ajoutait : « Cette question est une de celles sur lesquelles peuvent varier les esprits les plus distingués et les plus justes. C'est en un mot une de ces questions que l'on peut considérer comme étant à peu près insolubles ; chacun la résout d'après son sentiment. »

La question était en effet fort délicate. D'une part, comme le fit observer M. le Garde des Sceaux, « quand on se trouve dans cette alternative ou de remettre en pleine propriété les biens à une personne pour laquelle subsistent les liens du mariage, ou de les laisser à l'Etat, on doit facilement pencher pour l'époux survivant ». Mais d'autre part, l'époux qui a encouru la séparation de corps a évidemment des torts graves envers son conjoint. Ecoutons les paroles éloquentes prononcées par M. Demôle dans la séance du Sénat du 18 novembre 1890 : « Ce qu'on vous demande, Messieurs, c'est de décider sous prétexte de rendre hommage à l'institution conjugale, que la femme qui se sera rendue coupable de trahison envers son mari, que le mari qui se sera fait un jeu de la tranquillité, du bonheur et de la sécurité de sa femme succèderont l'une à son mari l'autre à sa femme, lorsque le prédécédé n'aura laissé ni parents ni enfants naturels. J'affirme qu'il y a là quelque chose contre quoi la conscience publique se soulève. » C'est grâce à cette énergique intervention que le Sénat décida, à une faible majorité d'ailleurs, que la déchéance de l'époux ayant encouru la séparation de corps aurait lieu dans tous les cas sans distinction. C'est là le système qui nous semble le meilleur ; il s'accorde parfaitement avec différentes dispositions de nos lois, notamment avec l'article 299 du Code civil, l'article 13 de la loi du 9 juin 1853 et l'article 1 de la loi du 14 juillet 1866.

L'époux au profit duquel le jugement de séparation de corps a été prononcé conserve ses droits de succession. Ce défaut de réciprocité a parfois été blâmé ; nous trouvons quant à nous cette inégalité parfaitement équitable. Pourquoi faire subir une déchéance à l'époux dont la conduite a été irréprochable ? Pourquoi frapper celui qui a été victime des sévices ou de l'infidélité de l'autre conjoint ? En fait ce serait injuste, en droit cette règle serait contraire au principe de la personnalité des peines.

Notons que la séparation de corps ne prive de droits de succession l'époux contre lequel elle a été prononcée que si le jugement est passé en force de chose jugée, c'est-à-dire s'il n'est plus susceptible d'être attaqué, ni par la voie de l'opposition, ni par la voie de l'appel.

SECTION II

Part accordée au conjoint survivant.

L'article 1er de la loi de 1891 pose une distinction fort importante. Nous examinerons avec elle deux hypothèses : 1° Le défunt ne laisse ni parents au degré successible, ni enfants naturels ; 2° le défunt laisse des successibles.

I. — Le défunt ne laisse ni parents au degré successible ni enfants naturels.

C'était, nous l'avons vu, dans ce cas seulement que le code civil attribuait un droit de succession au conjoint survivant. La solution est la même aujourd'hui, l'époux recueille toute la succession du prédécédé en pleine propriété, précise le nouvel article 767. Cette adjonction n'était pas indispensable, mais elle se justifie par cette considération que dans tous les cas que nous aurons à examiner ultérieurement le conjoint ne recueille qu'un droit d'usufruit.

L'ancien article 767 ne déniait de droits héréditaires qu'au conjoint divorcé ; la loi nouvelle, comme nous venons de le voir, a étendu cette déchéance au conjoint contre lequel un jugement de séparation de corps a été prononcé.

II. — Le défunt laisse des parents au degré successible.

C'est ici que se placent les innovations si longtemps réclamées du législateur de 1891. Il reconnaît à l'époux survivant un certain droit de succession, même quand le défunt a laissé des enfants. La nature de ce droit est la même, quels que soient les successibles du *de cujus*, mais la quotité varie suivant la qualité des héritiers avec lesquels le conjoint se trouve en concours.

Le droit du conjoint est toujours un droit d'usufruit. L'article 1, § 2, de la loi de 1891 s'exprime ainsi : « Le conjoint survivant qui ne succède pas à la pleine propriété.... a sur la succession un droit d'usufruit qui est de, etc.... » Le projet primitif de M. Delsol posait une règle différente : lorsque le prémourant ne laissait que des parents au-delà du sixième degré, l'époux succédait à la moitié des biens en pleine propriété. Il nous faut examiner pour quelles raisons ce projet a été modifié, et ce que l'on doit penser de cette modification.

La faculté de droit de Paris consultée comme les autres facultés de droit sur le projet de M. Delsol, avait répondu sur ce point par l'organe de M. Duverger que, à son avis le conjoint ne devait succéder au prédécédé en pleine propriété que si ce dernier n'avait laissé, ni parents au degré successible, ni parents naturels : « Le devoir de famille, lors même qu'il n'est pas assez étroit pour être garanti par une réserve, nous commande ou du moins nous conseille de laisser le fonds de notre fortune à ceux que Dieu a rapprochés de nous par les liens du sang... Attribuer une partie de la pleine propriété au survivant qui la transmettra à sa propre famille, c'est dépouiller les parents du prédécédé au profit de ceux du survivant ; c'est présumer que le prédécédé avait pour ses alliés autant d'affection que pour ses parents. Or, tel n'est pas le fait ordinaire » (1).

La plupart des autorités consultées se prononcèrent également en ce sens. Lorsque en 1876 M. Delsol reprit devant

1. Tel avait été l'avis unanime des professeurs de la Faculté de Paris.

le Sénat sa proposition, la quatrième commission d'initiative par la bouche de M. Bonafous son rapporteur déclara que l'unanimité des membres de la commission « s'était montrée contraire à toute attribution d'une part en propriété à l'époux survivant ». M. Delsol se ralliant à cette manière de voir modifia en ce sens sa proposition qui n'accorda plus dès lors qu'un droit d'usufruit au conjoint survivant en concours avec des successibles du *de cujus*.

Nous ne pouvons qu'approuver ce système. Comme le dit M. Armand Bonnet (1) : « S'il est désirable qu'une partie des biens du prémourant soit retenue par le survivant, il est conforme aux règles de la justice que ce ne soit que pour un temps, et qu'elle fasse retour à la famille qui l'aurait recueillie directement si l'ordre des décès avait été interverti. » Quel est en somme tout le but de la loi ? Assurer au conjoint survivant une situation en rapport avec celle qu'il occcupait avant son veuvage, en portant le moins possible atteinte aux droits des héritiers du sang. Un droit d'usufruit suffit à sauvegarder les intérêts de l'époux, il est donc équitable de laisser la nue-propriété à la famille du prémourant. Les droits de cette famille se trouvent ainsi respectés autant que le permet le droit contraire de l'époux.

On a objecté, il est vrai, que l'usufruit présentait au point de vue économique de nombreux inconvénients. Cette considération a été mise en avant par la Cour de

---

1. Voir : *Revue critique de jurisprudence*, tome 40, p. 193 et suiv.

Cassation dans le rapport qu'elle a présenté sur la proposition de M. Delsol : « Si malgré son influence défavorable à l'administration des biens, l'usufruit à l'état accidentel ne peut produire un trouble économique sérieux, il est aisé de prévoir que multiplié par la loi... il affecterait gravement la fortune publique : ce serait en quelque sorte la création d'une nouvelle mainmorte. » Peut-être ce tableau est-il un peu trop assombri, nous verrons d'ailleurs un peu plus loin comment la loi de 1891 a paré aux inconvénients très réels de l'usufruit. Aussi bien, comme le remarque à ce sujet la Cour de Paris dans son rapport : « L'économie politique n'a nullement à tenir ici en échec la justice. » Et de son côté M. Cauwès dit sur une question tout à fait analogue : « L'intérêt économique doit s'effacer devant des considérations plus élevées (1). »

§ 1. — *Quotité du droit d'usufruit accordé au conjoint.*

Quelle est la quotité du droit d'usufruit accordé au conjoint ? Pour résoudre cette question, plusieurs cas sont à distinguer.

Premier cas. — Il existe des enfants issus du mariage.

L'usufruit du conjoint porte alors sur le quart de la succession. Cette quotité reste fixe quel que soit le nombre des enfants. Si donc il y a plus de trois enfants issus du mariage, les revenus que le conjoint recueillera seront supérieurs à ceux d'une part d'enfant.

1. Voir le *Précis d'Economie Politique de* M. Cauwès, II° partie, Livre V, Chapitre VII, n° 1018.

A notre avis, c'est là un résultat regrettable ; nous préférons le système qui n'accorde au conjoint survivant qu'une part virile lorsque ce conjoint est en présence de plus de trois enfants.

M. Duverger cependant au nom de la Faculté de Droit de Paris se prononçait en faveur du système de la quotité invariable. Voici ce que disait à ce sujet notre regretté maître : « Le but que se propose l'auteur du projet est d'assurer une situation convenable à l'époux survivant. Pour atteindre ce but la situation du survivant doit s'éloigner le moins possible de celle qui appartenait aux deux époux ; elle doit être la même quel que soit le nombre des enfants. Le père ou la mère survivant demeure le chef de la famille ; il doit de plus en être le lien, à ce point de vue encore le nombre des enfants est indifférent. Il est vrai que si les enfants sont nombreux, chacun d'eux n'aura qu'une faible quotité d'usufruit tant que durera la jouissance du survivant. Mais entrer dans la vie avec peu de fortune, ce n'est pas un malheur, tandis que pour le conjoint ne garder qu'un quart en usufruit, ce serait beaucoup déchoir (1). Il n'est pas bon d'ailleurs de donner aux conjoints intérêt à n'avoir qu'un ou deux enfants. »

Malgré toute notre déférence pour l'opinion du savant professeur, qu'il nous soit permis de dire que ces raisons ne nous convainquent pas. Les intérêts du conjoint sont respectables sans doute, mais ils doivent être primés par

---

1. M. Duverger proposait d'accorder au conjoint survivant en concours avec des enfants une quotité d'usufruit invariable et égale à un tiers.

ceux des enfants. Or, supposons qu'il y ait plus de quatre enfants issus du mariage, qu'il y en ait six, par exemple : le conjoint survivant recueillera dans la succession du prédécédé l'usufruit d'un quart, alors que la part d'un enfant ne sera que de un huitième. Remarquons, en outre, que le conjoint a en plus : 1° ses biens personnels ; 2° sa part de communauté ; 3° les gains de survie établis par les conventions matrimoniales, tandis que les enfants n'auront le plus souvent d'autres biens que ceux qu'ils recueillent du défunt. L'inégalité n'est-elle pas choquante ? Entrer dans la vie avec peu de fortune ce n'est pas un malheur, dit M. Duverger. Sans doute, mais il se peut que les enfants issus de mariage soient eux-mêmes mariés, qu'ils aient à pourvoir aux besoins de leurs propres enfants, et que leurs charges soient plus lourdes que celles de l'époux survivant. Il se peut aussi qu'ils soient à l'âge d'être établis, c'est-à-dire à cet âge où la fortune est le plus utile, surtout s'il s'agit d'une fille. Est-il juste de leur accorder une part plus faible qu'au conjoint ? Il n'est pas bon, ajoute-t-on, que les époux aient intérêt à n'avoir qu'un petit nombre d'enfants. Cette objection prouverait trop à notre avis, ne pourrait-on pas dire aussi : il n'est pas bon que les époux aient intérêt à n'avoir pas d'enfants ? Faudrait-il donc accorder à l'époux survivant en présence d'enfants les mêmes droits qu'à l'époux qui concourt avec d'autres héritiers du *de cujus ?* D'ailleurs, n'est-il pas dans la nature des choses que deux conjoints égoïstes aient un intérêt (intérêt pécuniaire, s'entend) à n'avoir qu'un petit nombre d'enfants. Ils auront ainsi à faire face à moins de dépenses nécessaires et pourront donner plus au superflu Cet intérêt existera quel que soit le parti qu'on prenne sur la question qui nous occupe, et il n'est pas au pouvoir du législateur de le faire disparaître.

Nous pensons donc qu'il eût mieux valu faire varier les droits de l'époux suivant le nombre plus ou moins grand des enfants, du moins ne lui accorder qu'une part virile lorsque ce nombre est égal ou supérieur à quatre. C'est une règle que l'on trouve souvent appliquée, soit que l'on remonte dans le passé, soit qu'on interroge les législations étrangères contemporaines : elle seule protège pleinement les droits des enfants, droits qui priment les intérêts d'ailleurs si respectables du conjoint survivant (1).

Le texte de la loi dit « enfants issus du mariage »; il faut en conclure que la règle ne serait pas applicable si les enfants avec lesquels concourt le conjoint étaient issus d'un précédent mariage du *de cujus*. Du reste, cette conséquence est déduite formellement par l'article 1er, § 4, qui accorde dans ce cas au conjoint un droit d'usufruit égal à l'usufruit d'une part d'enfant légitime le moins prenant, sans qu'elle puisse excéder le quart. En édictant cette disposition le législateur s'est évidemment inspiré de celle qu'établit l'article 1098 C. civ. Toutes deux tendent au même but: protéger les intérêts des enfants issus d'une union antérieure; trop souvent en effet le parent qui contracte un nouveau mariage serait disposé à les sacrifier.

1. C'est cette règle que l'on trouve appliquée en droit Romain à propos de la quarte du conjoint pauvre, et actuellement en Italie, Autriche-Hongrie, Danemark, etc... C'est aussi celle qui était écrite dans le projet de loi de 1851 dont nous avons parlé plus haut.

Supposons maintenant que le conjoint survivant se trouve en présence d'un enfant adoptif. N'aura-t-il droit qu'à l'usufruit d'un quart, ou bien obtiendra-t-il la jouissance d'une portion plus forte de la succession du prédécédé ? Le conjoint pourra dire : l'article 1er, § 1, ne réduit ma part d'usufruit au quart que si le défunt laisse « des enfants issus du mariage ». Or l'enfant adoptif n'est pas né de mon union avec le *de cujus ;* c'est donc sur plus d'un quart que doit porter mon droit d'usufruit. De son côté, l'adopté pourra répliquer : aux termes de l'article 350 du Code civil, j'ai sur la succession du défunt les mêmes droits que ceux qu'aurait l'enfant né en mariage. Je dois recueillir : 1° la pleine propriété des trois quarts de la succession; 2° la nue-propriété du dernier quart, puisque telle serait la portion que l'on attribuerait à un enfant né du *de cujus.*

Que décider sur cette question? C'est, croyons-nous, à l'adopté qu'il faudrait donner gain de cause. La règle que pose l'article 350 est une règle générale qui doit s'appliquer dans tous les cas à moins de dérogation expresse. La loi de 1891 contient-elle une dérogation de cette nature? Nous ne le pensons pas. Elle emploie, il est vrai, l'expression « enfants issus du mariage » qui semble au premier abord exclure l'enfant adoptif, mais il suffit de lire l'alinéa suivant pour constater qu'en employant cette formule le législateur a simplement pour but de distinguer deux hypothèses : 1° celle où le défunt laisse des enfants issus de son mariage avec le conjoint qui lui survit ; 2° celle où il laisse des enfants nés d'un précédent mariage. Cette manière de voir est d'ailleurs pleinement corroborée par les travaux préparatoires. On ne s'y occupe pas, du moins à notre connaissance, de l'enfant adoptif en concours avec l'époux survivant ; on ne songe pas à faire à l'adopté dans cette hypothèse spéciale un autre sort qu'à l'enfant né en mariage ; nulle part on ne trouve formulée l'intention de faire échec sur ce point particulier à la disposition de l'article 350. Cet article doit donc recevoir son application. Argumenter *a contrario* des termes de l'article 1er, § 3 de la loi de 1891, pour faire exception à la règle générale que pose l'article 350 serait au moins imprudent à notre avis.

Quant au cas où le conjoint serait en présence d'enfants naturels du *de cujus*, la loi ne s'en est pas occupée particulièrement. Les Facultés de droit de Nancy et de Douai proposaient d'assimiler à cet égard les enfants naturels aux enfants légitimes ; ce système n'a pas été admis. La situation de l'époux en concours avec des enfants naturels est donc la même que celle du conjoint qui est en présence d'héritiers autres que des descendants légitimes. C'est ce cas que nous allons examiner maintenant.

Deuxième cas. — Le défunt ne laisse pas de descendants.

D'après l'article 1, § 5 de la loi de 1891, le droit d'usufruit du conjoint est alors de moitié, quels que soient le nombre et la qualité des héritiers ». Ainsi, que le conjoint se trouve en présence d'ascendants du *de cujus*, ou qu'il concoure avec des parents au douzième degré, son droit est le même. Nous ne pouvons quant à nous approuver ce système ; au cas où le défunt ne laisse pas d'enfants, il aurait fallu, pensons-nous, établir une distinction entre deux classes d'héritiers au moins : d'une part les ascendants et les collatéraux privilégiés du *de cujus*, d'autre part les héritiers plus éloignés. On aurait pu ainsi graduer d'une façon plus satisfaisante la quotité du droit d'usu-fruit à attribuer au conjoint survivant, et rendre le règle-ment successoral plus conforme à l'intention présumée du *de cujus*. Pourquoi donc a-t-on repoussé cette distinction que posent la plupart des législations étrangères? Il résulte des travaux préparatoires que l'on a voulu en rejetant cette gradation éviter les complications et simpli-fier autant que possible des règles qui devaient être d'une application journalière. Ces considérations ont leur valeur, sans doute, la simplicité a bien son prix. Mais n'est-ce pas la payer trop cher que de choquer à la fois pour l'at-teindre l'équité et le bon sens? N'est-il pas injuste et illo-gique d'accorder la même part au conjoint qu'il soit en présence d'un frère du défunt ou d'un cousin au douzième degré? Le *de cujus* était uni au premier par les liens les plus étroits; le second lui était fort probablement in-connu.

Ces deux situations bien différentes comportaient des solutions différentes. Pourquoi n'a-t-on pas suivi un sys-tème analogue à celui qu'organise l'article 757 Code civil, en ce qui concerne les droits de l'enfant naturel sur les biens de ses père et mère décédés? L'article 757 dispose que ce droit est de la moitié de la portion héréditaire que l'enfant naturel aurait eue s'il avait été légitime, lorsque les père ou mère ne laissent pas des descendants mais bien des ascendants ou des frères ou sœurs; il est des trois quarts lorsque les père ou mère ne laissent ni descendants ni ascendants, ni frères, ni sœurs. Il y avait là une indica-tion précieuse; le législateur de 1891 a eu tort, pensons-nous, de ne pas la mettre à profit et de ne pas accorder au conjoint survivant une part d'autant plus considérable qu'il se trouvait en concours avec des parents plus éloignés. « Ce serait vraiment faire injure à nos mœurs, dit fort bien M. Duverger, de supposer chez le premier mourant des époux l'intention en présence de collatéraux même fort éloignés de ne laisser à son conjoint que l'usufruit de la moitié de ses biens, et de donner à des parents souvent peu connus de lui non seulement la nue-propriété de tout son patrimoine mais encore la jouissance de la moitié : il n'a pu vouloir imposer à son époux l'obligation si dure de partager même le mobilier avec des arrière-cousins. »

L'usufruit de moitié que le nouvel article 767 accorde au conjoint survivant en l'absence d'enfants du défunt peut dans le cas prévu par l'article 754 se trouver en concours avec l'usufruit attribué aux ascendants du *de cujus*. Voici l'hypothèse dont il s'agit : le défunt laisse : 1° son conjoint ; 2° son père ou sa mère dans une ligne ; 3° dans l'autre ligne des collatéraux non privilégiés. Dans ce cas, le père ou la mère recueillait avant la loi de 1891 : 1° la moitié de la succession afférente à sa ligne ; 2° l'usufruit du tiers des biens dévolus à l'autre ligne (c'est-à-dire l'usufruit du sixième de la succession). Or, la nouvelle loi accorde au conjoint survivant l'usufruit de moitié. Comment faudra-t-il combiner cette disposition avec celle de l'article 754 ? Comment régler le conflit de ces deux usufruits légaux ?

Le projet primitif de M. Delsol était muet sur ce point. La Faculté de droit de Paris avait émis l'avis que pour prévenir toute difficulté il serait bon d'insérer dans le projet une disposition formelle à cet égard. Elle proposait de déclarer expressément dans la loi que l'usufruit du conjoint primerait celui que l'article 754 attribue au survivant des père et mère. « On ne comprendrait pas, disait M. Duverger, que le conjoint respectât l'usufruit du père sur la part du collatéral, lorsqu'il enlèverait au père pour moitié l'usufruit même de sa portion. »

On tint compte de cette judicieuse observation ; le projet de la commission nommée en 1877 par le Sénat portait. « Dans le cas prévu par l'article 754, l'usufruit du père ou de la mère survivant ne s'exercera qu'après celui du conjoint. » Cette disposition fut adoptée par le Sénat. Il en résultait que l'usufruit du conjoint et celui du père ou de la mère ne s'exerçait que l'un après l'autre sur la moitié dévolue aux collatéraux non privilégiés, l'usufruit de l'époux passant avant l'autre. On évitait ainsi de grever outre mesure la moitié échue aux collatéraux.

Mais la commission chargée par la Chambre des Députés d'examiner le projet de loi voté par le Sénat, repoussa cette disposition. On fit remarquer que le père ou la mère du *de cujus* étaient beaucoup plus âgés que le conjoint, puisque dans l'état naturel des choses ils en étaient séparés par une génération ; dès lors, décider que leur droit d'usufruit ne s'exercerait qu'après extinction de celui du conjoint, c'était, en fait, réduire à néant l'usufruit de l'ascendant.

Or, cet ascendant avait déjà à supporter sur sa part et à concurrence de moitié l'usufruit attribué au conjoint survivant ; était-il équitable d'amoindrir encore ses droits d'un autre côté ? « Appelés à choisir, disait le rapporteur

M. Piou, entre l'époux, les ascendants et les collatéraux non privilégiés, nous avons pensé que ces derniers étant les plus éloignés dans l'ordre de la parenté et probablement dans l'affection, étaient aussi les moins dignes de faveur. » En conséquence, la commission proposa un système d'après lequel l'usufruit de l'époux et celui des ascendants s'exerceraient simultanément sur la moitié attribuée aux collatéraux. La Chambre des Députés s'étant ralliée à cette manière de voir, la commission sénatoriale et après elle le Sénat adoptèrent également ce système. La disposition que nous avons citée ci-dessus ne figure donc pas dans le texte de la loi de 1891 qui reste muet sur cette question tout comme le projet primitif de M. Delsol, mais on voit d'après ce que nous venons de dire que les travaux préparatoires ne laissent aucun doute sur la façon dont ce point doit être résolu.

Un exemple montrera facilement les résultats pratiques du système qui a prévalu. Supposons que le *de cujus* laisse 120,000 francs de biens. D'après l'article 754, le père (ou la mère) du défunt prenait : 1° 60,000 francs en pleine propriété ; 2° l'usufruit de 20,000 francs, tandis que le collatéral recueillait : 1° la nue-propriété de 20,000 francs ; 2° la pleine propriété de 40,000 francs. Aujourd'hui l'article 767 accorde au conjoint un droit d'usufruit portant dans notre hypothèse sur la moitié de la succession c'est-à-dire sur 60,000 francs, et ce droit doit être supporté également par le père et le collatéral du défunt. En définitive, la situation de chaque successeur après partage sera donc celle-ci : l'époux survivant aura 60,000 francs en usufruit ; l'ascendant aura 30,000 francs en pleine propriété, 30,000 francs en nue-propriété, 20,000 francs en usufruit soit, tout compte fait, 50,000 francs en pleine propriété et 10,000 francs en nue-propriété; le collatéral aura 10,000 francs en pleine propriété et 50,000 francs en nue-propriété. Ce qui revient à dire que le conjoint recueille six douzièmes de la succession, en usufruit, l'ascendant cinq douzièmes en pleine propriété et un douzième en nue-propriété, le collatéral un douzième en pleine propriété et cinq douzièmes en nue-propriété.

Les résultats de ce système nous semblent satisfaisants ; il n'est que juste que la part des collatéraux éloignés soit moins forte que celle du père (ou de la mère) ou du conjoint du *de cujus*.

§ 2. — *Formation de la masse sur laquelle se calcule et s'exerce le droit d'usufruit du conjoint survivant.*

Comme nous l'avons vu en analysant rapidement les travaux préparatoires, on a beaucoup discuté sur la formation de cette masse. Nous allons examiner successivement ; 1° le système adopté par le Sénat en 1877 ; 2° le système adopté par la Chambre des Députés en 1890 ; 3° le système qui a définitivement prévalu.

1° Système adopté primitivement par le Sénat.

Le projet primitif de M. Delsol ne dérogeait pas au droit commun en ce qui touche le rapport à succession : le conjoint pouvait donc réclamer le rapport de même qu'il y était soumis. La majorité des professeurs de la Faculté de Droit de Paris avait été d'avis de supprimer par une disposition formelle l'obligation réciproque de rapport. Cette décision était, pensait-elle, plus conforme à l'intention probable du prémourant qui désirait sans doute que le droit du survivant ne dépassât pas la jouisssance des biens qui n'avaient pas été donnés. Ce système fut agréé par la commission du Sénat et voté par le Sénat lui-même ; il était établi en ces termes : « L'époux survivant n'a de droit que sur les biens dont le prédécédé n'aura disposé ni par acte entre-vifs ni par acte testamentaire. »

2° Système de la Chambre des Députés.

Le système voté par le Sénat fut repoussé par la commission de la Chambre des Députés. « Il procède, disait le rapporteur M. Piou, de cette pensée que l'époux survivant ne peut comme successeur irrégulier exiger le rapport, le rapport n'étant dû que de cohéritier à cohéritier. » Et l'honorable député montre qu'il est plus conforme au véritable esprit du Code civil et au système général de l'article 843 d'établir que le conjoint bien que successeur irrégulier devrait le rapport et que le rapport lui serait dû. Nous pensons bien que le Sénat ne méritait pas ce reproche, et que ce n'est pas par méprise mais en parfaite connaissance de cause et pour les raisons que nous avons rappelées ci-dessus, qu'il avait posé la règle critiquée par M. Piou. Quoiqu'il en soit, le rapporteur de la commission proposait à la Chambre de repousser purement et simplement cette règle et d'en revenir sur ce point au projet primitif de M. Delsol. C'est en ce sens que se prononça la Chambre des Députés. D'où il résulta :

1° Que les héritiers en concours avec l'époux survivant

devaient rapporter à la masse les dons ou legs du *de cujus*
qui ne leur avaient pas été formellement faits par préciput
et hors part;

2° Que l'époux était lui aussi soumis au rapport. La
masse sur laquelle se calculait et s'exerçait l'usufruit du
conjoint était l'ensemble des biens rapportés et des biens
se trouvant en nature dans la succession.

Ce système avait un avantage que M. Piou faisait très
bien ressortir. « Il a, disait-il, le mérite de ne rien inno-
ver, il est un retour au droit commun, il a aussi le mérite
de n'apporter aucun trouble dans les opérations déjà si
compliquées des liquidations successorales, puisqu'il consacre les principes aujourd'hui en usage dans ces liquidations. » Il n'était pas cependant à l'abri de toute critique.
La loi, disait-on, en accordant un droit d'usufruit au conjoint survivant, se fait l'interprète de la volonté du défunt :
or, lorsque ce défunt a fait une donation, il est clair qu'il
n'a pas entendu que les biens dont il se privait fussent soumis à l'usufruit de son conjoint. Qu'on ne dise pas que l'é-
poux, s'il ne peut exiger le rapport, pourra se trouver
réduit à un droit d'usufruit insuffisant, car le conjoint a
toujours la ressource de réclamer sur la succession une
pension alimentaire. De plus, comme le disait déjà M. Duverger « l'obligation réciproque de rapport amènerait une
grande perturbation dans la fortune du survivant qui
devrait rapporter ce qu'il aurait reçu de son conjoint même
par contrat de mariage, et dans la fortune de l'enfant qui
serait tenu de se dessaisir, quant à la jouissance, des biens
qui depuis longtemps déjà lui auraient appartenu en pleine
propriété. »

Ces arguments qui n'étaient pas sans réplique ne laissaient pas néanmoins d'être fort sérieux. Aussi la commission nommée par le Sénat à l'effet d'examiner le projet voté par la Chambre des Députés repoussa-t-elle ce système après de longues discussions; par cinq voix contre quatre elle se rallia à une solution mixte proposée par M. Lacombe et qui a définitivement prévalu.

3° *Système de la loi de 1891.*

« Cette solution, disait le rapporteur M. Delsol, emprunte au projet de la Chambre cette idée que les biens donnés ou légués par le *de cujus* à un ou plusieurs de ses successibles sans la clause de préciput doivent entrer en compte pour le calcul de l'usufruit du conjoint survivant, et au projet du Sénat cette autre idée que cet usufruit ne pourra en fait s'exercer que sur les biens existant dans la succession.... De la combinaison de ces deux idées il résulte que, à l'égard de l'époux, le rapport ne sera que fictif, puisque cet époux ne prendra point part aux biens rapportés. » Cette solution mixte fut vivement combattue au Sénat par M. Demôle, qui s'efforça de faire triompher le système voté par le Sénat en 1877 ; mais soutenue par M. Delsol, elle fut malgré les critiques de M. Humbert votée par le Sénat à une forte majorité. Elle fut enfin adoptée également par la Chambre des Députés, et elle figure dans la loi de 1891 en ces termes : « Le calcul sera opéré sur une masse faite de tous les biens existant au décès du *de cujus* auxquels seront réunis fictivement ceux dont il aurait disposé, soit par acte entre-vifs, soit par acte testamentaire au profit de successibles sans dispense de rapport. »

Cette règle se comprend d'elle-même après les explications que nous venons de donner, nous n'avons donc plus à y revenir. Mais il ne sera peut-être pas inutile de montrer par un exemple en quoi les résultats pratiques auxquels elle conduit diffèrent de ceux qu'aurait produits soit le système primitif du Sénat, soit celui de la Chambre des Députés. Supposons que le *de cujus* laisse une fortune de 10,000 francs ayant donné à ses enfants sans clause de préciput une somme de 40,000 francs. Le conjoint se trouvant en face d'enfants, obtient nous le savons l'usufruit d'un quart. Dans le système du Sénat ce quart se calcule sur les biens existants dans la succession, soit sur 10,000 francs : le conjoint aura donc l'usufruit de 2,500 francs. Dans le système de la Chambre des Députés, ce quart se calcule et s'exerce sur une masse composée des biens existants (10,000 francs) et des biens soumis au rapport (40,000 francs) (1), soit sur 50,000 francs : le conjoint aura donc l'usufruit de 12,500 francs. Comme il n'y a en fait dans le patrimoine laissé par le *de cujus* que 10,000 francs, les enfants seront donc privés jusqu'à concurrence du surplus soit, 2,500 francs du bénéfice de la donation qui leur avait été faite. D'après le système qui a prévalu, le quart se calcule sur la même masse, il s'élève donc théoriquement à 12,500 francs. Mais comme l'usufruit du

1. Nous supposons, bien entendu, que le conjoint survivant n'a rien reçu du *de cujus* et que par suite il n'a lui-même rien à rapporter, car dans le système voté par la Chambre des Députés, l'obligation de rapporter était réciproque.

conjoint ne peut s'exercer que sur les biens existants, il ne portera utilement que sur les 10,000 francs laissés par le *de cujus*.

Et maintenant, que faut-il penser de ce système ? Il est nouveau dans nos lois bien qu'il se rapproche de celui qu'établit l'article 922 Code civil pour le calcul de la quotité disponible. L'article 922 déclare en effet que pour former la masse sur laquelle ce calcul doit s'effectuer, il faut prendre les biens existants dans la succession et y réunir fictivement ceux dont il a été disposé par donations entre-vifs. L'opération que prescrit le nouvel article 767 est analogue, mais non pas identique cependant. Deux différences importantes sont à noter : 1° Quand il s'agit de former la masse sur laquelle doit être calculé l'usufruit de l'époux, le rapport fictif ne s'applique qu'aux biens donnés à des successibles ; au contraire, la réunion fictive prescrite par l'article 922 comprend même les biens donnés à des étrangers ; 2° d'après l'article 767, on ne fait rentrer dans la masse commune que des biens donnés sans dispense de rapport, au contraire, la réunion à la masse en vue du calcul de la quotité disponible s'étend même aux biens donnés avec clause de préciput.

Le système de la loi de 1891 constitue donc une innovation. Elle se justifie à notre avis par cette considération que le conjoint survivant n'est pas un successible ordinaire, et que l'on peut sans être taxé d'imprudence, que l'on doit même parfois introduire dans la législation des dispositions nouvelles quand il s'agit de réglementer un droit nouveau. Appliquer au conjoint le système qui se pratique entre cohéritiers ordinaires comme le voulait la Chambre des Députés, c'était plus simple, sans doute, mais c'était aussi porter une atteinte plus grave aux droits des héritiers du sang, car ce système pouvait avoir pour résultat de frapper effectivement de l'usufruit de l'époux les biens donnés par le *de cujus*. Le système de l'article 767 écarte cette conséquence fâcheuse, sans trop sacrifier les intérêts de l'époux comme le faisait le projet voté en 1877 par le Sénat. Or, le but de la loi n'est-il pas précisément de donner satisfaction aux droits de l'époux en respectant autant que possible ceux de la famille du prémourant ? Enfin le système qui a prévalu a l'avantage de ne pas soumettre les biens soumis au rapport fictif à ce qu'on a appelé au cours des travaux préparatoires une demi-indisponibilité, c'est-à-dire de les faire échapper à la règle de l'article 865 Code civil. Nous pensons donc que la disposition nouvelle est fort équitable et qu'elle est de nature à donner satisfaction à tous les intérêts en cause.

Ce ne sont pas seulement les biens donnés ou légués qui sont soustraits à l'exercice de l'usufruit du conjoint, ce sont aussi les biens qui font l'objet d'un droit de réserve ou qui sont soumis à un droit de retour.

Cette solution va de soi en ce qui concerne les biens réservés. Il ne pouvait être question sous prétexte d'assurer à l'époux une situation conforme au rang qu'il occupait durant le mariage, de porter atteinte aux droits sacrés des héritiers réservataires. En l'absence de toute disposition sur ce point, il était bien certain que c'est cette règle qui devait s'appliquer. Cependant M. Griffe, au Sénat, se plaignit de ce que le projet de loi ne prévoyait pas cette hypothèse (Séance du 18 novembre 1890) et demanda qu'il fût formellement déclaré que le droit établi en faveur du conjoint ne pourra:t porter atteinte à la réserve des autres héritiers. M. Humbert dans la séance suivante s'étant associé à cette demande, il y fut fait droit ; la disposition réclamée figure m untenant au § 6 de l'article 767.

L'usufruit du conjoint ne peut donc porter sur les biens réservés. Mais le conjoint ne pourrai-t-il pas le cas échéant arguer de l'article 917. C. civ., et mettre en demeure les héritiers ou de lui concéder le droit d'usufruit en son entier ou de lui abandonner la pleine propriété de la quotité disponible ? Non, il ne le pourrait pas. Cette question ne souffre pas le moindre doute, car : 1° la disposition toute exceptionnelle de l'article 917 ne saurait être étendue par voie d'analogie; 2° il résulte de l'esprit aussi bien que des termes de la loi de 1891 que le droit de succession de l'époux ne peut jamais avoir pour effet de lui conférer la pleine propriété d'une partie des biens du *de cujus*. Nous sommes même étonné qu'on ait songé sérieusement à proposer ici l'application de l'article 917. D'ailleurs il sera bien rare qu'en calculant le montant de la somme sur laquelle devrait porter le droit d'usufruit du conjoint si l'on faisait abstraction de la réserve, on trouve un chiffre supérieur au total de la quotité disponible ; le cas ne se présentera que lorsque le *de cujus* aura donné ou légué une grande partie de sa quotité disponible.

Le projet primitif de M. Delsol était muet sur le réglement des droits du conjoint lorsqu'il y avait dans la succession du prédécédé des biens auxquels se trouvait appelé un successeur anomal: adoptant ou ses descendants (art. 351-352), ascendant donateur (art. 747), frères et sœurs légitimes d'un enfant naturel (art. 766). Ce silence avait pour résultat de laisser le successeur anomal exercer son droit en présence du conjoint survivant. M. Duverger au nom de la Faculté de droit de Paris proposa de repousser ce système. « La majorité de la Faculté a pensé, disait-il, que pour être fidèle à son esprit et pour être conséquente avec elle-même, la loi devait après avoir reconnu au conjoint le droit de concourir en usufruit avec les enfants qui priment le successeur anomal, reconnaître au conjoint le droit au moins de concourir avec le même successeur anomal. »

Cet argument n'était pas sans réplique. Pour ne parler que de l'hypothèse la plus pratique, celle où le successeur anomal est l'ascendant donateur, il faut bien reconnaître que dans l'intention de cet ascendant le bénéfice de la donation était exclusivement réservé à l'enfant qui se mariait. Faire porter sur ces biens l'usufruit du conjoint du donataire c'est aller contre la volonté tacite du donateur. L'ascendant qui a eu la douleur de perdre son enfant perdrait donc aussi, au moins en partie, les biens qu'il lui avait donnés? Dira-t-on que ces raisons n'ont qu'une valeur contestable? Mais ne sont-ce pas celles qui ont déterminé les rédacteurs du Code à établir le retour successoral? Dès lors, il faut ou bien abroger la règle de l'article 747 (nous n'y verrions quant à nous aucun inconvénient), ou bien l'appliquer même quand l'ascendant donateur se trouve en concours avec le conjoint du donataire. Aussi M. Delsol modifiant son projet primitif y ajouta-t-il une disposition aux termes de laquelle le droit du conjoint ne pourrait préjudicier à l'exercice des droits de retour. C ette règle a passé dans le texte actuel de l'article 767, § 6.

Mais si l'usufruit ne peut s'exercer sur les biens soumis au droit de retour, ces biens du moins ne feront-ils pas partie de la masse sur laquelle se calcule cet usufruit ? La question est assez délicate : d'une part si l'on s'en tenait aux principes du Code civil, il faudrait dire, ce nous semble, que ces biens forment une succession distincte régie par des règles spéciales, et que par conséquent ces biens ne doivent pas figurer dans l'actif sur lequel se calcule l'usufruit du conjoint. Mais d'autre part, à ne consulter que les travaux préparatoires, il semblerait plutôt que ces biens dussent être compr. dans la masse : les droits de retour y sont toujours cités à côté des droits de réserve, et les biens soumis au retour traités comme les biens réservés. A vrai dire, ce ne sont là que des indices, car le législateur n'a pas manifesté au cours des travaux préparatoires, à notre connaissance du moins, l'intention formelle de déroger sur ce point aux dispositions du Code civil ; aussi est-il plus prudent dans le doute d'appliquer la règle générale et de décider que les biens auxquels se trouve appelé un successeur anomal ne doivent pas être réunis même fictivement à la masse sur laquelle se calcule le droit d'usufruit du conjoint. Cette solution d'ailleurs a l'avantage de mieux garantir les intérêts des héritiers du sang, intérêts qui pourraient être singulièrement compromis si l'on adoptait la solution contraire.

Supposons, en effet, que la somme donnée par l'ascendant, soit de 20.000 francs, et que le défunt décédé sans enfants laisse outre ces 20.000 francs soumis au droit de retour, une somme de 30.000 francs. Si l'usufruit du conjoint se calculait sur une masse de 50.000 francs, cet usufruit porterait sur 25.000 francs, et comme il ne peut s'exercer sur les biens soumis au retour, il frapperait jusqu'à due concurrence sur les 30.000 francs restants. Les parents du défunt, abstraction faite de l'ascendant donateur, ne recueilleraient donc en pleine propriété que 5.000 francs. Dans notre système, au contraire, l'usufruit du conjoint ne s'étendra que sur 15.000 francs : il restera en pleine propriété une somme égale pour les parents du *de cujus.*

Nous n'avons parlé jusqu'à présent que du retour légal. On sait que, aux termes de l'article 951 Code civil : « Le donateur pourra stipuler le droit de retour des objets donnés, soit pour le cas de prédécès du donateur seul, soit pour le cas du prédécès du donataire et de ses descendants. » La loi de 1891 reste muette sur ce retour conventionnel, mais il est néanmoins hors de doute qu'il faut lui appliquer au point de vue qui nous occupe les mêmes règles qu'au retour légal. Cette solution dérive des principes généraux du droit: la stipulation de retour insérée dans l'acte de donation a l'effet d'une condition résolutoire ; l'ouverture du droit de retour opérant « *ex tunc* » résout les aliénations des biens donnés et les fait revenir au donateur francs et quittes de toutes charges. Il ne pouvait donc être question de faire porter sur ces biens le droit d'usufruit du conjoint. D'ailleurs, les travaux préparatoires ne laissent subsister aucun doute sur l'exactitude de cette solution. Lors de la discussion du projet au Sénat en 1877, M. Xavier Blanc ayant proposé un amendement aux termes duquel les biens soumis au retour conventionnel étaient traités comme les biens frappés d'un retour légal, M. Delsol déclara que cette disposition était inutile attendu que la question ne souffrait pas de difficulté. Sur cette observation, M. Blanc retira son amendement.

§ 3. — *Cas où le conjoint survivant a reçu des libéralités du de cujus.*

Nous avons vu que l'usufruit du conjoint ne pouvait pas s'exercer sur les biens donnés ou légués par le *de cujus* à ses héritiers; ceux-ci peuvent-ils par contre obliger l'époux survivant à rapporter ce qu'il a reçu du défunt? D'une manière plus générale, lorsque le conjoint survivant a reçu des libéralités du *de cujus*, quelle influence ces libéralités auront-elles sur ses droits de succession? *A priori* on aperçoit quatre solutions possibles: 1° Le conjoint cumulera les biens qu'il a reçus du vivant du prédécédé avec la part héréditaire que lui attribue la loi ; 2° l'époux dont la situation pécuniaire aura été ainsi réglée n'aura aucun droit de succession ; 3° le conjoint ne sera pas privé de toute part héréditaire, mais il devra imputer sur cette part le montant des libéralités qui lui ont été faites, ou rapporter les biens qu'il a reçus, mais cette imputation ou ce rapport ne s'appliquera pas aux dons ou legs faits par préciput et hors part; 4° l'imputation ou le rapport s'appliquera même aux libéralités faites par préciput. Cette dernière solution est celle qui a passé dans la loi.

Le projet primitif de M. Delsol ne contenait aucune disposition à ce sujet ; le conjoint était donc soumis au rapport de même qu'il pouvait le réclamer : il devait remettre dans la masse héréditaire les biens qui lui avaient été donnés, ou y laisser ceux qui lui avaient été légués à moins cependant que ces libéralités eussent été faites par préciput et hors part. La faculté de droit de Paris proposa d'établir au contraire dans notre hypothèse une dispense réciproque de rapport. Il ne fut pas tenu compte de cette proposition et le projet de la commission sénatoriale disait « que sur le montant de ses droits l'époux serait tenu d'imputer les libéralités qu'il avait reçues du défunt. » Il en résultait que lorsque la libéralité était moindre que ce que la loi lui accordait, le conjoint avait droit au surplus. Mais lors de la discussion du projet devant le Sénat, M. Bernard combattit ce système et proposa un amendement aux termes duquel le droit d'usufruit accordé par la loi au conjoint cesserait de recevoir son application toutes les fois que les droits du conjoint auraient été réglés, soit par le contrat de mariage, soit par donation entre époux, soit par testament. Ce droit d'usufruit, faisait remarquer M. Bernard n'est que la conséquence d'une présomption de volonté attribuée au conjoint prédécédé ; or, devant une volonté manifestement exprimée, il n'y a plus place à la présomption. Le Sénat se rendit à ces observations et adopta l'amendement sans remarquer qu'il était inconciliable avec la règle d'après laquelle le conjoint était tenu d'imputer sur sa part héréditaire les libéralités qu'il avait reçues du défunt. Le projet voté par le Sénat contenait donc deux dispositions contradictoires, mais il ressortait clairement de la discussion que c'était le système de M. Bernard que le Sénat avait entendu adopter.

Fiquet16

Cependant ce système n'était pas à vrai dire très-satisfaisant, et l'argument qui avait séduit la majorité du Sénat était plus subtil que probant « Nous nous refusons, disait M. Piou au nom de la commission de la Chambre des Députés, nous nous refusons à voir dans un testament peut-être ancien, dans une donation si minime qu'elle soit, dans un contrat de mariage passé vraisemblablement à l'insu des époux, la preuve que le défunt a entendu restreindre le droit de son conjoint à la part que lui font ou ce testament, ou cette donation, ou ce contrat de mariage. Bien des années ont pu s'écouler depuis la confection de ces actes. L'époux s'est peut-être créé des titres nouveaux à l'affection de son conjoint... » En un mot, de ce qu'un conjoint a donné ou légué tel objet ou telle somme à son conjoint, il ne s'ensuit pas qu'il ait entendu que son époux n'ait de lui que cet objet ou cette somme. Sinon, la donation qui a pour but de créer un bénéfice pour l'époux pourrait lui causer un préjudice immense car elle équivaudrait à une exhérédation pour tout ce qui excède les biens donnés. D'une marque d'affection on ferait une cause de déchéance pour le gratifié, est-ce équitable? D'ailleurs l'argument de M. Bernard, s'il était juste, prouverait trop. N'est-ce pas d'après l'intention présumée du défunt que la loi fixe le rang des héritiers *ab intestat*: Lorsque le *de cujus* a fait une libéralité peut être insignifiante à un de ses successibles, il faudrait donc priver ce successible de tout droit héréditaire? C'est inadmissible, sans doute, ce ne serait pourtant que la conséquence de l'argument invoqué par M. Bernard, car son raisonnement en ce qui concerne le conjoint n'a rien de spécial à cette hypothèse;

il pourrait être répété à propos de tous les héritiers.

Enfin, avec le système préconisé par M. Bernard, il était à craindre que le but de la loi fût manqué. Puisque une libéralité si minime qu'elle fût, faite par un contrat de mariage, suffisait pour priver le conjoint survivant de tout droit de succession, une semblable donation y aurait été fort souvent écrite et serait devenue bientôt une clause de style. En effet « les parents qui figurent au contrat, remarque judicieusement M. Delsol, sont toujours plus préoccupés de conserver à leurs familles les biens qu'ils donnent à leur enfant que d'assurer un usufruit sur ces biens à l'autre conjoint pour le cas où il viendrait à lui survivre. »

La commission de la Chambre des Députés et la Chambre après elle rejetèrent donc le système voté par le Sénat. Du reste, aucune disposition ne remplaça celle qui était aussi retranchée ; on en revenait donc au droit commun : rapport des biens donnés ou légués à moins que la libéralité eût été faite par préciput et hors part.

Ce système fut modifié lui aussi par la commission sénatoriale lorsque le projet eut été renvoyé devant le Sénat. La règle nouvelle proposée par la commission disait : « Le conjoint cessera d'exercer son droit d'usufruit dans le cas où il aurait reçu du défunt des libéralités même faites par préciput et hors part dont le montant atteindrait celui des droits que la présente loi lui attribue, et si ce montant était inférieur, il ne pourrait réclamer que le complément de son usufruit. » C'est en vain que M. Humbert fit remarque d'après les principes du code civil tout successible qui a reçu une libéralité par préciput et hors part dans les limites de la quotité disponible peut cumuler cette libéralité avec sa part de succession, le système de la commission adopté par le Sénat, ratifié par la Chambre des Députés, a passé dans la loi de 1891.

Le conjoint survivant devra donc imputer sur sa part même les libéralités qu'il a reçues du défunt par préciput et hors part. C'est là une règle nouvelle; elle s'explique et se justifie à notre avis par l'idée directrice qui a guidé le législateur : assurer au conjoint survivant une situation en rapport avec celle où il se trouvait durant le mariage, en portant atteinte le moins possible aux droits des héritiers du sang. Du moment que l'époux puise dans une libéralité du défunt des ressources égales à celles que la loi lui assurait, ses intérêts sont sains et saufs. Dès lors les droits des héritiers reparaissent, car on ne doit pas les amoindrir au-delà du strict nécessaire ; il ne faut donc pas attribuer encore au conjoint le droit de succession résultant de l'article 767. Peu importe à ce point de vue que la libéralité soit faite, ou ne soit pas faite par préciput et hors part. On conclut du même principe que si le montant de la libéralité est inférieur aux droits que la loi attribue à l'époux, celui-ci ne pourra réclamer que le complément de ses droits.

Mais il peut s'élever une difficulté que le législateur n'a pas prévue. Le droit que l'article 767 confère au conjoint est un droit d'usufruit, si la libéralité a attribué à ce conjoint un droit de pleine propriété, comment pourra-t-on comparer le montant de cette libéralité aux droits de succession que l'époux tient de la loi? Car pour comparer deux quantités l'une à l'autre, il faut que ces quantités aient une commune mesure. Quand pourra-t-on dire que

suivant la formule de l'article 767 le montant de la libéralité atteint celui des droits que la loi attribue au conjoint?
En d'autres termes, d'après quel critérium arrivera-t-on à
comparer la valeur de la pleine propriété avec celle de
l'usufruit (1)? A notre connaissance, les travaux préparatoires sont muets sur la question. Plusieurs systèmes
peuvent être proposés a priori.

1° On appliquera la loi du 22 frimaire de l'an VII
d'après laquelle l'usufruit doit être évalué à la moitié de la
valeur en pleine propriété des biens sur lesquels il porte.
Ce système doit certainement être écarté, car cette disposition n'est applicable qu'en matière fiscale, et comme
elle est exceptionnelle, elle ne doit pas être étendue à notre cas.

2° On appliquera un système analogue à celui de l'article 917 du Code civil en donnant aux héritiers la faculté
d'opter entre deux partis : ou bien laisser au conjoint la
pleine propriété des biens qui lui ont été donnés par le
défunt, ou bien lui abandonner l'usufruit que la loi lui
accorde. Ce système, à notre avis, serait très bon au point
de vue législatif, mais il serait arbitraire de l'appliquer
dans le silence de l'article 767.

3° On comparera les revenus des biens donnés au con-

1. Dans le canton de Genève, la loi du 3 Septembre 1874 a es-
quivé d'une façon très simple la nécessité de cette comparaison
Après avoir dit: « L'époux survivant est tenu d'imputer sur ce
qu'il a droit de prétendre ce qui lui a été donné par son époux
prédécédé », elle ajoute « Dans le cas où la loi n'accorde au
conjoint qu'un usufruit, l'époux a le choix entre cet usufruit et
le don qui lui a été fait par son conjoint en propriété. »

joint avec ceux que lui procurerait son droit d'usufruit. A l'appui de ce système, on pourrait dire que la loi s'est surtout préoccupée d'assurer au conjoint des revenus suffisants pour vivre, que c'est la question des revenus qu'il a eue surtout en vue. Ce système n'en doit pas moins être rejeté car il aurait pour résultat de donner au conjoint plus que la loi ne lui confère en réalité. Supposons par exemple que l'époux survivant ait reçu en donation de l'autre époux un immeuble rapportant 5000 francs par an, et que le droit d'usufruit que la loi lui eût accordé s'il n'avait reçu aucune libéralité représente un revenu annuel de 10.000 francs. Si l'on compare les revenus, on dira : la donation n'a rempli le conjoint que de la moitié de ses droits, il peut donc réclamer des héritiers l'autre moitié, c'est-à-dire un droit d'usufruit lui procurant 5,000 francs par an. Mais l'époux aurait ainsi 10.000 francs de revenus plus la valeur de la nue-propriété de l'immeuble donné, c'est-à-dire plus que sa part héréditaire, contrairement au § 8 de l'article 767 qui ne lui permet que de réclamer le complément de son usufruit. D'ailleurs ce § 8 dit aussi que c'est le « montant » de la libéralité qui doit être comparé au droit d'usufruit ; or, ne tenir compte que des revenus du bien donné ce n'est pas à proprement parler évaluer le montant de la libéralité.

4° On tiendra compte pour calculer le montant de la libéralité, du montant de la rente viagère que toucherait le conjoint en plaçant à fonds perdu la chose qui lui a été donnée. On comparera les revenus ainsi assurés annuellement à l'époux avec ceux que lui conférerait l'usufruit légal. C'est encore là un système qui au point de vue législatif pourrait se défendre, mais l'appliquer étant donné le texte de l'article 767 serait arbitraire. Rien n'indique que le législateur ait songé à ce mode de comparaison.

5° On estimera la valeur de l'usufruit légal eu égard aux circonstances du fait, en tenant compte notamment de l'âge du conjoint survivant. Ce système nous paraît plus logique. La disposition du § 8 de l'article 767 a évidemment pour but de protéger les intérêts de l'héritier du sang; or, ces intérêts subissent suivant les cas, une atteinte plus ou moins considérable. L'usufruit que recueillerait par exemple un homme de trente ans robuste et bien portant restreint bien plus les droits de l'héritier que l'usufruit qui échoit à un vieillard débile et maladif. Le juge devra donc suivant les circonstances, déterminer la valeur réelle du droit d'usufruit recueilli par le survivant, et c'est cette valeur qu'il comparera au montant de la libéralité. Du résultat de la comparaison on tirera aisément la solution cherchée.

Ce système d'évaluation n'est pas nouveau, c'est celui qu'a adopté la jurisprudence pour le cas où il s'agit de rechercher si un époux en laissant un droit d'usufruit à son conjoint a dépassé les limites de la quotité disponible. La Cour d'Agen l'a appliqué dans un arrêt du 16 décembre 1861 (1) et la Cour de Cassation dans un arrêt du 23 mars 1866 (2). « Attendu, dit la Cour d'Agen, que la valeur de l'usufruit dépend de l'âge, de la santé de l'usufruitier et de toutes les autres circonstances qui peuvent influer sur

1. Dalloz, 1855, 2° partie, p. 8.
2. Dalloz, 1855, 1° partie, pp. 395-400.

sa durée probable ; que ces circonstances variables sont nécessairement laissées à l'appréciation des tribunaux qui doivent en tenir compte dans leur évaluation ; que leur pouvoir en cette matière ne peut être limité par la loi du 22 Frimaire An VII qui s'applique uniquement à la perception des droits de mutation et d'enregistrement... » Ce raisonnement à notre avis peut être reproduit dans le cas qui nous occupe. Ne s'agit-il pas dans les deux hypothèses d'assurer la protection efficace des héritiers du *de cujus*?

Nous proposerons cependant une restriction à ce système. La somme à laquelle sera évaluée le droit d'usufruit conféré par l'article 767 au conjoint survivant devra être telle qu'en la plaçant à fonds perdu l'époux obtienne des revenus au moins égaux à ceux que lui conférait ce droit. Car la libéralité qui lui a été faite par le défunt ne peut pas avoir pour effet de rendre pire sa situation pécuniaire. Supposons par exemple que le droit d'usufruit de l'époux portant sur 100,000 fr. lui assure un revenu annuel de 4,000 fr. L'âge du conjoint est tel qu'il lui faudrait verser une somme de 40,000 fr. pour avoir droit à une pension viagère de 4,000 fr. par an. Pour comparer le montant du droit d'usufruit légal de ce conjoint au montant de la libéralité que par hypothèse il a reçue du défunt, il ne faudra pas évaluer la valeur de ce droit d'usufruit à moins de 40,000 fr.

Tel est le système qui nous semble le plus équitable en droit mais nous ne nous dissimulons pas qu'en pratique il pourra présenter de graves inconvénients. Pour arriver à fixer en connaissance de cause la valeur exacte du droit d'usufruit, le juge devra entendre les parties discuter sur le nombre probable d'années qui restent à vivre à l'usufruitier. Peut être même les héritiers du défunt qui ont intérêt à déprécier la valeur de cet usufruit provoqueront-ils la nomination d'experts chargés d'examiner l'état de santé du conjoint : celui-ci devra se prêter à leurs investigations, il entendra ensuite disserter sur ses infirmités et sur le pronostic qu'elles comportent. Ce serait là sans doute des incidents fâcheux ; c'est à la sagesse des tribunaux qu'il appartiendra de remédier autant que possible à ces inconvénients. D'ailleurs, l'élément qui importe le plus à l'évaluation dont il s'agit, c'est l'âge du conjoint, et rien ne sera plus facile que de le déterminer rigoureusement. En fait, ce n'est que dans des cas exceptionnels que le juge aura à faire entrer d'autres considérations en ligne de compte.

Il nous reste maintenant à montrer comment s'appliquera en pratique le système dont il s'agit.

Supposons que le défunt laisse une fortune s'élevant à 100,000 fr. Le conjoint qui en présence d'enfants a droit à l'usufruit de 100,000 fr. a reçu du *de cujus* à titre de donation une somme de 40,000 fr. en pleine propriété. *Quid juris ?* On évaluera la valeur du droit d'usufruit suivant les circonstances du fait. Si ce droit est estimé à la valeur de 40,000 fr. le conjoint n'aura rien à réclamer aux héritiers puisque la libéralité qu'il a reçue l'a rempli de ses droits. S'il est estimé à 50,000 fr. le conjoint, comparaison faite, se trouve avoir reçu par l'effet de la donation les quatre cinquièmes de ses droits ; il ne peut plus réclamer que le complément, soit un cinquième. Il ne recueillera donc dans la succession du défunt que l'usufruit de 20,000 fr. c'est-à-dire l'usufruit du cinquième de 100,000 fr.

Il va sans dire que si le montant de la libéralité dépasse celui de l'usufruit légal sans dépasser d'ailleurs les limites de la quotité disponible fixée par les articles 1094-1098, la libéralité recevra son plein effet.

Ce que le conjoint doit imputer sur sa part, ce sont les libéralités qui lui ont été faites par le défunt. Mais que décider des avantages qui peuvent résulter à son profit des conventions matrimoniales? On sait qu'aux termes de l'article 1520, C. Civ. « les époux peuvent déroger au partage égal (de la communauté) établi par la loi... en stipulant que la communauté entière appartiendra à l'époux survivant. » Devrons-nous voir dans cette clause une libéralité? Non, l'article 1525 est formel sur ce point. « Cette stipulation n'est point réputée un avantage sujet aux règles relatives aux donations, soit quant au fond, soit quant à la forme, mais simplement une convention de mariage et entre associés. » Donc, pas de doute; le conjoint survivant cumulera le bénéfice de cette stipulation avec le droit d'usufruit que lui attribue la loi. Même règle en ce qui concerne le cas du préciput conventionnel qui aux termes de l'article 1516 « n'est point regardé comme un avantage sujet aux formalités des donations, mais comme une convention de mariage », et le cas où la confusion du mobilier et des dettes opère un avantage pour le conjoint survivant (art. 1496). De même les avantages résultant pour la veuve des articles 1465 et 1481 C. Civil, droits d'habitation et de deuil, seront cumulés avec le droit de succession.

Ces solutions qui résultent de la combinaison de la loi nouvelle avec les dispositions du code civil pourront porter un grave préjudice aux héritiers du sang, notamment au cas où le conjoint survivant recueille la totalité de la communauté. Il est bien permis de penser que la part faite au conjoint se trouve alors par trop forte : c'est ce que fit ressortir au Sénat, dans la séance du 21 novembre 1890, l'honorable M. Humbert : « Jamais, concluait-il, les rédacteurs du Code n'auraient écrit les articles 1525 et 1527 s'ils avaient pu prévoir la coexistence d'un nouveau droit successoral du conjoint. Véritablement, les esprits chagrins pourraient donner au législateur le titre d'*uxorius* qu'on avait décerné à Justinien. » Mais M. Delsol répondit qu'il était rare qu'il fût stipulé dans un contrat de mariage que la totalité de la communauté appartiendrait au survivant. « D'ailleurs, ajoutait-il un peu subtilement, si l'un des époux paraît recevoir trop et les héritiers de l'autre ne pas recevoir assez, ce n'est pas le fait de la loi, c'est la conséquence d'une convention particulière que la volonté des parties a substitué au fonctionnement ordinaire du droit commun. » Quoiqu'il en soit, il est certain que dans certains cas, exceptionnels sans doute, l'application de l'article 1525 combinée avec les dispositions de l'article 767 aura pour effet de grossir outre mesure la part du conjoint aux dépens des intérêts des héritiers du sang.

Le conjoint, nous l'avons vu, ne peut cumuler le bénéfice de son usufruit légal avec celui des libéralités qui lui ont été faites par le *de cujus*. Il y a des cas où une question analogue se pose : si le conjoint tient un droit de succession d'une de ces lois spéciales que nous avons mentionnées plus haut, cumulera-t-il ce droit avec celui que lui confère le nouvel article 767 ? La question s'est posée notamment pour le droit que l'époux survivant d'un auteur compositeur ou artiste tient de la loi du 11 juillet 1866. Déjà l'attention avait été attirée sur ce point par le rapport que présenta M. Duverger au nom de la Faculté de Droit de Paris. « Nous demandons, disait le savant professeur, que le législateur saisi du projet de M. Delsol mette la loi du 11 juillet 1866 relative aux droits des héritiers et ayants cause des auteurs en harmonie avec la loi sur les droits de succession du conjoint. Le survivant ne pourrait cumuler l'usufruit partiel que lui donnerait la loi nouvelle sur l'ensemble de la succession avec l'usufruit exclusif que lui confère sur les droits d'auteur la loi de 1866. » Mais il ne fut pas tenu compte de cette sage observation, et c'est un article que notre maître M. Lyon-Caen fit paraître dans *Le Droit* du 31 mars 1890 qui remit en lumière la nécessité d'une disposition légale sur ce point. Trois solutions furent proposées : 1° Le conjoint cumulera les avantages que lui confère la loi de 1866 avec ceux que lui accorde le nouvel article 767. Pour partager la succession de l'auteur, on la divisera d'abord en deux parts. La première comprenant les droits de propriété littéraire ou artistique ; la jouissance en sera attribuée au conjoint survivant pourvu du moins qu'il ne résulte de cette attribution aucune atteinte aux droits des héritiers réservataires. Sur l'autre part composée de tous les autres biens du *de cujus*, le conjoint exercera le droit d'usufruit que lui confère l'article 767 ; 2° Les droits spéciaux attribués à l'époux par la loi de 1866 seront purement et simplement supprimés. On ne formera qu'une masse comprenant les droits d'auteur et les autres biens sur laquelle sera calculé le droit d'usufruit du conjoint ; 3° l'époux imputera sur la part que lui fait l'article 767 les avantages qui résultent à son profit de la loi de 1866.

C'est le système du cumul qui l'emporta, le conjoint jouit donc concurremment des avantages que lui attribuent les lois du 11 juillet 1866 et du 9 mars 1891. Il n'y a aucun doute sur l'exactitude de cette solution, on la déduirait au besoin du silence que garde sur ce point la loi de 1891, car l'abrogation d'une règle établie par une loi spéciale ne peut résulter tacitement d'une loi générale. Mais les explications données au Sénat par M. Lacombe au nom de la commission dans la séance du 2 décembre 1890 ne laissent pas subsister l'ombre d'une difficulté sur ce point. « La loi de 1866 reste en vigueur, dit cet orateur, car il est de principe que les lois générales ne dérogent pas aux lois spéciales ».

Maintenant, que faut-il penser de ce système? A notre avis, il étend outre mesure les droits du conjoint survivant. Les avantages qu'avait accordés à un conjoint la loi de 1866 trouvaient leur justification dans la rigueur du Code à son égard. Dès lors que le code civil était modifié sur ce point, pourquoi maintenir ces dispositions? Elles n'avaient plus leur raison d'être. Comment expliquer les avantages spéciaux accordés au conjoint sur les droits d'auteur du prédécédé? Cette règle n'est pas seulement illogique; en pratique, le système du cumul portera un grave préjudice aux héritiers de l'auteur, préjudice qui équivaudra à une véritable spoliation lorsque les droits d'auteur formeront la plus grande partie de la succession et que les héritiers avec lesquels concourt le conjoint ne seront pas des héritiers réservataires. Comment donc le législateur a-t-il été amené à sacrifier les intérêts des héritiers du sang ?

M. Lacombe au Sénat a justifié ce système du cumul par cette considération que l'on ne pouvait viser une loi spéciale telle que celle de 1866 dans un texte destiné à prendre place dans le code civil. Mais cet argument n'avait rien de péremptoire. La véritable raison qui détermina le vote du système que nous combattons, c'est qu'on en voulait finir au plus vite avec un projet deloi vieux déjà de dix-huit années. M. Delsol dans son rapport, déclarant que la commission se refusait à modifier sur ce point la loi du 14 juillet 1866 disait : « Les difficultés d'une telle entreprise seraient de nature à retarder indéfiniment le vote de la réforme principale. » Dans la même séance du 2 décembre 1890. M. le Sénateur Bozérian disait à son tour : « Ce qui a surtout ému la commission pressée d'avoir une solution, c'est le désir de ne pas prolonger la discussion de la loi. On aurait tort de s'arrêter devant cette fin de non recevoir. » Mais ces sages paroles ne furent pas écoutées, et l'amendement que présentait M. Bozérian pour établir le système de l'imputation ne fut pas pris en considération.

Nous pensons donc que le législateur aurait dû, au risque de retarder encore le vote définitif du projet, discuter d'une façon complète la question qui nous occupe. Le système du cumul aurait été sans doute rejeté. Mais n'est-il pas singulier qu'il faille accuser le législateur d'avoir adopté avec trop de précipitation un projet qui a mis dix-neuf ans à aboutir ?

Nous ne pouvons mieux faire pour apprécier le système qui a prévalu que de citer ces paroles de M. Lyon-Caen :

« Alors que le conjoint survivant n'était préféré qu'à l'Etat on conçoit que le législateur ait profité de ce qu'il s'occupait de la dévolution des droits de propriété littéraire ou artistique pour faire à ce conjoint par une sorte de compensation une situation très favorable relativement à ces droits. On ne pouvait, du reste, à l'occasion d'une loi spéciale, réformer complètement le code civil. Mais du jour où le système général de nos lois est modifié, où les droits du conjoint survivant sont étendus sur tous les autres biens, pourquoi conserver des règles spéciales pour la propriété littéraire et artistique, pourquoi traiter le survivant d'une façon exceptionnellement favorable à cet égard? Il serait bien difficile de justifier une telle différence. On ne doit pas maintenir sans motif une distinction contraire à l'esprit général de notre législation qui défère les biens héréditaires, sans tenir compte de leur nature » (*loc. cit.*) On ne pouvait prononcer en meilleurs termes la condamnation anticipée du système qui résulte de la loi nouvelle.

Nous avons supposé jusqu'à présent le cas du conjoint survivant tenant des droits spéciaux de succession de la loi du 14 juillet 1866, mais le système du cumul devrait être également appliqué si ces droits résultaient d'une autre loi particulière, par exemple de la loi du 25 mars 1873 concernant la succession des déportés.

SECTION III

Comment cesse le droit d'usufruit du conjoint

L'usufruit légal du conjoint survivant est soumis comme

tout droit d'usufruit en général aux causes d'extinction qu'énumèrent les articles 617, 618 et 621 du code civil ; nous n'avons pas à insister sur ce point. Mais il prend fin aussi par application d'une règle particulière que nous devons examiner. D'après le § 10 de l'article 767. « En cas de nouveau mariage l'usufruit du conjoint cesse s'il existe des descendants du défunt. »

Cette règle n'a pas été adoptée sans difficulté, elle est le résultat d'une transaction entre deux systèmes contraires qui ont été également soutenus. D'après le projet primitif de M. Delsol, l'usufruit du conjoint devait cesser dans le cas d'un second ou subséquent mariage, qu'il y eût ou qu'il n'y eût pas d'enfants issus de la première union. La Faculté de Droit de Paris proposa de prendre le contre-pied de cette règle et de décider que dans aucun cas l'époux ne perdrait ses droits de succession au cas de convol. La question, à vrai dire, était fort délicate. D'une part, les arguments ne manquent pas à l'appui du premier système : 1° Le droit de succession accordé à l'époux a pour fondement la volonté présumée du défunt. La pensée du prémourant était-elle d'accorder la jouissance d'une partie de ses biens même au conjoint qui se remariait ? On peut en douter très sérieusement ; 2° en convolant en secondes noces le survivant brise les liens qui le rattachaient à la famille de son premier époux pour entrer dans une autre famille. Est-il juste que les parents du *de cujus* supportent encore le fardeau d'un usufruit qui profitera à celui qui a pris la place du défunt ? 3° Le nouveau mariage du survivant lui assurera le plus souvent une situation convenable. La raison d'être de son droit d'usufruit cesse donc

d'exister. 4° D'après l'article 386 du code civil, la veuve perd
au cas d'un second mariage la jouissance qu'elle avait sur
les biens de ses enfants. Pour concorder avec cette disposition, la nouvelle loi doit priver de ses droits de succession
le conjoint ou tout au moins la veuve qui se remarie.

Mais d'autre part, pour soutenir le système contraire,
M. Duverger répondait : « La perte légale des droits de
succession au cas de convol ne peut s'expliquer que par
l'idée de punir le conjoint qui se remarie, ou par celle de
respecter la volonté tacite du défunt. Punir le fait de se
remarier, serait porter atteinte à une liberté naturelle.
Sous-entendre une clause de révocation serait présumer
chez le défunt une volonté que le devoir ne saurait toujours justifier. En effet, le premier mourant des époux a
des obligations de reconnaissance et d'assistance à remplir
envers son conjoint. Il ne peut, en conscience, subordonner l'accomplissement de ses devoirs au maintien du veuvage que si l'âge, le caractère, la situation de famille et de
fortune du survivant défendent à celui-ci de se remarier.
La loi ne peut substituer à une appréciation si délicate
une décision absolue. Elle imposerait au premier mourant
l'obligation morale singulièrement pénible à remplir de
relever expressément son époux de la déchéance légale ».

En présence de ces difficultés, M. Delsol au Sénat proposa un système mixte qui fut adopté le 9 mars 1877 ; le
texte de cette proposition disait : « En cas de nouveau
mariage l'usufruit du conjoint cesse si le défunt a laissé
des enfants. » Le principe de ce système ne fut plus remis
en question, mais la commission de la Chambre des Députés modifia un peu les termes qui l'établissaient ; afin qu'il

fut bien clair que la présence des enfants était nécessaire à l'époque du convol pour que le conjoint perdît son droit d'usufruit, elle substitua à l'ancien texte une disposition qui disait en termes plus explicites. « En cas de nouveau mariage l'usufruit du conjoint cesse s'il existe des descendants du défunt. »

Cette règle nous semble concilier assez heureusement tous les intérêts en jeu. D'un côté, il est bien rigoureux d'enlever son droit d'usufruit au conjoint qui se remarie n'ayant pas d'enfants de sa première union, car c'est justement là un des cas où l'idée du convol se comprend le mieux. D'un autre côté le système qui prive de tout droit héréditaire le conjoint qui se remarie a surtout pour but de protéger les intérêts des enfants issus du mariage, il est donc logique de limiter la cause de déchéance au cas où l'époux veuf a des enfants.

Notons que le convol est dans tous les cas une cause de déchéance pour le conjoint survivant en ce qui concerne les droits que lui confère la loi du 14 juillet 1866. C'est là une anomalie choquante ; le législateur aurait dû sans aucun doute remplacer cette disposition par celle qu'il adoptait dans la loi nouvelle.

SECTION IV

Nature du droit de succession du conjoint.

Le nouvel article 767 augmente dans une large mesure les droits de succession du conjoint survivant, mais il n'a rien changé à son ancienne qualité de successeur irrégulier, et il ne lui a pas accordé de réserve.

Il ne pouvait être question à notre avis de faire du conjoint un héritier réservataire, bien que plusieurs législations étrangères, comme on le verra par la suite, n'aient pas reculé devant cette solution. Aussi bien la question n'a-t-elle pas soulevé de difficultés lors de l'examen du projet. Un conjoint sans aller jusqu'à demander la séparation de corps peut avoir des griefs sérieux contre son conjoint ; lui enlever la faculté d'exhéréder ce conjoint indigne, ce serait l'obliger de recourir pour arriver indirectement au même résultat, à une rupture éclatante qui lui répugne peut-être à raison du scandale public qu'elle pourrait provoquer. D'ailleurs, l'absence d'une réserve n'aura pas pour effet de réduire le conjoint survivant à la misère, car la loi lui accorde, comme nous l'expliquerons plus loin, le droit de demander une pension alimentaire à la succession du prémourant.

Non-seulement l'époux survivant n'a pas de réserve, mais encore ce n'est pas un héritier proprement dit ; la volonté du législateur de lui laisser la qualité de successeur irrégulier a été constamment manifestée au cours des travaux préparatoires. L'auteur du projet, M. Delsol, a fait sur ce point, et à plusieurs reprises, des déclarations tout-à-fait catégoriques. De ce principe, il faut conclure que l'époux n'a pas la saisine et que par suite il n'est tenu de paiement des dettes que *intra vires hereditatis*. C'est en effet à la saisine que la loi rattache l'obligation indéfinie de payer les dettes de la succession (art. 724, C. Civ.). La jurisprudence, il est vrai, considère les successeurs irréguliers universels ou à titre universel comme tenus du paiement des dettes de la succession *ultra vires ;* mais même

dans cette opinion, il faut admettre que le conjoint survivant n'est tenu des dettes que *intra vires*, du moins quand
il est en présence de successibles du *de cujus*, car dans ce
cas, le conjoint ne recueille qu'un droit d'usufruit. Cet usufruit est bien un usufruit à titre universel, mais on n'en
doit pas conclure que le conjoint soit un successeur à titre
universel; le conjoint ne recueille pas une quote-part de
la succession, mais seulement une quote-part d'usufruit,
ce qui est très différent. En réalité, le conjoint n'est pas
un successeur à titre universel, pas plus que le légataire
qui recueille l'usufruit d'une quote-part de la succession
n'est un légataire à titre universel (1). « L'usufruitier, dit
M. Laurent, n'a jamais qu'un démembrement de la propriété, la jouissance; donc son droit porte toujours sur un
objet particulier ou déterminé, et par conséquent l'usufruit fût-il universel, implique toujours un titre particulier (2). »

Mais comment calculera-t-on la part de dettes que l'é-
poux doit payer dans les limites de ce qu'il reçoit? Il
résulte des déclarations faites par M. Piou à la Chambre
des Députés le 26 février 1891 que l'on appliquera l'article 612 C. Civ., article qui détermine la part des dettes qui
incombe au légataire auquel a été attribué l'usufruit de
l'universalité ou d'une quote-part d'une succession. Un
amendement avait été proposé par M. Taudière dans le
but d'écarter l'application de l'article 612 ; la contribution
du conjoint aux dettes devait être fixée suivant la valeur

1. Voir sur ce point : Cours Analytique de Code Civil de
MM. Demante et Colmet de Santerre, Tome IV, n° 157 bis, II.
2. Voir: *Principes de Droit Civil de M. Laurent*, Tome 7, n° 17.

vénale de l'usufruit recueilli, cette valeur étant déterminée en multipliant le chiffre des revenus annuels produits par ce droit d'usufruit, par un nombre plus ou moins fort suivant l'âge du conjoint. Cet amendement fut repoussé. Il ne saurait donc s'élever aucun doute sur l'application du principe général à l'usufruit légal du conjoint survivant, c'est-à-dire des dispositions de l'article 612, C. Civil.

Cet article 612 règle la contribution de l'usufruitier universel ou à titre universel aux dettes de la succession, dans les rapports de cet usufruitier avec le nu-propriétaire. Mais pourquoi cet usufruitier qui n'est qu'un successeur à titre particulier est-il grevé de l'obligation de contribuer aux dettes de la succession? Pourquoi cette dérogation aux principes? « C'est que, dit fort bien M. Colmet de Santerre, l'usufruitier doit avoir seulement la jouissance du patrimoine réel et non pas celle du patrimoine apparent, du capital net et non du capital brut, car s'il avait la jouissance de l'actif, dettes non déduites, il aurait véritablement une jouissance plus grande que celle qui lui a été léguée ». Ce raisonnement s'adapte parfaitement à l'usufruit légal du conjoint survivant.

L'article 612 dit que l'usufruitier universel ou à titre universel doit contribuer avec le nu-propriétaire au paiement des dettes. Comment faut-il interpréter cette formule? Faut-il dire que l'usufruitier n'est tenu des dettes qu'à l'égard du nu-propriétaire, que les créanciers n'ont pas d'action contre l'usufruitier, qu'ils ne peuvent assigner en paiement que l'héritier nu-propriétaire? La question est controversée; nous pensons qu'il faut refuser aux créancier le droit d'actionner l'usufruitier. D'une part, en effet, c'est par dérogation aux principes que l'usufruitier simple successeur particulier subit la charge des dettes de la succession, la disposition de l'article 612 est exceptionnelle et doit recevoir une interprétation rigoureusement restrictive. D'autre part, il semble bien résulter du texte et de l'esprit de cette disposition qu'elle est étrangère aux rapports entre l'usufruitier et les créanciers héréditaires. Que dit l'article 612? Que l'usufruitier doit contribuer avec le propriétaire au paiement des dettes. Or, le mot « contribuer » dans la langue du droit a un sens précis, il ne s'emploie que pour régler les rapports entre co-héritiers et pour désigner quelle est la part que chacun doit supporter définitivement dans les dettes ; il ne s'applique pas quand il s'agit du droit de poursuite des créanciers contre tel ou tel héritier. D'ailleurs abstraction faite de ce mot, il n'y a qu'à lire l'article 612 pour se rendre compte qu'il ne règle que les rapports entre nu-propriétaire et usufruitier. Le conjoint survivant en concours avec des parents du *de cujus* ne pourra donc jamais, nous semble-t-il, être actionné par les créanciers de la succession, il ne fera que contribuer aux dettes héréditaires.

Il nous reste à voir dans quelle proportion ce conjoint contribuera aux dettes avec le nu-propriétaire des biens soumis à son droit d'usufruit légal. Cette contribution est déterminée de telle sorte que le nu-propriétaire supporte le montant des dettes en capital seulement, les revenus de ces dettes étant mis à la charge de l'usufruitier pendant toute la durée de son usufruit. Comme le dit M. Colmet de Santerre, le paiement est organisé de telle sorte que l'usufruitier perd une jouissance égale au revenu du capital déboursé. On arrivera à ce résultat au moyen de l'un des trois procédés suivants : Ou bien le propriétaire paiera le capital de la dette afférente à sa part, et alors l'usufruitier devra lui tenir compte des intérêts de ce capital pendant toute la durée de l'usufruit. Ou bien l'usufruitier avancera la somme nécessaire au paiement de la dette, et le capital lui en sera remboursé à la fin de l'usufruit sans aucun intérêt. Ou bien le nu-propriétaire fera vendre jusqu'à due concurrence une portion des biens soumis à l'usufruit. Il est aisé de voir que ces trois procédés conduisent à des résultats identiques.

D'après le Code civil, le conjoint qui succède à défaut de parents à son époux prédécédé est soumis à certaines obligations énumérées par les articles 769 à 772. Il est tenu de faire apposer les scellés, de faire faire inventaire, de demander l'envoi en possession, de faire emploi du mobilier ou de donner caution suffisante pour en assurer la restitution. Ces différentes mesures sont évidemment prescrites dans l'intérêt des héritiers qui pourraient se présenter, comme le prouvent surabondamment les articles 771, 772 et 773. Elles ne sont pas une conséquence de ce principe que le conjoint n'est qu'un successeur irrégulier, leur raison d'être se trouve dans cette règle que le conjoint n'était jamais appelé d'après le Code civil qu'à défaut de parents au degré successible. Aujourd'hui, le conjoint concourt avec les parents du défunt, et il résulte de la nature même des choses que dans ce cas les dispositions des articles 769-772 ne doivent pas lui être appliquées. Au point de vue des obligations que nous avons énumérées, le conjoint survivant est donc dans la même situation que les enfants naturels. La loi de 1891 aura eu pour effet indirect de compléter l'assimilation réalisée en partie par l'article 773.

Cette solution doit selon nous être considérée comme certaine. Cependant elle n'est pas écrite dans la loi nouvelle; elle ne résulte pas non plus des travaux préparatoires, car au cours des discussions bien longues cependant qui ont précédé le vote définitif de la loi, cette question, à notre connaissance, n'a pas été soulevée. Dès lors, ne pourrait-on pas dire : vous introduisez dans la loi une distinction qui n'est pas écrite dans son texte, et à laquelle le législateur n'a même pas songé ; que faites-vous de l'adage « *ubi lex non distinguit nec nos distinguere debemus* » ? Mais nous répondrons : sans doute, il faut scrupuleusement respecter le texte de la loi, mais encore devons-nous appliquer ce texte avec intelligence et discernement. Or, les articles 769 et suivants, édictés à une époque où le conjoint ne primait que l'Etat, avaient pour but de protéger les intérêts des héritiers du défunt, qui auraient négligé de faire valoir leurs droits. La logique nous force donc impérieusement à dire qu'on doit ne pas appliquer ces articles au cas où le conjoint survivant recueille une part de l'hérédité en présence de parents du *de cujus*.

En résumé, le conjoint survivant au point de vue qui nous occupe devra être traité comme le sont les enfants naturels. Obtient-il à défaut de parents, la totalité de la succession du prémourant? Il est soumis aux obligations établies par les articles 769-772. Concourt-il au contraire avec des héritiers du *de cujus?* Il ne tombe plus sous le coup de ces dispositions, mais comme il n'a pas la saisine il devra s'adresser aux héritiers pour obtenir la délivrance de sa part.

Dans cette dernière hypothèse, le droit attribué au conjoint n'est jamais, nous le savons, qu'un droit d'usufruit. Cet usufruit est soumis aux règles de droit commun qui régissent l'usufruit ordinaire. Le conjoint devra donc : 1° faire dresser en présence du propriétaire ou lui dûment appelé un inventaire des meubles et un état des immeubles sujets à l'usufruit (art. 600) ; 2° donner caution de jouir en bon père de famille (art. 601). Mais le prémourant pourrait, par testament, dispenser valablement son conjoint de fournir caution.

SECTION V

Conversion de l'usufruit en rente viagère.

Le droit accordé à l'époux survivant qui concourt avec des héritiers du *de cujus* étant un droit d'usufruit, on avait reproché au projet de M. Delsol de rendre plus fréquent un état de choses fâcheux au point de vue économique. Comme le dit fort bien notre maître M. Cauwès : « L'usufruitier n'a pas le même intérêt que le plein propriétaire à la bonne exploitation ; son droit étant viager, il n'a pas comme lui le stimulant de la transmission héréditaire. Le régime de l'usufruit est de plus peu favorable aux innovations, car l'usufruit est tenu pour le mode de jouissance de se conformer à la destination antérieure donnée à l'immeuble (1)... » D'ailleurs l'établissement de

1. Voir le *Précis d'Économie Politique* de M. Cauwès. Tome II n° 1017.

l'usufruit légal du conjoint n'est pas seulement préjudiciable à l'intérêt public, il est extrêmement onéreux pour les héritiers du sang. Ceux-ci devront payer à l'administration de l'enregistrement un droit de mutation calculé sur la valeur totale de la pleine propriété des biens dont ils ne recueillent que la nue-propriété. Or, leur droit peut en réalité n'avoir qu'une valeur vénale extrêmement minime si le conjoint survivant est encore jeune. En tous cas, les héritiers seront astreints à une avance de fonds pour des biens qui ne leur rapportent aucun avantage immédiat. N'était-il pas possible de sauvegarder les droits du conjoint survivant sans porter une atteinte aussi sensible aux intérêts des parents du *de cujus* ?

Il est intéressant de constater que déjà dans l'ancien droit on avait pris certaines mesures en vue de parer aux inconvénients de l'usufruit de la douairière et de venir au secours des nu-propriétaires des biens soumis à cet usufruit. La coutume de Berry (Titre 8, art. 18) donnait le droit de retrait au nu-propriétaire lorsque la douairière avait vendu ou affermé son douaire. « Si la douairière ne veut jouir par ses mains de son douaire, mais iceluy bailler à ferme ou le céder, ou transporter à prix d'argent, les héritiers de son mari seront préférés à tous autres. Et si le dit bail à ferme est jà fait, pourront les dits héritiers du mary recouvrer et remettre en leurs mains le dit douaire en payant la ferme à la douairière, et à ce faire eux obligeans et leurs biens, et où il y aurait suspicion notable, en baillant caution bourgeoise qui renonce au bénéfice de discution. Et en cas d'aliénation, cession et transport à prix d'argent, en remboursant l'acquéreur du prix par luy baillé et loyaux cousts et frais, pourront les dits héritiers du mary remettre en leurs mains ce dont la dite veuve jouissait par douaire par elle cédé et transporté. » Les droits de la douairière étaient pleinement sauvegardés puisque le retrayant devait fournir caution. Comme le dit Thaumas de la Thaumassière : « Pour désintéresser la douairière qui pourrait dire avoir choisi pour fermier une personne de facile convention, et ne vouloir traiter avec les héritiers de son mary peut-être trop puissants et de difficile convention, desquels elle ne pourrait être payée qu'avec grands frais et grande difficulté, la coutume oblige les héritiers en cas de suspicion notable de donner caution bourgeoise qui renonce au bénéfice de discussion. »

Les coutumes de Sedan, de Péronne, de Calais, de Bourgogne, avaient des dispositions analogues. Sous l'article 216 de la coutume de Sedan, Dumoulin prétendait même que la règle devait être étendue aux autres coutumes « comme très juste et équitable et conforme au droit romain (1) », mais Pothier avec beaucoup de raison rejetait cette solution. Quoi qu'il en soit, il est certain que cette disposition dans les coutumes où elle était écrite améliorait dans une certaine mesure la situation des nu-proprié-

1. Dumoulin cite à ce sujet une loi Fundi, de usu et ususf. leg. ainsi conçue *« Cum vir uxori suæ legavit usumfructum fundi quoad uxor vivet, multa heredi conceduntur cui satis est, si annuam quantitatem præstet uxori, quam vivus paterfamilias ex locatione fundi redigere consueverat »* On voit ici l'usufruit de la veuve converti en pension viagère dans l'intérêt des héritiers du mari. Malgré nos recherches nous n'avons pu retrouver ce texte.

taires, et facilitait la réunion de ia nue-propriété à l'usufruit.

Le Code Italien de 1866 qui, nous le verrons plus loin,
accorde dans certains cas au conjoint survivant un droit de
succession consistant en usufruit, avait posé en faveur
des héritiers du sang une règle garantissant beaucoup
mieux leurs intérêts que ne le faisaient les coutumes dont
nous venons de parler. Aux termes de l'article 819 de ce code
« Il est loisible aux héritiers d'acquitter les droits de l'é-
poux survivant, ou moyennant la constitution d'une rente
viagère, ou moyennant l'assignation des fruits de oiens
immeubles ou de capitaux héréditaires à déterminer d'un
commun accord ou par l'autorité judiciaire eu égard aux
circonstances du cas. »

Le projet primitif de M. Delsol ne contenait aucune disposition de ce genre. M. Duverger au nom de la Faculté
de droit de Paris proposa de le compléter sur ce point en
adoptant une règle analogue à celle que pose le Code Italien. Ce conseil ne fut pas perdu ; le projet voté par le Sénat
en 1877 disait: « L'usufruit de l'époux survivant pourra
être converti en une rente viagère équivalente sur la demande d'un ou plusieurs des héritiers du prédécédé, à la
charge de fournir des sûretés suffisantes » (1). Cette règle

1. M. Bernard avait même demandé que le droit accordé aux
héritiers de convertir l'usufruit en rente viagère fut étendu
au cas où l'usufruit aurait été établi du fait de prémourant, par
exemple si ce droit résultait d'un contrat de mariage ou d'une
libéralité du *de cujus*. C'est avec raison, pensons-nous, que le
Sénat a repoussé cet amendement, car dans les cas qu'elle vise
la loi se serait directement élevée contre la volonté formellement exprimée du défunt.

n'a pas passé telle qu'elle dans le texte définitif de la loi ; elle a subi deux modifications.

1° Le Sénat ne fixait pas le délai pendant lequel pourrait être exercée la faculté laissée aux héritiers de faire convertir en rentes viagères l'usufruit du conjoint survivant. Conformément au vœu de sa commission, la Chambre des Députés décida que la conversion pourrait être demandée jusqu'au partage définitif, ou à défaut de partage, dans l'année du décès.

Cette disposition finale était écrite pour le cas où, un seul héritier recueillant la succession du *de cujus*, il semble qu'il n'y a pas lieu à partage. Mais le Sénat estima que même dans ce cas on pouvait voir un partage dans l'opération fixant les biens qui seraient soumis à l'usufruit du conjoint, et il retrancha ces mots « ou à défaut de partage, dans l'année du décès. »

2° Tandis que d'après le projet du Sénat, la demande d'un seul héritier suffisait pour que la conversion eût lieu, la loi dispose que en cas de désaccord des héritiers sur ce point la conversion sera facultative pour les tribunaux.

La conversion de l'usufruit en rente viagère est une opération facile à concevoir. Supposons que la succession du conjoint prédécédé comporte un actif de cent mille francs, et qu'il n'y ait pas d'enfants issus du mariage. Le survivant a droit à l'usufruit de cinquante mille francs ; mais au lieu de lui abandonner la jouissance de cette somme, les héritiers pourront exiger que le conjoint se contente d'une rente viagère qui lui assurera des revenus égaux à ceux que lui aurait procurés l'usufruit des cinquante mille francs. Les héritiers conserveront ainsi la pleine propriété de cette somme.

Voyons maintenant à quelles règles est soumise cette conversion de l'usufruit en rente viagère.

L'article 767, § 9, dit « Les héritiers peuvent exiger... » C'est donc aux héritiers et à eux seuls qu'il appartient de décider si l'usufruit sera converti ; le conjoint survivant n'aura pas ce droit. On peut cependant concevoir que le conjoint ait intérêt à ce que la conversion ait lieu. Supposons que le droit d'usufruit porte sur une ferme ; pour en tirer parti, le conjoint devra, ou l'exploiter par lui-même, ou chercher quelqu'un qui la prenne à bail. Dans les deux cas, il y a là pour le conjoint une source de soucis et d'incertitudes auxquels il ne serait peut-être pas fâché de se soustraire. Peut-être aimerait-il mieux renoncer à son droit moyennant le service d'une rente viagère, même inférieure aux revenus que peut donner la ferme. Cependant, la loi ne lui permet pas d'exiger la conversion ; pour arriver au but qu'il poursuit, il devra vendre son droit d'usufruit et en placer le prix à fonds perdus, opération qui sera le plus souvent très désavantageuse étant donné qu'un droit d'usufruit trouve difficilement acquéreur. Sans doute, en réservant aux seuls héritiers le droit d'option, le législateur a considéré que la conversion pourrait porter préjudice aux héritiers et qu'il était préférable de laisser à ceux-ci la faculté de choisir librement le parti qui leur semblerait le plus conforme à leurs intérêts. On voit par là que la disposition du § 9 a été écrite non seulement en vue de l'intérêt public qui s'accommode mal de l'usufruit, mais aussi en faveur des héritiers du

sang pour diminuer dans la mesure du possible le préjudice que leur cause le droit nouveau accordé au conjoint.
Si cette règle avait eu exclusivement pour but de remédier aux inconvénients économiques d'une trop grande
multiplication de l'usufruit et de faciliter la réunion de
l'usufruit à la nue-propriété, il aurait fallu accorder également au conjoint le droit d'exiger la conversion de son
droit en une rente viagère. Il aurait aussi fallu autoriser la
conversion alors qu'elle n'est demandée que par un héritier, ce que faisait le projet voté par le Sénat en 1877. Or,
nous avons vu que en cas de désaccord entre les héritiers
au sujet de la conversion la loi dit que cette conversion
sera facultative pour les tribunaux. La question qui divise
les héritiers sera donc portée devant le juge et celui-ci
après avoir entendu et apprécié les arguments des uns et
des autres dira quel est le réglement qui garantit le mieux
les intérêts des héritiers. Il va sans dire que c'est le Tribunal du lieu de l'ouverture de la succession, c'est-à-dire
du dernier domicile du défunt, qui sera compétent pour
connaître de ce débat entre héritiers (art. 882, § 1 et art.
110, C. Civ., art. 59, § 6. C. Proc. Civ.).

Quel délai les héritiers ont-ils pour prendre parti sur la
conversion ? Il ne faut pas que ce délai soit trop long, car
il importe que le conjoint sache le plus tôt possible quel
est le droit qui lui sera attribué. Le § 9 de l'article 767
décide que l'option des héritiers peut être exercée « jusqu'au partage définitif ». Cette solution a été blâmée par
M. Souchon : « C'est précisément le partage, dit-il, qui va
définitivement régler la situation des héritiers, et c'est beaucoup suivant la nature des biens qui leur auront été dévo-

lus, qu'ils seront portés à prendre parti pour l'usufruit ou
la rente viagère. On leur impose donc l'option à un moment
où ils n'ont pas les éléments nécessaires pour la faire en
complète connaissance de cause. » Théoriquement, cette
observation est parfaitement juste, en pratique nous ne
croyons pas que le système de la loi ait beaucoup d'inconvénients. Le partage, au moins quand il est amiable, sera
toujours précédé d'un projet de partage par lequel les héritiers apprendront quels sont les biens qu'ils sont appelés à
recueillir; ils pourront donc avant le partage définitif
prendre parti en connaissance de cause. S'il s'agit d'un
partage judiciaire, il sera bien rare que tous les héritiers
se mettent d'accord pour demander où repousser la conversion, c'est le plus souvent le tribunal qui tranchera cette
question. Dans les deux cas, la fixation du délai imparti
aux héritiers ne leur portera aucun préjudice.

Peut-on en dire autant en ce qui concerne le conjoint ? Oui,
car si les héritiers tardent trop à procéder au partage, pour
remédier à l'incertitude de sa situation le conjoint pourra
provoquer un partage au moins un partage de jouissance;
car il tient du chef de son usufruit une action en partage contre les héritiers. Mais les intérêts de l'époux ne seront-ils
pas atteints par le fait même de la conversion ? par la substi-
tution au droit réel d'usufruit qui leur appartenait d'un simple droit de créance ? En aucune façon. D'une part, en effet,
l'usufruit sera converti en une rente viagère équivalente,
c'est-à-dire rapportant à l'époux des revenus égaux à ceux
que lui aurait rapportés l'usufruit; d'autre part, le service de
la rente viagère devra, dit le § 9 de l'article 767 être garanti
« par des sûretés suffisantes » par exemple par une hypo-

thèque ou une caution. Si le conjoint estime que la rente qu'on lui propose n'est pas équivalente à l'usufruit, ou que les sûretés qu'on lui offre ne sont pas suffisantes, il pourra se refuser à accepter la conversion, et les tribunaux auront à rechercher si les droits de l'époux ne risquent pas d'être compromis. Ils forceront, s'il en est besoin, les héritiers à augmenter le chiffre de la rente ou à donner un supplément de garantie à moins toutefois que ces héritiers n'aiment mieux délivrer purement et simplement au conjoint son droit d'usufruit.

En résumé, la disposition que nous venons d'étudier : 1° facilite la réunion sur la même tête de la nue-propriété et de l'usufruit; 2° procure des avantages sérieux aux héritiers du sang; 3° ne porte aucun préjudice aux intérêts du conjoint.

Elle doit donc être approuvée. « A ce réglement, dit M. Cauwès, on a objecté l'inconvénient de créer un nouveau courant vers le placement en rentes sur l'Etat au détriment des capitaux industriels. On peut d'abord répondre que si l'on parvient à dégager les biens de la succession, l'industrie retrouve d'un côté ce qu'elle perd de l'autre, car bien souvent le conjoint survivant, spécialement la veuve, s'abstiendrait de faire valoir. La critique procède d'ailleurs d'une appréciation au moins fort exagérée au sujet du caractère négatif de la dette publique. » Il serait en effet bien téméraire de soutenir que le placement d'un capital en rentes sur l'Etat soit totalement inutile au point de vue général.

1. Voir le *Précis d'Economie Politique de M. Cauwès*, Tome II, p. 230. note 2.

SECTION VI

Dispositions fiscales.

Avant la loi de 1891, l'époux survivant qui recueillait à défaut de parents la succession du prédécédé, devait payer un droit de mutation de neuf pour cent conformément à la loi du 28 avril 1816 qui assimile dans ce cas le conjoint à un étranger. Lors de la discussion du projet de loi à la Chambre des Députés, on a soulevé la question de savoir quel serait le droit dont serait passible le conjoint concourant avec des parents du *de cujus*. Devrait-il payer neuf pour cent, ou ne serait-il tenu que du droit de trois pour cent qui est perçu à l'occasion des libéralités entre époux ? M. Taudière proposa dans la séance du 26 février 1891 d'écrire formellement dans la loi que le conjoint n'aurait à payer qu'un droit de trois pour cent. Cet amendement fut retiré par son auteur après les explications fort explicites de M. le rapporteur Piou, desquelles il résulte que la solution proposée doit être appliquée dans le silence de la loi. « Aujourd'hui, dit M. Piou, lorsque l'époux hérite en vertu de l'article 767, il hérite à défaut de parents, et en réalité comme étranger ; c'est pourquoi il est passible du droit de neuf pour cent. La loi nouvelle le considère tout autrement... elle l'assimile à un parent venant en concours avec des parents... Cette situation doit assurer à l'époux le bénéfice de l'article 69 de la loi de Frimaire, et ne le soumettre dès lors qu'au droit de trois pour cent. » D'ailleurs, l'administration n'a pas élevé d'objections sur ce point ainsi qu'il résulte d'une circulaire en date du 6 juin 1891.

Quant à la question de savoir comment devait être évalué l'usufruit, elle ne souffrait aucune difficulté, car il résulte de la loi du 22 Frimaire An VII que l'usufruit est estimé à la moitié de la valeur de la pleine propriété.

APPENDICE.

De la pension alimentaire due au conjoint survivant par la succession du prédécédé.

La loi de 1891, nous l'avons vu, n'accorde pas de réserve au conjoint survivant, la part héréditaire de celui-ci pourra donc être réduite à rien, résultat fâcheux lorsque cet époux n'a point de fortune personnelle. Sans doute il est fort probable que l'époux exhérédé ait des fautes à se reprocher, mais ce n'est pas une raison pour qu'il soit réduit à vivre dans l'indigence alors que les donataires et les légataires détiennent les biens peut-être considérables du prédécédé. Le législateur ne saurait tolérer un tel excès de représailles posthumes : l'époux contre lequel la séparation du corps a été prononcée a évidemment des torts graves, ne conserve-t-il pas néanmoins le droit de demander des aliments à son conjoint ? Puisque l'époux même coupable a droit à des aliments durant le mariage, cette obligation de secours doit survivre à la dissolution de l'union conjugale par la mort de l'autre époux. D'ailleurs, cette exhérédation peut-être le résultat d'un caprice, d'une rancune passagère ou même mal fondée.

Peut-être le testament du défunt a-t-il été dicté par quelque emportement vif mais irréfléchi ; un mouvement d'humeur pourrait donc avoir pour effet de plonger dans la misère le conjoint survivant ? Une loi qui avait pour but d'assurer la situation de ce conjoint ne pouvait sans manquer de prévoyance le laisser ainsi exposé à la misère. Comme l'a dit M. Piou dans son rapport : « La reconnaissance d'un droit alimentaire en faveur de ce conjoint était le complément obligé de la réforme. »

Le projet primitif de M. Delsol ne contenait cependant aucune disposition de ce genre. Mais les Facultés de droit de Paris, de Douai et de Nancy, et la Cour d'appel de Pau proposèrent d'accorder à l'époux survivant contre la succession du prédécédé, une créance alimentaire qui ne pourrait lui être enlevée par la volonté contraire du *de cujus*. Il fut tenu compte de cette proposition : le Sénat adopta, en 1877, le texte formulé par M. Duverger au nom de la Faculté de Paris. « La succession du conjoint prédécédé doit des aliments au conjoint survivant qui est dans le besoin. Ces aliments sont réglés eu égard à la valeur de la succession, au nombre et à la qualité des successeurs du conjoint prédécédé. » La Chambre des Députés estimant que la pension due à l'époux devait avoir pour mesure les besoins du créancier et les ressources du débiteur supprima dans le projet du Sénat la disposition d'après laquelle les aliments seraient réglés « eu égard au nombre et à la qualité des héritiers. » Cette phrase n'ayant pas été rétablie par le Sénat ne figure pas dans le texte définitif de la loi.

Nous devons examiner à propos de la pension alimentaire du conjoint survivant : 1° Qui doit payer cette pension ? 2° Comment sera fixé le montant de la pension alimentaire ? 3° Dans quel délai elle doit être demandée ? 4° Quels sont les droits qui en garantissent le paiement?

1° Qui doit payer cette pension ?

C'est la succession du défunt qui est débitrice de la pension alimentaire ; les héritiers ne sont grevés d'aucune obligation personnelle vis-à-vis du conjoint survivant. La dette alimentaire est une dette de la succession ; pour savoir qui est tenu de l'acquitter on appliquera les règles du droit commun relatives au paiement des dettes héréditaires. Ce sont donc les héritiers et les successeurs universels du *de cujus* qui devront assurer le service de la pension proportionnellement à l'émolument qu'ils recueillent dans la succession. Au besoin, les légataires particuliers subiront une réduction proportionnelle au montant de leur legs, car « *bona non intelliguntur nisi deducto œre alieno* ». Ces règles sont certaines ; elles résulteraient s'il le fallait des explications données sur ce point par M. Lacombe au Sénat dans la séance du 2 décembre 1890. Remarquons toutefois avec l'article 2, § 3, de la loi de 1891, que « si le défunt a expressément déclaré que tel legs sera acquitté de préférence aux autres, il sera fait application de l'article 927 du Code civil. »

2° Comment sera fixé le montant de la pension alimentaire?

Il sera fixé conformément aux principes du droit commun, c'est-à-dire en tenant compte, d'une part, du besoin du conjoint, d'autre part de l'importance de la succession, sans qu'on ait à se préoccuper de la situation personnelle des héritiers. Mais pour apprécier le montant de la succession il faudra d'abord déduire de l'actif les dettes héréditaires, si l'actif est tout juste suffisant pour désintéresser les créanciers du défunt, le conjoint n'aura rien à prétendre.

Le montant de la pension telle qu'elle a été d'abord fixée pourra-t-il par la suite être augmenté ou diminué? M. Xavier Blanc dans la séance du Sénat du 2 décembre 1890 avait demandé qu'il fût expressément formulé dans la loi que les règles édictées par les articles 208-211 Code civil, seraient applicables à la pension alimentaire du conjoint à moins de raisons spéciales tenant à la nature particulière de cette pension et en rendant l'application manifestement impossible. Cette demande fut repoussée par le rapporteur de la loi ; cette indication, d'après lui, était inutile, car il résultait du silence même du nouvel article 205 que la pension due à l'époux était soumise aux principes généraux qui régissent la matière. Il est donc certain que l'on devra appliquer l'article 209 Code civil : si la situation de fortune du conjoint survivant vient à s'améliorer, la pension alimentaire pourra être réduite ou supprimée. Cette solution qui découle des principes se trouve corroborée par les explications données au Sénat par M. Lacombe.

Mais cette pension pourra-t-elle être augmentée ? M. Lacombe au nom de la commission sénatoriale a soutenu la négative au Sénat dans la séance du 2 décembre 1890. Il disait à l'appui de cette manière de voir que l'état de la succession est définitivement fixé à l'heure de son ouverture

et qu'il ne peut recevoir de modifications que par suite des
actes personnels des héritiers, actes dont il n'y a pas à
tenir compte. Cette explication nous semble très contestable. Admettons que l'actif de la succession soit définitivement fixé au jour de son ouverture, il suit de là que les
moyens du débiteur de la pension ne peuvent s'accroître.
Mais les besoins du conjoint peuvent augmenter, pour
quelles raisons refuser à ce conjoint le droit de demander
une augmentation correspondante de la pension alimentaire ? En droit commun, il n'est pas douteux que dans ces
circonstances la pension ne puisse être augmentée ; or, il est
certain que la pension établie par la loi nouvelle est régie
par les principes généraux que posent les articles 208 et
suivants. Dès lors, pourquoi refuser au conjoint un droit
qui appartient à tout créancier d'aliments ?

Faut-il donc admettre que le conjoint sera toujours
recevable, le cas échéant, à demander un supplément d'aliments ? Non, cette solution serait contraire au vœu du
législateur. En effet, M. Piou dans le rapport qu'il déposa
sur le bureau de la Chambre des Députés, disait à ce sujet :
« La loi actuelle a admis par une sorte de fiction que pendant un an l'hérédité serait censée subsister afin de permettre à l'époux survivant d'exercer ses droits, mais
cette fiction même est une concession dont il importe de
limiter la durée.. La loi a bien pu pour sauvegarder ses
intérêts prolonger pendant un an et même jusqu'au partage
l'existence de ce débiteur fictif, mais elle ne peut pas le
ressusciter indéfiniment chaque fois qu'il surviendra une
modification dans ses besoins. » Le texte de la loi ne traduit pas fort bien cette pensée, il se borne à dire que « le

délai pour réclamer les aliments est d'un an à partir du décès, et se prolonge, en cas de partage, jusqu'à son achèvement ». Mais il résulte des explications de M. Piou que dans l'esprit du législateur les héritiers ne doivent plus sous aucun prétexte être inquiétés par l'époux survivant après les délais fixés par la loi. (1)

Aussi faut-il admettre, pensons-nous, que par exception au droit commun, le conjoint ne serait pas recevable à demander un supplément d'aliments en arguant de l'augmentation de ses besoins après l'expiration des délais. Mais le conjoint dont la pension alimentaire a été fixée et qui se trouve encore dans le délai déterminé par la loi peut demander l'augmentation de cette pension si ses besoins viennent à s'accroître.

Que décider si le conjoint à qui est payée la pension vient à convoler en secondes noces? Perdra-t-il la pension? La loi est muette sur ce point, et comme les déchéances ne se présument pas, il faut en conclure que, en droit, le convol n'aura aucune influence sur le service de la pension. Il y aurait eu cependant de bonnes raisons pour décider que le conjoint doit dans ce cas être déchu de son droit, car s'il est dans le besoin c'est à son nouveau conjoint à lui procurer des ressources ; mais la loi ne l'a pas

1. M. Piou a dit aussi, il est vrai « il est de toute justice que le règlement une fois fait l'époux ne soit plus reçu à le faire modifier. » Mais il raisonne dans l'hypothèse d'un réglement intervenant à l'expiration du délai d'un an, ou au moment du partage. En effet, il ajoute aussitôt : « Son débiteur n'existe plus, il est impossible désormais d'en vérifier la solvabilité » et il vient de dire que pendant un an ou jusqu'au partage, l'hérédité est censée subsister.

fait et il n'appartient à l'interprète de compléter l'œuvre du législateur. Remarquons du reste que, en fait, le nouveau mariage du conjoint survivant lui assurera plus ou moins complétement ce qui est nécessaire aux besoins de la vie ; les héritiers pourront donc le plus souvent demander une décharge ou tout au moins la réduction de la pension alimentaire.

Que décider si un jugement de séparation de corps a été prononcé contre le conjoint qui survit ? Ce conjoint aura-t-il néanmoins le droit de demander une pension alimentaire s'il se trouve sans ressources ? L'affirmative est certaine, car la loi ne lui retire pas expressément ce droit, et il ne peut être question d'étendre à la demande d'aliments la déchéance que prononce l'article 767 en ce qui concerne le droit de succession.

3° Délai dans lequel pourra être demandée la pension alimentaire.

Les héritiers n'étant pas grevés personnellement de l'obligation de payer la pension alimentaire, le législateur a dû impartir au conjoint un délai dans lequel il lui faut réclamer les aliments que la succession est tenue de lui fournir. L'article 205 dispose que « le délai pour réclamer les aliments est d'un an à partir du décès et se prolonge en cas de partage jusqu'à son achèvement ». Passé ce délai le conjoint ne serait plus recevable à demander une pension alimentaire. Il résulte de cette règle que le conjoint qui tombe dans le besoin plus d'un an après l'ouverture de la succession du prédécédé, le partage de cette succession étant d'ailleurs terminé, ne peut intenter aucune demande d'aliments.

4º *Comment est garanti le paiement de la pension ?*

Le texte voté par la Chambre des Députés disait que le capital de la pension serait prélevé sur l'hérédité. M. Delsol fit observer au Sénat que le prélèvement du capital n'était pas indispensable, le paiement de la pension étant suffisamment assuré par le privilège de la séparation des patrimoines. En conséquence, on adopta définitivement un texte qui dit : « La pension alimentaire est prélevée sur l'hérédité ». « Ce changement, nous dit fort bien M. Baudry-Lacantinerie, implique que dans la pensée du législateur le prélèvement peut s'opérer autrement qu'en prenant avant tout sur la masse héréditaire un capital suffisant pour le service de la pension ». C'est en effet que le service de la pension alimentaire peut être assuré par l'établissement d'un droit réel, par exemple d'une hypothèque sur un ou plusieurs biens de la succession, auquel cas il y a une sorte de prélèvement de la pension sur l'hérédité puisque l'hérédité est diminuée du droit réel affecté à la sûreté de la pension : ce qui est à peu près la même chose que si elle était diminuée d'un capital correspondant.

Application de la loi du 9 mars 1891 dans les colonies.

On sait que les lois Françaises ne sont applicables dans les colonies autres que l'Algérie, que lorsqu'un décret les y a rendues exécutoires. M. le sénateur Isaac demanda et obtint qu'une disposition expresse déclarât que la loi nouvelle serait applicable dans les colonies où le code civil est en vigueur. C'est ce que formule l'article 3 de la loi du 9 mars 1891.

CONCLUSION

La loi du 9 mars 1891 élargit dans une très large mesure le droit du conjoint survivant sur la succession du prédécédé, en lui accordant un droit d'usufruit dont la quotité varie suivant la qualité des héritiers avec lesquels le conjoint se trouve en concours. Le principe de cette réforme nous semble à l'abri de toute critique; depuis longtemps on s'était élevé contre la rigueur du code civil à l'égard du conjoint survivant, et l'on avait au nom de l'équité et de la logique réclamé une modification de nos lois sur ce point.

Maintenant, que penser des dispositions de la loi nouvelle? M. Rouard de Card dans une étude sur cette loi nous dit : « Elle mérite les mêmes critiques que toutes ces petites lois récentes qui sans étude suffisante et d'une façon décousue ont été glissées dans le code civil au risque de détruire l'harmonie de ses dispositions. » Ce jugement nous semble excessivement dur. Comment, la loi de 1891 n'a pas été précédée d'une étude suffisante? Mais on a consulté sur le projet de M. Delsol les Facultés de Droit, la Cour de Cassation, les Cours d'appel, en un mot tous les corps qui renferment les plus savants jurisconsultes et les praticiens les plus expérimentés. Leurs observations ont été résumées et rapprochées les unes des autres dans des rapports présentés à l'Assemblée nationale. Puis, le projet a été l'objet de maintes discussions devant nos assemblées législatives, discussions qui, au Sénat du moins, ont été fort approfondies. Aussi pensons-nous bien au contraire que la loi nouvelle a été sérieusement étudiée. Quant aux règles qu'elle pose, elles méritent en général qu'on les approuve. Sans doute, il y a des réserves à faire sur quelques points ainsi que nous avons essayé de le montrer au cours de notre étude, mais il ne faut pas oublier que les innovations du législateur soulevaient de graves questions et de sérieuses difficultés. Telle qu'elle est, la loi de 1891, n'en fait pas moins honneur aux Chambres qui l'ont discutée et votée.

Mais il faut rendre particulièrement honneur à M. Delsol l'auteur du projet de la loi dont la ténacité et l'éloquente ardeur ont assuré la réussite d'une réforme depuis longtemps réclamée, et à M. Boissonade qui plus que personne a mis en relief la nécessité de cette réforme en même temps qu'il posait les bases des dispositions destinées à combler la lacune du code civil.

Remarquons enfin que les rapports déposés au nom des Facultés de Droit et en particulier celui qui fut présenté au nom de la Faculté de Paris par M. Duverger (1) ont exercé la meilleure influence sur les discussions ultérieures. Ces observations souvent invoquées devant les Cham-

1. « Avec M. Delsol, c'est la Faculté de Droit de Paris qui est la procréatrice de la proposition sur laquelle nous discutons » a dit M. Demôle au Sénat (séance du 18 novembre 1890). On ne pouvait rendre un plus éclatant hommage au remarquable rapport présenté au nom de cette Faculté par M. Duverger.

bres ont déterminé des modifications et des additions fort heureuses au projet primitif de M. Delsol. Il serait à souhaiter que la tradition ne fût pas perdue et que les Facultés de Droit fussent consultées chaque fois qu'il s'agit d'introduire dans notre législation civile des dispositions nouvelles.

LÉGISLATIONS ÉTRANGÈRES

DES DROITS DE SUCCESSION

ACCORDÉS AU CONJOINT SURVIVANT PAR LES LÉGISLATIONS ÉTRANGÈRES

Après avoir examiné quels sont les droits actuellement accordés en France au conjoint survivant sur la succession du prédécédé, il ne sera pas inutile de rechercher comment la même question est résolue par les législations étrangères. Nous verrons par cette étude que la rigueur du Code civil à l'égard de ce conjoint constituait une exception à la tendance générale des législations contemporaines, de même qu'elle était contraire à la tradition, et nous nous convaincrons une fois de plus de la nécessité qui s'imposait de modifier sur ce point les dispositions de notre code.

Renonçant à classer d'une façon rationnelle les législations étrangères, nous étudierons successivement les législations de l'Italie, de l'Espagne, du Portugal, de la Belgique, de la Hollande, de l'Autriche-Hongrie, de l'Allemagne, du

Danemark, de la Suède, de la Norwège, de la Suisse, de
la Russie, de la Grèce, de la Serbie, de la Roumanie, et
enfin la législation de l'Angleterre.

Italie.

Avant la mise en vigueur en Italie du Code civil de 1866,
les différents états qui ont formé ce royaume étaient encore
régis par des législations particulières. Il n'est pas inutile
de jeter un coup d'œil sur ces législations. Non pas que
notre intention soit de donner un tableau même succinct
des dispositions législatives qui avant 1866 réglaient en
Italie les droits du conjoint survivant; nous voulons
simplement montrer que les Codes promulgués dans la péninsule postérieurement à 1804, bien qu'ils aient reproduit
plus ou moins exactement notre code civil, se sont écartés
de lui en ce qui concerne le point qui nous occupe spécialement, et ont accordé au conjoint survivant des droits
beaucoup plus étendus. Ces Codes sont ; 1° le Code des
Deux Siciles de 1819; 2° le Code civil des Duchés de Parme,
de Plaisance et de Guastalla, qui date de l'année 1820;
3° le Code civil Sarde publié en 1837 par le roi Charles-
Albert et appelé parfois Code Albertin ; 4° le Code civil de
Modène promulgué en 1851.

Le Code des Deux Siciles en ce qui concerne le conjoint
survivant, s'inspire du droit établi par les Novelles de Justinien, et reconnaît au conjoint pauvre le droit à une
pension alimentaire qui ne peut dépasser le quart des
revenus de la succession si le prémourant laisse trois ou
moins de trois enfants, ni une part virile des revenus en
face de quatre ou plus de quatre enfants.

Le Code civil des Duchés de Parme, de Plaisance et de Guastalla, avait pris pour modèle notre Code civil, mais le législateur avait trouvé trop restreints les droits accordés par notre article 767 au conjoint survivant. Dans son article 659, le Code de Parme pose en règle que « si le testateur laisse un conjoint pauvre et s'il est sans enfants de ce même conjoint, celui-ci a droit au quart de l'usufruit des biens du testateur, à titre de légitime. »

Le Code Sarde lui aussi élargit dans une forte mesure la part faite par l'époux survivant par notre Code de 1804. Il accorde à cet époux :

Un quart en usufruit en présence de trois ou moins de trois enfants légitimes du *de cujus.*

Une part d'enfant en présence de plus de trois enfants.

Un quart en pleine propriété en présence d'autres parents.

Quant au Code civil de Modène, il décide dans son article 836 que le conjoint survivant aura droit à une pension alimentaire, s'il n'y a pas d'enfants issus du mariage. Du reste la quotité de cette pension n'est pas fixée.

On le voit, toutes ces dispositions plus ou moins favorables au conjoint sont plus équitables envers lui que notre article 767. C'est dans le même esprit que le Code civil Italien de 1866 a réglé le droit successoral entre époux.

Ce Code confère à l'époux survivant des avantages qu'on est tenté de trouver excessifs, mais il ne faut pas oublier que le régime matrimonial des époux est réglé en Italie tout autrement qu'en France. Il n'y a pas dans la péninsule de communauté légale de biens. Bien plus, aux termes de l'article 1543 du Code de 1866, il n'est pas permis aux époux de contracter d'autre communauté universelle de biens que celle des acquêts, et en fait le régime dotal est beaucoup plus fréquent que cette communauté d'acquêts.

Dans ces conditions, on comprend que le législateur ait été amené à accorder à l'époux survivant des droits de succession assez considérables. Du reste, l'intérêt des héritiers du sang a été sauvegardé par des dispositions fort sages que nous examinerons plus loin.

Les règles relatives aux droits du conjoint survivant ne se trouvent pas réunies toutes ensemble dans le code Italien. Il y a deux groupes de dispositions bien distincts. Dans le premier (art. 753-757) la loi fixe les droits de l'époux dans la succession *ab intestat* du prédécédé ; dans l'autre elle détermine ces mêmes droits dans la succession testamentaire du *de cujus* en organisant une réserve au profit de l'époux survivant (art. 812-815, 818-819). Examinons d'abord l'hypothèse d'une succession *ab intestat*.

La nature et la quotité des droits qui nous occupent varient suivant la qualité des héritiers avec lesquels l'époux se trouve en concours.

Premier cas. — Le prémourant laisse des enfants légitimes. Alors, d'après l'article 753, l'autre époux a sur l'hérédité l'usufruit d'une portion héréditaire égale à celle de chaque enfant, l'époux lui-même étant aussi compté dans le nombre des enfants. Si des enfants naturels concourent avec des enfants légitimes, l'usufruit de l'époux survivant est d'une portion égale à celle qui revient à chaque enfant légitime. Mais dans un cas comme dans l'autre, la portion d'usufruit accordée au conjoint ne peut jamais excéder le quart de l'hérédité.

Deuxième cas. — Le *de cujus* ne laisse pas d'enfants légitimes mais il a des ascendants ou des enfants naturels ou des frères ou sœurs ou descendants d'eux. Cette hypothèse est prévue par l'article 751 qui attribue au conjoint le tiers de l'hérédité en toute propriété. Cependant si ce conjoint se trouvait en présence, à la fois, d'ascendants légitimes et d'enfants naturels, il n'aurait droit qu'au quart de l'hérédité en propriété (1).

Troisième cas. — Lorsque le défunt laisse des parents successibles autres que ceux énumérés par l'article 751, l'hérédité est déférée au conjoint pour les deux tiers, conformément à l'article 755.

Quatrième cas. — Si le défunt ne laisse pas de parents successibles jusqu'au sixième degré, l'hérédité est attribuée tout entière à l'époux survivant.

Notons que dans tous ces cas, les droits de succession accordés à l'époux n'appartiennent pas à celui contre lequel le défunt a obtenu une sentence de séparation de corps passée en force de chose jugée (art. 757). Mais cette déchéance ne devrait pas être étendue à l'hypothèse d'une séparation par consentement mutuel, laquelle est permise en Italie avec l'homologation du tribunal (art. 158).

Quant au convol de l'époux, il n'entraîne la perte des

---

1. L'article 751 vise un cas particulier: « Si l'enfant naturel mort sans postérité a laissé son conjoint survivant, l'hérédité est déférée pour une moitié au conjoint, et pour l'autre moitié au père ou à la mère, ou à tous deux.

droits successoraux que dans un cas : convol de la veuve avant les dix mois de viduité (art. 57 et 128).

Dans le chapitre où il s'occupe des hérédités testamentaires le Code italien attribue au conjoint une portion légitime qui est une véritable réserve, comme le montre l'article 820 en disant : « l'époux survivant pour les quotités d'usufruit qui lui sont attribuées (par les art. 812-815) jouit des mêmes droits et des mêmes garanties dont jouissent les légitimaires. » L'article ajoute « sauf ce qui est établi par l'article 819 » nous verrons tout à l'heure le sens et la portée de cette restriction.

Cette réserve consiste toujours en un droit d'usufruit. D'ailleurs la quotité en est variable suivant la qualité des héritiers avec lesquels l'époux se trouve en concours..

Premier cas. — Le conjoint est en présence d'enfants légitimes. Sa réserve consiste alors dans l'usufruit d'une portion égale à celle qui appartiendrait à chaque enfant à titre de légitime, en comptant aussi l'époux dans le nombre des enfants (art. 812). Or, d'après l'article 805 les enfants légitimes, quel que soit leur nombre, ont une réserve égale à la moitié du patrimoine de leurs parents. En combinant l'un avec l'autre les deux articles 805 et 812 on déterminera facilement la quotité de la réserve de l'époux. S'il n'y a qu'un enfant cette réserve consiste dans l'usufruit du quart de la succession; elle est de un sixième s'il y a deux enfants, de un huitième s'il y en a trois, etc...

Il est à remarquer que lorsqu'il n'y a qu'un enfant la réserve du conjoint est justement égale à la part que lui attribue la loi dans la succession *ab intestat* du *de cujus* (le quart en usufruit).

Deuxième cas. — L'époux est en présence d'ascendants. Sa réserve est alors d'un quart, toujours en usufruit, conformément à l'article 813.

Troisième cas. — L'époux concourt avec des héritiers qui ne sont ni des descendants ni des ascendants, ou en d'autres termes, avec des héritiers non réservataires. Sa réserve s'élève dans cette hypothèse au tiers de la succession en usufruit, nous dit l'article 814.

Bien entendu, dans ces différents cas la réserve n'appartient pas à l'époux contre lequel il existe un jugement de séparation de corps passé en force de chose jugée. Cette décision qui pourrait au besoin être déduite de l'article 757 par un argument *a fortiori* se trouve d'ailleurs expressément formulée par l'article 812.

Nous avons dit que le législateur en faisant la part aussi belle à l'époux survivant s'était préoccupé néanmoins des intérêts des héritiers du sang. A cet ordre d'idées se rattachent les dispositions des articles 756, 818, 819 et 820.

a) Aux termes de l'article 756, le conjoint survivant, qui concourt avec d'autres héritiers, doit imputer sur sa portion héréditaire ce qu'il acquiert en vertu des conventions matrimoniales et des gains dotaux. C'est là, à notre avis, une règle fort sage ; la loi doit bien assurer au conjoint un rang équitable dans la succession de son époux, mais elle dépasserait le but si elle ne tenait aucun compte dans la détermination des droits de cet époux des avantages stipulés à son profit dans le contrat de mariage.

b) Nous en dirons autant de l'article 820, § 2 d'après lequel le conjoint doit imputer sur sa réserve : 1° ce qui lui est laissé par testament ; 2° tout ce qui lui est parvenu par l'ef-

fet des conventions matrimoniales. La solution contraire
eût été à la fois illogique et injuste pour les autres héritiers.

c) L'article 818 décide que la portion due au conjoint
survivant ne vient pas en diminution de la légitime appartenant aux descendants légitimes ou ascendants : elle forme une réduction de la quotité disponible. La règle s'explique d'elle-même, il eût été tout-à-fait déraisonnable de
rogner la légitime des enfants ou des ascendants au profit
de l'époux survivant.

d) Enfin nous avons à parler de la disposition de l'article 819 qui est établi lui aussi en faveur des héritiers du
sang. Cet article 819 a trait à l'hypothèse dans laquelle
le droit du conjoint est simplemnt un droit d'usufruit. La
nue-propriété qui appartient alors aux héritiers ne leur
sera peut-être que médiocrement utile ; dans bien des cas
il sera bien difficile pour les héritiers d'en tirer un avantage immédiat, surtout si le conjoint survivant est jeune
encore. D'ailleurs, cette division de la pleine propriété peut
devenir pour eux une source de conflits et d'ennuis. Sans
porter atteinte aux droits de l'époux, le législateur Italien
a remédié fort ingénieusement à la situation fâcheuse des
héritiers du sang. Aux termes de l'article 819, « il est loisible aux héritiers d'acquitter les droits de l'époux survivant, ou moyennant la constitution d'une rente viagère,
ou moyennant l'assignation des fruits de biens immeubles
ou de capitaux héréditaires à déterminer d'un commun
accord ou par l'autorité judiciaire eu égard aux circonstances du cas. Jusqu'à ce qu'il soit désintéressé de sa portion, l'époux survivant conserve ses droits d'usufruit sur

les biens héréditaires. » Grâce à cette disposition, les intérêts de tous sont sauvegardés ; l'intérêt public lui-même y trouve avantage car au point de vue économique il serait regrettable qu'une grande quantité de biens fût grevée d'usufruit. Cette considération a son importance ; nous ne pensons pas cependant que ce soit elle qui ait dicté la règle de l'article 819, car, remarquons-le bien, c'est aux héritiers du sang et à eux seuls qu'appartient le droit d'option entre la délivrance de l'usufruit ou la constitution d'une rente viagère. L'époux doit s'en tenir à l'usufruit que lui attribue la loi, bien qu'il puisse lui aussi trouver intérêt à demander en échange le paiement d'une rente viagère.

Espagne.

Avant 1889, l'Espagne était régie par un grand nombre de dispositions législatives qui s'étaient succédées sans se détruire les unes les autres. Il y avait :

Le *Fuero Juzgo* ou *Forum Judicum*, connu aussi sous le nom de loi des Wisigoths, œuvre des évêques Espagnols réunis en concile à Tolède, fortement imbu de droit Romain et de droit canon.

Las Siete Partidas (sept parties) d'Alphonse le Sage, compilation de lois canoniques et romaines qui date du XIIIe siècle.

Les Leyes de Toro de Fernand et Isabelle.

La Nueva recopilacion de Philippe II.

La Novisima recopilacion de Charles IV.

Tous ces codes élaborés sous l'inspiration du droit canonique s'étaient suivis sans que les dispositions antérieu-

res fussent abrogées par la loi nouvel'e. Mais ils ne cons-
tituaient que la loi écrite ; les règles qu'ils posaient ne
formaient en quelque sorte qu'un droit purement théorique.
En pratique, chaque province, chaque cité suivait ses usages particuliers ou Fueros, usages s'écartant à la fois du
droit canon et du droit romain.

Les différentes lois que nous avons énumérées s'étaient
accumulées les unes sur les autres sans se détruire, il en
résultait une grande confusion dans les règles de droit civil,
en même temps que beaucoup de difficulté pour les recherches des interprètes de la loi.

C'est pour remédier à ces inconvénients que fut élaboré
le Code civil qui a été promulgué le 24 juillet 1889. Mais
il ne faudrait pas croire que ce Code réalise l'unité de législation en Espagne. Il laisse subsister dans toute son inté-
grité le Fuero là où il existe (Art. 12) et ne constitue une
loi générale que dans les cas non prévus par les statuts
locaux. Il n'abroge pas les coutumes particulières, il ne
fait que suppléer à leurs lacunes. L'attachement des provinces à leurs vieux Fueros empêchait le législateur
Espagnol d'opérer une réforme plus radicale.

Voyons maintenant la part faite par la législation de
l'Espagne au conjoint survivant, dans la succession du
conjoint prédécédé.

D'après le *Fuero Juzgo* l'époux survivant ne succédait
qu'à défaut d'héritiers au septième degré. Dans le droit
des Siete Partidas, les collatéraux jusqu'au dixième degré
primaient cet époux. Une loi du 16 mai 1835, disposa
que le conjoint survivant succéderait à défaut de parents
jusque et y compris le quatrième degré. D'ailleurs, on

avait reconnu très anciennement à la veuve pauvre le droit de recueillir le quart de la succession de son époux, à condition que cette quote-part, dite quarto maritale n'excéderait pas cinq livres d'or somme équivalant d'après Febrero à 102.705 réaux et 30 maravédis soit un peu plus de 23.600 francs.

Le Code du 24 juillet 1889 en réglementant les droits du conjoint survivant distingue plusieurs hypothèses :

Premier cas. — Le conjoint survivant est en concours avec des enfants. On applique alors l'article 834 ainsi conçu : « Le veuf ou la veuve qui à la mort de son conjoint n'était pas séparé de corps ou qui l'était par la faute de l'époux défunt, aura droit à une part en usufruit égale à celle que la réserve donne à chacun de ses enfants ou descendants légitimes non avantagés. »

Il y a une disposition spéciale pour le cas où le conjoint ne concourt qu'avec un enfant ou descendant. Dans cette hypothèse, nous dit le Code, le veuf ou la veuve aura droit à l'usufruit du tiers qui constitue la *Mejora*. Mais que faut-il entendre par Mejora ? Nous savons d'après l'article 808, que les enfants et descendants légitimes ont droit à une réserve égale aux deux tiers de l'hérédité de leurs ascendants. Ces ascendants peuvent disposer de l'un de ces deux tiers formant la réserve pour la donner par préciput à l'un ou à plusieurs de leurs descendants. C'est cette portion égale à un tiers de l'hérédité qui porte le nom de Mejora et c'est à l'usufruit de ce tiers qu'a droit le conjoint, lorsqu'il concourt avec un seul enfant. Remarquons du reste que même s'il y a plusieurs enfants, « la part héréditaire assignée en usufruit à l'époux veuf devra être prélevée sur le tiers qui constitue la mejora » (art. 835). Le législateur Espagnol par cette disposition générale nous montre ainsi après coup que la règle spéciale qu'il posait pour le cas où il n'y a qu'un seul descendant, est une application pure et simple du droit commun.

Deuxième cas. — Le conjoint survivant est en concours avec des ascendants. Il a droit alors à l'usufruit du tiers de la succession.

Troisième cas. — Le défunt époux ne laisse ni descendants ni ascendants, mais il laisse des frères ou des enfants de frères. Il résulte des articles 837 et 953 que l'époux veuf recueille alors la moitié de la succession, toujours en usufruit.

Quatrième cas. — Le *de cujus* ne laisse que des collatéraux plus éloignés. « La totalité de ses biens échoit alors au conjoint survivant, s'il n'a pas été séparé de corps par jugement définitif » nous dit l'article 953.

Tels sont les droits de succession du conjoint survivant d'après le code civil espagnol. Pour en compléter l'esquisse nous ferons les trois remarques suivantes :

1° Les droits accordés à l'époux par les articles 834, 835, 836 et 837, lui sont réservés ; c'est ce qui résulte de l'article 807, n° 3. Le conjoint a donc une réserve, qu'il soit en concours avec des collatéraux, des ascendants ou des descendants du défunt, mais cette réserve ne dépasse jamais la moitié en usufruit de la succession.

2° D'après l'artice 834, l'époux est privé de ses droits successoraux quand il existe contre lui un jugement de séparation de corps. La même règle répétée en termes un peu différents par l'article 953 doit être étendue aux cas visés par les articles 836, 837 et 952.

3° Aux termes de l'article 968 : « le veuf ou la veuve qui contracte un second mariage sera obligé de réserver aux enfants ou descendants du premier la propriété de tous les biens qu'il a reçus de son époux défunt par le testament, par succession *ab intestat* ou par donation. » Cette mesure de précaution prise dans l'intérêt des enfants issus du premier mariage est assurément fort sage. On comprend aisément son application au cas où les biens sont advenus à l'époux par testament ou par donations entre-vifs (1). La troisième hypothèse visée, celle où l'époux a recueilli les biens dans la succession *ab intestat* de son conjoint, est beaucoup moins claire. Nous avons vu en effet que l'époux se trouvant en concours avec des enfants issus du mariage n'a droit qu'à l'usufruit d'une part d'enfant, usufruit qui porte sur la mejora. Il ne recueille pas de biens en toute propriété, comment donc concevoir l'application de la règle posée par l'article 968 ?

Portugal.

Le Portugal est actuellement régi par un code civil qui date de 1868. Antérieurement à cette époque, la législation n'y était pas codifiée. Le droit appliqué avant 1868 nous montre bien la connexion intime qui existe dans une

---

1. Sans doute, toute donation entre époux durant le mariage est nulle (art. 1334), mais d'après l'article 1331, les époux peuvent se donner par contrat de mariage jusqu'au dixième de leurs biens présents.

législation entre le régime matrimonial et le droit de succession entre époux.

Pour les non-nobles, le régime de droit commun était la communauté universelle. Par là, le conjoint survivant se trouvait suffisamment garanti, aussi ne succédait-il au prédécédé qu'à défaut de parents au dixième degré. Entre nobles, au contraire, on observait le régime dotal. Aussi avait-on accordé à la femme deux gains de survie : 1° La « *Camera cerrada* » ou chambre close, sorte de morgengabe ; 2° un apanage de un dixième des revenus du mari.

D'après le code civil de 1868 (art. 1969), l'époux survivant succède à défaut de descendants, d'ascendants et de collatéraux privilégiés (frères et sœurs et leurs descendants). Il prime donc les autres collatéraux.

L'époux contre lequel a été prononcé un jugement de séparation de corps perd tout droit à la succession du prédécédé.

Belgique.

On sait que le Code civil de 1804 est en vigueur en Belgique. Il a été modifié sur quelques points par des lois postérieures, mais le droit de succession du conjoint survivant est toujours régi par l'article 767. Cette disposition rigoureuse est tout-à-fait exceptionnelle dans les législations actuellement en vigueur. Il en est de même dans le Grand-Duché de Luxembourg.

Hollande.

Le royaume de Hollande est régi par un code qui date

de 1838 et qui s'inspire en général de notre code français. D'après l'article 875 du code hollandais, le conjoint survivant ne succède qu'à défaut de parents légitimes ; mais il prime tous les parents naturels, même les enfants.

Les droits successoraux reconnus au conjoint se réduisent donc à fort peu de chose. Ce qui explique cette rigueur, c'est que le régime légal des biens entre époux est la communauté universelle (art. 174 et 175). Après la mort d'un des conjoints, tous les biens composant cette communauté se partagent par moitié entre le survivant et les héritiers du prédécédé, sans qu'on ait égard au côté d'où ces biens sont provenus (art. 183). Cependant l'époux survivant a le droit de réclamer pour le prix de l'évaluation qui en sera faite les effets d'habillement, les joyaux, bibliothèque et collections d'objets d'art ou de science (art. 184).

Allemagne.

Un principe admis dans ce pays depuis un temps immémorial range l'époux survivant non pas parmi les successeurs irréguliers, mais bien parmi les héritiers. Le conjoint figure même au nombre des héritiers les plus favorisés : tantôt il lui est accordé une part en toute propriété, tantôt on lui assure un usufruit plus ou moins large et un droit de préférence sur certains objets de la succession. Dans plusieurs codes récents, l'époux jouit même d'une réserve.

Avant de passer en revue les différentes législations qui sont en vigueur dans l'empire d'Allemagne, il nous faut examiner quelles sont les règles posées par le droit commun allemand.

Droit commun Allemand.

On appelle ainsi un droit servant de complément ou d'interprétation aux législations particulières des états Allemands. Ce n'est pas un droit promulgué, c'est un grand ouvrage de doctrine dû aux travaux de jurisconsultes éminents, tels que M. de Savigny, Mittermaier, Eichhorn, Gerber, Bluntschli, Beseler. En un mot, c'est le produit savant de la doctrine. Il est tiré des plus anciens monuments du droit Germanique, tels que le Sachsenspiegel, le Schwabenspiegel, le Kaiserrecht, de coutumes locales, du droit canon et du droit romain. Il forme ainsi un ensemble de règles dont l'autorité est généralement admise en Allemagne. Il constitue un droit subsidiaire dans les pays où ont été promulgués des codes, et sert de commentaire naturel à ces codes ; dans les autres pays, il est d'une application directe, il y complète et explique les coutumes locales.

Dans le droit commun Allemand, le conjoint survivant ne vient à la succession du prédécédé qu'à défaut de parents au degré successible. Mais si la veuve est pauvre ou n'a pas été dotée, elle a droit à une portion en usufruit des biens du mari. Elle prend une part virile en usufruit si le *de cujus* laisse plus de trois enfants, et dans tous les autres cas elle recueille le quart de la succession également en usufruit. C'est là un système qui se rapproche de celui qu'avaient établi les novelles de Justinien.

Il faut ajouter que la généralité des coutumes accorde à la veuve une portion de la succession du mari, soit en toute propriété, soit en usufruit seulement. Cette portion appelée statutaire est une véritable réserve.

Prusse.

Le Preussisches Landrecht ou Code général de Prusse fut promulgué sous le règne de Frédéric Guillaume II, le 5 février 1794. Il s'applique aux provinces incorporées à la Prusse postérieurement à 1794, sauf aux provinces Rhénanes et au duché de Berg où le Code civil Français est en vigueur. Du reste, le Code Prussien n'exclut pas les coutumes locales, il forme seulement un droit subsidiaire, sauf dans les provinces réunies à la Prusse en 1813, où il a été établi comme droit principal.

A défaut des règles posées par les statuts provinciaux, voici comment le code Prussien réglemente les droits du conjoint survivant.

S'il y a eu communauté entre les époux le survivant recueillera la moitié des biens communs lorsqu'il sera en concours avec des enfants.

S'il n'existe pas de descendants, il aura droit non seulement à cette moitié, mais encore à l'usufruit de l'autre moitié (Landrecht, II* partie, Titre 1", art. 634, 646).

Supposons maintemant qu'il n'y ait pas eu de communauté entre les époux. Plusieurs hypothèses sont à distinguer :

1° Le conjoint concourt avec des descendants du *de cujus*.

Il recueille alors le quart de la succession, excepté s'il y a plus de trois lignes descendantes, auquel cas il a droit seulement à une part d'enfant.

2° Le conjoint se trouve en présence d'ascendants du *de cujus*, ou de frères et sœurs ou de descendants d'eux au premier degré. Il prend alors le tiers de la succession ;

3° Si l'époux est en concours avec d'autres collatéraux, il a droit non seulement à la moitié de la succession, mais encore aux meubles meublants.

4° A défaut de parents au degré successible, il recueille la totalité de la succession.

Ces règles, on le voit, sont très favorables à l'époux survivant. L'absence de communauté entre les époux justifie suffisamment cette faveur (Landrecht, II° partie, titre 1°°, art. 623-630).

Remarquons que la femme a droit en outre à un douaire qui consiste d'après l'article 458 en une pension que lui alloue le mari pour son entretien pendant le veuvage. A défaut de convention, le montant de ce douaire est fixé par justice. De plus, lorsque la femme a fait à son mari un legs de mariage, elle a droit en retour à un don qui, s'il n'a pas été fixé par le mari est égal à la moitié ou à la totalité du legs suivant les circonstances. Ce don porte le nom de « *Gegenvermächtniss.* »

Quant au mari il peut recevoir, nous l'avons vu, un legs de mariage ou « *Ehevermächtniës* » ; il peut aussi bénéficier d'un contrat d'héritage.

Règle importante à constater, et qui s'applique dans tous les cas qu'il y ait ou qu'il n'y ait pas communauté

entre les époux, le survivant a une réserve égale à la moitié de la portion héréditaire que lui attribue la loi.

Grand duché de Bade.

En 1809, le grand duché de Bade qui faisait alors partie
de la confédération rhénane adopta le code civil français,
qui y est encore en vigueur. Cependant, lors de la traduc-
tion officielle du code en langue allemande, on y introdui-
sit quelques modifications. Les dispositions qui règlent
les droits de succession du conjoint survivant figurent
justement parmi celles qui ont été réformées.

D'après l'article 738 du code Badois, le conjoint survivant commun en biens, s'il n'y a pas d'enfants issus du
mariage, a droit à l'usufruit des biens de l'autre époux
pendant sa vie, à moins de conventions contraires.

On regarde comme convention contraire la stipulation
d'un douaire au profit de la femme survivante.

De plus, d'après l'article 745, l'époux a droit encore à
l'usufruit du quart des biens composant la succession des
ascendants de son conjoint prédécédé.

Quels sont les droits du conjoint survivant qui concourt
avec des enfants issus du mariage ? Le code est muet sur
cette question. D'après ce que nous avons dit plus haut,
c'est le droit commun allemand qu'il faudra appliquer
dans cette hypothèse.

Bavière.

Il n'y a pas de législation civile uniforme pour tout le

royaume de Bavière. Il y existe une foule de dispositions locales, ce qui ne laisse pas d'apporter une certaine confusion dans l'étude de la législation civile de ce pays.

Le *Codex civilis Maximilianus* publié en 1756 est appliqué dans le Haut-Palatinat, dans la Haute et la Basse Bavière et dans quelques parties de la Souabe.

A défaut de contrat ou de testament réglant les droits du conjoint survivant, le *Codex Maximilianus* applique les règles suivantes (livre III, chapitre IV, art. 35).

Premier cas. — Il y a des enfants qui concourent avec le conjoint survivant.

La veuve prend alors dans la succession sa dot, le don de noces que lui a fait son mari, et la contre-dot ou avantage nuptial égal à la dot. En outre elle a droit dans les acquêts et dans le mobilier à une part égale à celle de chacun de ses enfants.

Quant au mari, il prend dans le même cas tous les acquêts fait durant le mariage. Il ne restitue aux enfants que la fortune propre de leur mère et le don de noces qu'il a fait à sa femme.

Deuxième cas. — Les conjoints n'ont pas d'enfants. Le survivant a droit alors non seulement à la moitié des acquêts en pleine propriété, mais encore à l'usufruit de l'autre moitié. Mais il doit restituer aux héritiers du défunt tout ce que celui-ci a apporté à la communauté, sauf le lit matrimonial.

Telles sont les dispositions du *Codex Maximilianus*. La Bavière rhénane se trouve régie non par ce code, mais par le code civil Français. Quant à la ville de Munich, elle a un droit urbain spécial contenant sur les droits de succession entre époux des dispositions particulières dans le détail desquelles nous ne pouvons entrer (1).

Wurtemberg.

Les droits du conjoint survivant sont réglés dans le royaume de Wurtemberg par la loi des mariages du 30 avril 1687 (art. 72-78). A défaut de stipulation contraire, le mariage est régi par la communauté d'acquêts légale. L'époux survivant a droit: 1° à ses apports; 2° à la moitié de la communauté; 3° à un préciput (Voras) comprenant les objets à l'usage personnel du survivant, mais seulement après paiement des créanciers de la succession; 4° à une portion de la succession du prédécédé. Cette portion s'élève au tiers de la succession si le défunt laisse un enfant, à une part d'enfant s'il en laisse plusieurs, à la moitié, si le conjoint concourt avec d'autres parents jusqu'au dixième degré, à la totalité dans tous les autres cas. Cet époux a droit encore; 5° à l'usufruit de la portion de l'hérédité échue soit aux enfants communs, soit aux enfants de frères et sœurs ou à des collatéraux plus éloignés du défunt.

La part faite au conjoint survivant est manifestement exagérée surtout au cas où ce conjoint se trouve en concours avec des enfants. Ceux-ci dans la succession de leur auteur ne recueillent que des droits de nue-propriété. La loi s'est-elle défiée de leur jeunesse, qu'elle a voulu centraliser tous les revenus dans les mains de l'ascendant qui survit ?

1. Voir : *Auer, droit Urbain de Munich.*

Le tiers de la portion attribuée au conjoint en toute propriété est dite portion statutaire, et forme une réserve (Pflichttheil) au profit de ce conjoint. Mais celui-ci perd tous ses droits à la réserve : 1° s'il renonce à la succession ou à la communauté ; 2° s'il a fait avec le défunt un pacte de succession ; 3° si le mariage a été dissous par le divorce.

Saxe.

Le royaume de Saxe est régi quant aux successions par la loi du 31 janvier 1829.

Celle-ci fixe les droits du conjoint survivant dans son article 124. Plusieurs hypothèses sont à distinguer :

1° Le défunt laisse des descendants. L'époux a droit dans ce cas au quart de la succession de son conjoint.

2° La portion de l'époux est de un tiers, quand il concourt avec des ascendents du *de cujus*, des frères et sœurs ou descendants d'eux, des enfants adoptifs ou adultérins.

3° L'époux prend la moitié de la succession lorsqu'il est en présence de collatéraux jusqu'au sixième degré.

4° Il recueille la totalité s'il n'y a de parents qu'à un degré plus éloigné.

De plus l'article 125 déclare que la portion échue au conjoint survivant constitue une légitime dont rien ne doit être distrait. Par exception cependant, dit l'article 126, le conjoint est privé de cette légitime : 1° s'il devient indigne ; 2° s'il est déshérité pour des motifs suffisants ; 3° si le défunt a demandé la séparation de corps pour des raisons graves.

Saxe-Weimar.

Le Grand Duché de Saxe-Weimar est régi en ce qui concerne le droit successoral par une loi du 6 avril 1833. La situation du conjoint survivant y est fixée par l'article 56.

Ce conjoint est-il en concours avec des descendants ? Il prend alors une part d'enfant. Il a droit à la moitié de la succession s'il est en présence de frères ou sœurs ou d'ascendants ; à la totalité s'il n'y a que des collatéraux du *de cujus*.

Toutefois si les enfants que laisse le *de cujus* ont été adoptés au cours du mariage, l'époux prendra une double part d'enfant, nous dit l'article 57, et si le mari prédécédé laisse des enfants légitimés pendant le mariage, la veuve aux termes de l'article 58 a également droit à une double part d'enfant.

L'époux survivant a dans la Saxe-Weimar une légitime égale à la moitié de la part héréditaire telle que la fixe la loi (art. 81-82). Enfin, il faut noter que l'article 59 a abrogé les peines des secondes noces.

Duché de Brunswig.

Lorsque le prédécédé n'a disposé de ses biens ni par un testament, ni par un pacte successoral, l'époux survivant prend d'après la législation de ce duché : *a*) une part d'enfant s'il est en présence de descendants ; *b*) la moitié de la succession s'il concourt avec des descendants ; *c*) la totalité s'il n'y a que des collatéraux du *de cujus*, même si ces collatéraux sont des frères ou des sœurs.

Ici, nous ne trouvons pas de réserve au profit de l'époux survivant.

Hanovre.

Au Hanovre le régime ordinaire des biens entre époux est le régime dotal. La femme a droit à un morgengabe et à un douaire qui ne peut dépasser le montant de sa dot. Quant au mari survivant il recueille une portion de la succession de sa femme. Cette portion n'est du reste expressément déterminée que dans certains statuts.

Oldenbourg.

Dans le grand duché d'Oldenbourg une loi du 24 avril 1872 règle la question qui nous occupe (1). Aux termes de cette loi l'époux survivant en l'absence de dispositions de dernière volonté succède au prélécédé pour : une part d'enfants s'il concourt avec des descendants ; la moitié de la succession s'il est en présence d'ascendants, de frères ou sœurs germains ou non, ou de leurs descendants ; la totalité dans les autres cas.

Le conjoint a une légitime qui est de la moitié de la part que lui attribue la loi. Cette légitime ne peut être réduite que dans des cas tout-à-fait exceptionnels.

En l'absence de toute disposition de dernière volonté, le survivant a également l'usufruit de la part héréditaire des enfants mineurs issus du mariage,

1. Voir *Annuaire de législation étrangère*, tome III, p. 160.

Projet de Code Civil Allemand.

Le projet de code civil allemand fait du conjoint survivant un véritable héritier *ab intestat* qui obtient: le quart de la succession en toute propriété quand il concourt avec la première ligne (descendants du *de cujus*); la moitié, quand il concourt avec la seconde ligne (père et mère du *de cujus* et leurs descendants) ou avec des aïeux; le tout dans les autres cas.

Le conjoint recueille toujours, outre sa part, les meubles à l'usage ordinaire des époux (Haushaltsinventar), ainsi que les dons faits par préciput et hors part, comme les cadeaux de noces (art. 1971).

Détail important, le conjoint survivant figure au nombre des héritiers réservataires. La quotité de cette réserve est de la moitié de la valeur de la part héréditaire à laquelle il aurait droit en sa qualité de conjoint. Remarquons à ce propos que la réserve ne donne pas un droit sur une quote-part des biens qui composent la succession du *de cujus;* elle ne donne qu'un droit de créance contre l'héritier, droit qui se traduira pratiquement par une action en paiement du montant de la réserve ou du supplément de celle-ci (art. 1975-1978).

Le projet passe sous silence les gains de survie connus sous le nom de Morgengabe, Widerlage, etc.

Autriche-Hongrie.

L'Autriche est régie quant à la législation civile par un code qui a été publié le 1ᵉʳ juillet 1811 et rendu exécutoire à partir du 1er janvier 1812. Ce code qui était à l'étude depuis une déclaration de Marie-Thérèse de l'année 1753, ne s'est pas inspiré du Code civil Français; il s'en rapproche néanmoins sur plusieurs points et diffère notablement des codes Prussien et Bavarois. Le code Autrichien est appliqué depuis 1852 au royaume de Hongrie.

Voici comment il fixe les droits du conjoint survivant.

1° S'il y a des enfants issus du mariage, le conjoint a l'usufruit du quart de la succession. Ce droit est cependant limité à l'usufruit d'une part d'enfant s'il y a plus de trois enfants (art. 757). Si le conjoint survivant se remarie ou veut aliéner son droit d'usufruit, les enfants du défunt peuvent demander que cet usufruit leur soit attribué moyennant le paiement d'une pension annuelle proportionnée.

2° Si le conjoint concourt avec des héritiers autres que des enfants, il recueille le quart de la succession en toute propriété (art. 758).

3° Si le défunt ne laisse pas de successible, le conjoint a droit à la totalité de la succession (art. 759).

Dans tous les cas, le conjoint est privé de tout droit de succession lorsqu'un jugement de séparation de corps a été prononcé contre lui.

D'après l'article 796 le conjoint n'a pas de réserve. Mais lorsqu'il n'a été rien stipulé relativement à son entretien en cas de survie, il peut, s'il ne convole pas à de secondes noces, prétendre à un entretien convenable au cas où il serait dans le besoin.

La femme peut avoir droit en outre à un don nuptial (Widerlage). C'est, d'après l'article 1230 ce que l'époux ou un tiers donne à l'épouse un supplément de dot. Celle-ci n'en a pas la jouissance durant le mariage et n'en recueille la propriété que si elle survit au mari. Elle a aussi aux termes de l'article 1242 un droit de viduité qui lui est acquis au moment de la mort de son mari pour son entretien et doit lui être payé trimestriellement par anticipation. Mais elle perd ce droit en se remariant (art. 1244).

On sait que les époux peuvent se faire des libéralités testamentaires, et qu'ils peuvent même dans un seul testament s'instituer mutuellement héritiers (art. 1249); l'époux survivant ne pourra cumuler le bénéfice de ces dispositions avec les droits que la loi attribue pour le cas où l'autre époux meurt *intestat* (art. 1258).

Danemark.

Le royaume de Danemark possède depuis longtemps un code, le code de Christian V qui fut promulgué le 23 juin 1683. Depuis cette époque de nombreuses ordonnances y ont apporté des modifications importantes. On a même à plusieurs reprises essayé de procéder à la refonte totale du Code de Christian, mais ces tentations sont restées infructueuses.

Le conjoint survivant a d'abord droit à la moitié des biens communs, la communauté légale de biens existant entre les époux à moins de convention contraire. Le conjoint prend en outre dans la succession du prédécédé, s'il est en présence d'enfants issus du mariage, une part égale à celle d'un enfant en toute propriété. Toutefois, il ne peut recueillir plus du quart de la succession, déduction faite des libéralités consenties à son profit par le *de cujus*. En concours avec des héritiers autres que des enfants, il a droit au tiers de la succession. Cependant la part attribuée au conjoint ne peut être supérieure à celle que recueille un frère du défunt.

Les droits ainsi reconnus à l'époux survivant lui sont réservés. L'un des conjoints ne pourrait ni par donation entre-vifs, ni par testament, porter atteinte aux droits successoraux de l'autre conjoint, à moins du consentement exprès de ce dernier.

Suède.

La législation suédoise se distingue par un état de fixité tout particulier, les mœurs et les lois avec elles ne se modifiant dans ce pays qu'avec une extrême lenteur. C'est ainsi que le Code civil de 1734, qui est actuellement en vigueur en Suède, offre une très grande ressemblance avec les monuments de l'ancien droit de Suédois : Codes d'U-pland, de Sudermanie, de Dalécarlie, etc..., le nouveau code ne s'éloignait presque jamais de l'esprit des institutions antiques des peuples Scandinaves. De même, le code de 1734 en ce qui concerne la législation purement civile n'a reçu que des modifications sans grande importance. Cependant la situation pécuniaire des époux telle qu'elle résultait de ce code a été réformée sur plusieurs points par la loi du 19 mai 1845. Elle était réglée autrefois par le Titre premier du code de 1734, intitulé « *Du mariage et du régime des biens entre époux* (Giftermaalsbalk). »

La femme a en Suède un gain de survie qui porte le

nom de Morgengaefwa, et qui n'est autre chose que le Morgengabe que nous avons déjà étudié. D'après les anciennes lois Suédoises, ce Morgengaefwa était un « *pretium delibatæ virginitatis* ». Mais il a changé de caractère, ce n'est plus d'après le Code de 1734 qu'un gain de survie ordinaire auquel peuvent prétendre les veuves qui se remarient.

Le Morgengaefwa peut porter, soit sur des immeubles, soit sur des meubles. S'il porte sur des immeubles, la femme n'aura sur ces biens qu'un droit d'usufruit, et il ne pourra excéder le tiers du montant de la fortune totale du mari. S'il porte sur des meubles, il confère à la femme un droit de pleine propriété, mais il ne pourra dépasser le dixième du montant du patrimoine du mari prédécédé.

Outre le Morgengaefwa conventionnel, il existe un Morgengaefwa légal qui consiste au choix des héritiers du mari en immeubles ou en meubles. Dans le premier cas il comprend l'usufruit du sixième, dans le second la pleine propriété du vingtième de la fortune du mari.

Le titre deuxième du Code de 1734 qui traite des successions (Aerfdabalk), ne s'occupe pas du conjoint survivant.

Norvège.

A l'époque où la Norvège et le Danemark se trouvaient réunis sous un même sceptre, la Norvège fut dotée d'un Code par le roi Christian V. Ce Code qui fut sanctionné le 13 avril 1687, c'est-à-dire moins de quatre ans après le Code Danois, reproduisait en grande partie les dispositions de ce dernier. Depuis cette époque, le Code Norvégien a reçu tellement de modifications que la plupart des règles qu'il édictait se trouvent aujourd'hui abrogées. La constitution Norvégienne de 1814 avait prescrit dans son article 91 « l'adoption d'une nouvelle loi générale civile et criminelle par le premier ou au plus tard par le deuxième Storthing » mais cet article ne fut pas observé.

Le régime matrimonial en vigueur en Norvège est la communauté universelle. Quant aux droits de succession du conjoint survivant voici comment ils sont réglés :

1° Il y a des enfants issus de mariage.

Le conjoint prend alors outre sa part de communauté (la moitié), une portion d'enfant mâle de la part de communauté appartenant au conjoint prédécédé. On sait que l'homme à égalité de degré a droit à une part double de celle qui échoit à la femme ; par suite, si le conjoint survivant concourt avec une fille, il aura les 2/3 de la portion de communauté revenant au *de cujus*. Il recueillera donc en définitive 1/2 + (2/3 × 1/2) soit 5/6 de la communauté universelle de biens ayant existé entre les époux.

Si le conjoint survivant concourt avec un fils (ou avec deux filles), il aura la moitié de la portion de communauté revenant au défunt, soit au total 1/2 + (1/2 × 1/2) ou 3/4 de la communauté. On trouverait de même que en présence d'un fils et d'une fille (ou de trois filles) le conjoint recueille les 7/10 des biens communs, et les 4/6 seulement quand il concourt avec deux fils (ou quatre filles, ou encore un fils et deux filles). En comparant les résultats obtenus dans les quatre cas que nous avons examinés, on constate que la part de communauté que prend le conjoint dans chacune des hypothèses est respectivement égale à 50/60, 45/60, 42/60, 40/60.

2° Le conjoint concourt avec des héritiers autres que des enfants.

Il a alors le choix entre deux partis : ou bien partager la communauté avec les héritiers du défunt, ou bien leur restituer les 3/4 des biens apportés à la communauté par le défunt.

Il est à remarquer que souvent au cours du mariage les époux par testament mutuel attribuent au survivant la totalité de la communauté, à la condition que les héritiers du prémourant recueilleront après la mort de l'époux qui a survécu la moitié de cette communauté.

Suisse.

Pendant longtemps les cantons Suisses ont été pleinement indépendants les uns vis-à-vis des autres en ce qui concerne la législation civile ; chacun avait ses règles particulières ou ses coutumes spéciales. La constitution de 1874 a modifié cet état de choses en attribuant un grand nombre de matières du droit civil à la législation fédérale. D'autres sont restées de la compétence des législations cantonales. Ce système mixte ne doit pas aller sans quelques inconvénients : comment ne pas craindre ou des conflits entre la législation fédérale et les législations cantonales ou un empiètement, de celle-là sur celles-ci ? (1) De plus cette demi-

1. Le reproche d'empiètement a été adressé à la loi fédérale du 24 décembre 1874 concernant l'état-civil et le mariage. Voir : « le Code Civil du Canton de Zurich », traduit et annoté par M. E. Lehr, *Introduction* p. 22.

unification du droit ne produira-t-elle pas quelque confusion ? Quoi qu'il en soit, la matière qui nous intéresse surtout, celle des successions (de même que celle des contrats de mariage), est encore réglée par les législations cantonales. Nous allons examiner quelle est la part faite par chacune de ces législations au conjoint survivant, travail que le grand nombre et la diversité des législations cantonales ne laissent pas de rendre assez complexe. Nous nous occuperons successivement des cantons de la Suisse Française, de la Suisse Italienne et de la Suisse Allemande (1).

I. — CANTONS DE LA SUISSE FRANÇAISE.

1° *Canton de Genève.*

Ce canton est régi par le code civil français établi à l'époque où Genève faisait partie de la France, et maintenu en 1815, quand elle en fut séparée. Mais le code civil y a été modifié en ce qui concerne les droits de succession du conjoint survivant. D'après la loi du 5 septembre 1874, ces droits sont fixés ainsi qu'il suit :

Si le prédécédé laisse des enfants ou des descendants légitimes, l'époux survivant a droit à l'usufruit de la moitié de la succession. Cette jouissance cesse pour l'époux qui convole en secondes noces.

Si le prédécédé est mort sans descendance légitime,

1. Consulter sur la législation des cantons Suisses l'ouvrage de M. Lardy. On trouve à la fin de ce livre des cartes extrêmement intéressantes et qui font bien ressortir la diversité des législations cantonales.

mais laissant des enfants naturels, ou père ou mère, ou frères ou sœurs ou descendants d'eux, le survivant recueille le quart de la succession en pleine propriété. A défaut de ces héritiers, et s'il s'en présente d'autres plus éloignés, l'époux hérite de la moitié des biens du *de cujus*. Lorsque celui-ci ne laisse aucun parent au degré successible (huitième degré) le survivant succède à la totalité des biens.

Le conjoint survivant n'a pas de réserve. De plus l'époux contre lequel a été prononcé un jugement de séparation de corps est privé de tout droit de succession.

Enfin le conjoint survivant est tenu d'imputer sur ce qu'il a droit de prétendre, ce qui lui a été donné par son époux prédécédé, soit par contrat de mariage, soit pendant le mariage. Cependant dans le cas où la loi n'accorde au conjoint qu'un usufruit, l'époux a le choix entre cet usufruit et le don qui lui a été fait par son conjoint en propriété. Notons d'ailleurs que l'article 1094 du Code civil a été également modifié. Il est permis d'assurer au conjoint survivant, soit par contrat de mariage, soit par testament, et pour le cas où le disposant ne laisse pas d'enfants la pleine propriété de tout ce dont on peut disposer en faveur d'un étranger, et l'usufruit de totalité de la lég'time réservée en faveur des héritiers.

Il est intéressant de constater que la réforme apportée en France à l'article 767 du code civil par la loi du 9 mars 1891 ressemble beaucoup dans ses grandes lignes à celle que le canton de Genève avait réalisée dès 1874. Cependant il est aisé de voir que le législateur Génevois a porté une atteinte plus considérable aux intérêts des héritiers du sang: 1° elle accorde l'usufruit de la moitié de la succession du conjoint prédécédé au survivant qui concourt avec des enfants ; 2° elle accorde une quote-part de pleine propriété même à l'époux qui se trouve en présence de père ou mère ou de frère ou sœur du défunt. A ces points de vue les dispositions de la loi française nous semblent bien préférables.

2° Canton de Vaud.

Ce canton a un code civil qui fut adopté en 1819 et qui est entré en vigueur en 1821. Il se borne le plus souvent à copier ou à résumer le code civil français ; cependant le régime légal de biens entre époux est le régime dotal. Les époux se font généralement dans ce canton des dons de survie par contrat de mariage. Le don de survie que le mari fait à la femme d'une quotité de la dot porte le nom d'augment de dot ; si la quotité n'a pas été déterminée par le contrat elle est réputée du quart.

Quant aux droits de succession du conjoint survivant, voici comment ils sont réglés :

1° Si le *de cujus* laisse des enfants communs, le survivant a l'usufruit des biens dévolus à ces enfants ; quand un de ces enfants se marie ou devient majeur, l'époux conserve l'usufruit de la moitié de la part attribuée à l'enfant (art. 544). Le conjoint ne peut être privé de l'usufruit de la légitime à laquelle ont droit les enfants du chef du prédécédé (art. 209).

2° En présence de père ou mère, frère ou sœur ou descendants d'eux, le conjoint a droit à un quart de la succession.

3° S'il n'y a ni descendants ni père ni mère, ni frère ou sœur ou descendants d'eux, le conjoint hérite de la moitié des biens (art. 511).

4° Il prend la totalité de la succession s'il ne présente pas de successibles.

D'après l'article 575 du code du canton de Vaud, si le prédécédé a fait au profit du survivant par contrat de mariage ou par donation à cause de mort dot d'un usufruit ou d'une rente viagère dont la valeur excède la quotité disponible, les héritiers ont le choix d'exécuter cette disposition ou de faire l'abandon de la quotité disponible. Cette règle s'est inspirée évidemment de l'article 917 du code civil de 1804.

3° *Canton de Fribourg.*

Ce canton est régi par un code qui a été promulgué par fragments de 1834 à 1849 et qui offre de grandes analogies avec le code du canton de Vaud. Pour régler les droits du conjoint survivant le code de Fribourg distingue plusieurs cas.

Premier cas. — Le prédécédé laisse des enfants.

a) S'il laisse seulement des enfants nés d'un mariage antérieur, le survivant a la jouissance du quart des biens du *de cujus*. Cette jouissance cesse au cas de convol ou si la veuve mène une vie irrégulière, ou le survivant fait faillite (art. 78 et suivants).

b) S'il n'y a que des enfants communs, l'époux a la jouissance des biens dévolus à ceux-ci du chef du prédécédé. Dès la majorité ou l'émancipation de chacun des enfants, la jouissance est réduite à la moitié. De plus d'après l'article 199, l'époux survivant ne peut être privé de l'usufruit de la légitime réservée à ses enfants dans les biens du prédécédé. Nous avons vu dans le canton de Vaud des règles tout-à-fait analogues.

c) S'il y a à la fois des enfants issus d'une précédente union et des enfants communs, le conjoint survivant n'aura aucun droit sur les biens dévolus aux enfants du premier lit, son droit d'usufruit ne s'exercera que sur la part des enfants communs (art. 81).

Deuxième cas. — Il n'y a pas d'enfants du conjoint prédécédé.

a) Si le conjoint survivant concourt avec des parents d'un degré inférieur ou égal au dixième, il aura la jouissance de la totalité des biens du *de cujus* (art. 76).

b) A défaut de parents jusques et y compris le dixième degré, la succession est déférée pour le tout et en pleine propriété au conjoint survivant (art. 741).

4° Canton de Neuchâtel.

Ce canton est régi par un Code qui date de 1851-1855. Il s'inspire en général du Code civil français, mais il en diffère tout-à-fait en ce qui concerne le régime matrimonial et la succession *ab intestat.* Sauf convention contraire, le conjoint survivant a l'usufruit de la moitié de la succession s'il y a des descendants légitimes (art. 1205), de la totalité dans le cas contraire (art. 1206).

5° *Canton du Valais.*

Ce canton est régi par un Code civil qui a été voté en 1853 et mis en vigueur en 1855. En 1871, ce Code a été soumis à une révision approfondie. Il s'est inspiré du Code civil Français et surtout des Codes imbus de l'esprit du Code de 1804 qui avaient été promulgués dans différentes parties de l'Italie.

Dans le Valais, le régime légal de biens entre époux est la communauté réduite aux acquêts (art. 1286). Le conjoint survivant obtient l'usufruit de la moitié de la succession, si le prédécédé laisse des enfants légitimes, de la totalité au cas contraire (art. 723). Cet usufruit est réduit de moitié au cas de convol (art. 794).

La moitié de la part ainsi faite au conjoint lui est réservée (art. 796).

II. — Suisse italienne.

Canton du Tessin.

Ce canton est régi par un Code qui y est en vigueur depuis 1838. Il s'est inspiré des Codes de l'Italie du Nord qui avaient pris eux-mêmes pour modèles le Code civil Français. La matière des successionss a été modifiée par une loi du 31 mai 1856. On a publié en 1874 une édition révisée du Code de 1838.

Deux sortes de régimes nuptiaux sont en usage dans le canton du Tessin, le régime dotal et le régime de la séparation de biens. Les droits du conjoint survivant diffèrent dans les deux cas.

Premier cas. — Epoux mariés sous le régime dotal.

1° Droits du conjoint survivant sur les biens dotaux.

Ces droits ne sont pas les mêmes pour le mari et pour la femme.

a) La femme prédécède. S'il y a des enfants issus du mariage de cette femme avec le survivant, et pas d'enfants issus d'un mariage antérieur, le mari a droit à la jouissance de la totalité des biens dotaux. Ce droit est d'autant plus considérable que tous les apports de la femme sont réputés faire partie de la dot à moins de convention contraire. Si la femme laisse des enfants nés d'une précédente union, le mari recueille la pleine propriété d'une portion de la dot égale à une part d'enfant.

Si la femme laisse à la fois des enfants communs et des enfants d'un précédent mariage, le mari a seulement la jouissance de la portion de la dot dévolue aux enfants communs (art. 690). Si la femme ne laisse d'enfants d'aucun lit, la dot est attribuée pour le tout au mari.

b) Le mari prédécède. La femme a droit à la restitution de sa dot, et elle recueille de plus une contre-dot (contro-dote ou antifatto) égale à la moitié de la dot. Sur cette contre-dot, elle a un droit d'usufruit seulement si le mari laisse des enfants soit communs aux époux, soit nés d'un précédent mariage (art. 691), un droit de pleine propriété au cas contraire.

2° Droits du conjoint survivant sur les biens paraphernaux.

Ces droits sont les mêmes que ceux qui sont accordés à l'époux sous le régime de séparation de biens.

Deuxième cas. — Epoux mariés sous le régime de la séparation de biens.

Le conjoint survivant recueille l'usufruit de la moitié des biens du prédécédé s'il n'y a pas de postérité. En présence d'enfants, l'usufruit ne porte que sur une part d'enfant (art. 692).

Quelque soit le régime nuptial des époux, le survivant a droit en l'absence de frères, sœurs ou descendants d'eux au tiers de la succession du prémourant, en pleine propriété (art. 457, modifié par l'art. 8, de la loi du 31 mai 1856). A défaut de parents au degré successibles (dixième degré) le conjoint obtient la totalité de la succession.

III. — SUISSE ALLEMANDE.

On trouve dans la Suisse Allemande onze codes différents qui peuvent se diviser en trois groupes : 1° les codes de la Suisse centrale qui ont pris pour modèle le Code civil Autrichien tout en respectant le plus possible les coutumes locales ; 2° les codes de la Suisse orientale qui se sont inspirés du code Zurichois rédigé par Biuntschli ; 3° les codes des Grisons et de Glaris qui ont un caractère plus original.

Il y a en outre dans cette partie de la Suisse trois cantons (Schwitz, Uri, Saint-Gall) et quatre demi-cantons (Obwalden, Appenzell Rhodes Intérieures, Bâle-Campagne et Bâle-Ville qui n'ont pas de lois civiles condensées sous forme du code. Le demi-canton d'Appenzell, Rhodes

Extérieures, est régi par des lois récentes qui ne sont pas réunies en code.

Nous étudierons d'abord les droits de succession du conjoint survivant dans les cantons qui ont un code. Le premier groupe comprend les codes des cantons de Berne, Lucerne, Soleure, Argovie; le deuxième les codes de Zurich, Schaffouse, Thurgovie et de Nidwalden (ceux de Thurgovie et de Nidwalden ne sont pas encore achevés), le troisième comprend les codes des cantons des Grisons et de Glaris.

A. — Canton ayant un code.

Premier groupe.

1° Canton de Berne.

Ce canton est régi par un Code civil qui a été mis en vigueur en 1831. Cependant certains districts, tels que ceux de Porrentruy et de Délémont détachés du territoire Français en 1815, sont régis en ce qui concerne le régime matrimonial et les successions par le Code civil français. Les droits de succession du conjoint survivant tels qu'ils résultent de l'article 767 n'y ont pas été modifiés.

Le Code Bernois est particulièrement favorable au conjoint survivant, il le classe avec les descendants légitimes du défunt parmi les héritiers nécessaires (Notherben). L'époux est donc un héritier réservataire.

A défaut de descendants le conjoint hérite de tous les biens du prédécédé (art. 517).

S'il y a des enfants communs aux deux époux et que ce soit le mari qui survive, celui-ci conserve sur l'apport de la femme les droits qu'il avait durant le mariage (art. 519). Il en reste donc propriétaire. On sait en effet que d'après le régime matrimonial imposé par le code Bernois le mari devient propriétaire de tous les biens appartenant à la femme au jour du mariage ou qui lui échoient dans la suite à titre de donation succession ou testament : la femme n'est que créancière de ses rapports (Zugebrachte) (art. 88). Les enfants ne recueilleront donc que : 1° Le droit de créance que la femme avait contre son mari avec les prérogatives qui y sont attachées par les articles 99-106 ; 2° la fortune réservée de la femme (*das vorbehaltene Gut*) qui se réduit à fort peu de chose (art. 90). Mais le père qui se remarie doit délivrer à chacun des enfants atteignant sa majorité la moitié de la part qui lui revient des biens de la mère prédécédée. Au même cas où il y a des enfants communs, la femme qui survit a droit à une part d'enfant, mais les enfants ne peuvent réclamer le partage que si leur mère se remarie (art. 523).

Les enfants communs sont donc sacrifiés par le Code Bernois au profit du conjoint survivant : ces règles ne nous semblent guère justifiables. Pour protéger les intérêts de ces enfants, la loi se borne à dire que la veuve ne pourra faire de changements notables dans ses capitaux sans l'assentiment de ses enfants majeurs et de l'autorité tutélaire pour les mineurs, à peine de nullité. Il lui est aussi défendu de se porter caution (loi du 27 mai 1847, art. 6).

Les fiancés ou les époux peuvent par contrat de succession réciproque renoncer à leur qualité de Northerben ; mais cette renonciation n'est valable que si à l'époque du décès du prémourant il n'y a pas d'enfants communs.

Notons que outre ses droits de succession, la femme peut recevoir un Morgengabe qui fait alors partie de sa fortune réservée.

2° *Canton de Lucerne.*

Il est régi par un Code civil dont les différentes parties sont entrées en vigueur de 1832 à 1839. Les héritiers d'après ce Code sont répartis en cinq classes, et le conjoint survivant concourt avec chacune d'elles. En présence d'héritiers de la première classe (descendants du défunt), l'époux reçoit l'usufruit d'un quart de la succession ; en concours avec des héritiers de la deuxième classe (père, mère et descendants du père), il prend encore le quart, mais en pleine propriété ; s'il n'y a que des héritiers de la troisième classe ou d'une classe suivante, l'époux a droit au tiers de la succession en pleine propriété ; enfin à défaut de successibles, il recueille la moitié de la succession (art. 418).

L'époux survivant a une réserve égale au quart de la succession en usufruit.

3° *Canton de Soleure.*

Le Code civil de ce canton date de 1811 à 1848 ; il impose aux époux le système de la communauté de part tierce : lors du partage chaque époux reprend d'abord ses propres ; quant aux acquêts (das gewonnene Gut) le mari en reçoit les deux tiers et la femme un tiers seulement (art. 233).

S'il y a des enfants issus du mariage, l'époux survivant a droit à l'usufruit de la succession du prédécédé. Les enfants majeurs peuvent cependant exiger la remise du quart de leur portion héréditaire (art. 511). S'il n'y a pas d'enfants du mariage, le conjoint prend suivant la qualité des héritiers avec lesquels il concourt, soit le tiers, soit la moitié des biens du prédécédé en toute propriété ; il a le reste en usufruit (art. 517, 518).

Enfin, le conjoint survivant a une réserve égale à la moitié des droits qui lui sont attribués dans la succession *ab intestat* du prémourant (art. 571).

4° *Canton d'Argovie.*

Les différentes parties du code de ce canton ont été promulguées de 1847 à 1855. Ce code range les héritiers en six classes, mais quelle que soit la classe appelée, le conjoint survivant concourt avec elle à moins qu'il ne la prime.

En concours avec des héritiers de la première classe (descendants) le conjoint reçoit l'usufruit de toute la succession ; toutefois cet usufruit ne porte que sur la moitié de la succession, si les descendants sont issus d'un précédent mariage du défunt (art. 894, 895). S'il n'y a que des héritiers de la deuxième, troisième ou quatrième classe (père et mère, frères et sœurs, grand'père ou grand'mère du défunt), l'époux recueille la moitié de la succession en toute propriété, et l'autre moitié en usufruit (art. 901). A leur défaut, il prend la pleine propriété de toute la succession ; l'époux prime donc les héritiers des cinquième et sixième classes.

Si c'est le mari qui survit, il a droit à la totalité des acquêts, quels que soient les héritiers en face desquels il se trouve (art. 904 et 53).

Dans tous les cas, les deux tiers de la part assignée par la loi au conjoint survivant lui sont attribués à titre de réserve.

Deuxième groupe.

1° *Canton de Zurich.*

Ce canton est aujourd'hui régi par le code, ratifié par le peuple en 1887 et qui est entré en vigueur en 1888.

Ce code n'est qu'une révision du code de 1844-1855 dont la rédaction est due à Bluntschli. « Une révision exacte nous dit M. Lehr (*op. cit.* Introduction, p. 28), lui a donné plus de cohésion et a fait disparaître les quelques imperfections que l'on avait relevées dans le classement des matières ou dans la rédaction de Bluntschli. C'est encore l'œuvre du maître, mais mise au point et débarrassée de ses parties mortes. » Ce code a une grande importance tant par la considération qui s'attache au nom de son premier rédacteur que par l'influence qu'il a exercée sur les codes des cantons voisins.

Le droit de succession entre époux est réglé par les articles 899 à 906 de ce code. Depuis la révision du code de 1855, les deux époux ont une situation égale en ce qui concerne leur droit de succession réciproque.

L'époux survivant prélève à titre de préciput (art. 900) :
1° Les présents de noces faits au prémourant ; 2° les objets
de ménage (Hausrath) du prémourant. En outre, il
recueille :

a) Si le défunt laisse des descendants, la moitié de l'hérédité en usufruit, ou le huitième en pleine propriété à
son choix.

b) Si le défunt laisse des héritiers appartenant à la
parentèle paternelle ou maternelle (personnes issues de
son père ou de sa mère), la totalité de l'hérédité en usufruit ou un quart en pleine propriété à son choix.

c) Si les héritiers appartiennent à la parentèle grand
paternelle ou grand maternelle (oncles et tantes du *de
cujus* et leurs descendants), la moitié de la succession en
pleine propriété, l'autre moitié en usufruit.

d) Si le défunt ne laisse que des arrières grands parents,
les trois quarts en pleine propriété, le dernier quart en
usufruit (art. 901).

e) Si le défunt ne laisse pas de successibles, la totalité de
la succession en pleine propriété (art. 905).

Si l'époux survivant se remarie, le droit d'usufruit que
lui avait attribué la loi sera réduit de moitié.

Les fiancés ont eux-mêmes un droit de succession réciproque (art. 898). Lorsque l'un deux vient à mourir avant
la célébration du mariage, l'autre obtient en toute propriété : 1° les présents de fiançailles ; 2° un dixième de la
succession si le défunt ne laisse pas de descendants légitimes (ce qui est le cas le plus fréquent).

2° *Canton de Schaffouse.*

Le code civil de ce canton date de 1861-1865; c'est une copie presque littérale du code de Zurich de 1855, sauf en ce qui concerne la matière des successions.

S'il y a des enfants communs, le conjoint survivant a la jouissance de la totalité des biens du prédécédé jusqu'à la majorité de tous les enfants, après quoi cette jouissance est réduite de moitié (art. 1839). En cas de convol, l'usufruit ne porterait plus que sur une part d'enfant.

A défaut de descendants, le conjoint a l'usufruit de la totalité de la succession (art. 1845). Les trois quarts de la part attribuée par la loi au conjoint lui sont en tous cas réservés (art. 1909).

3° *Canton de Thurgovie.*

Le droit successoral y est réglé par une loi du 17 juin 1839 révisée en 1867, qui fixe ainsi les droits de succession du conjoint survivant.

a) Si le défunt laisse des enfants, l'époux obtient l'usufruit de tous les biens du prédécédé, lorsque les enfants se marient ou que parvenus à l'âge de la majorité, ils vont s'établir au dehors, l'ascendant survivant doit leur remettre le quart de leur part (art. 38). Cependant, si le conjoint se remarie, ou s'il ne peut fournir la caution qu'on lui réclame à raison de sa qualité d'usufruitier, il y a lieu de procéder à un partage (art. 39). Le conjoint ne recueille plus alors (outre ses propres et la moitié des acquêts), que l'usufruit d'un quart des propres du défunt et d'un huitième que la part de celui-ci a dans les acquêts (art. 40).

b) S'il n'y a pas d'enfants du défunt, l'époux recueille la moitié de la succession en pleine propriété. Cependant, à défaut de parents jusqu'au huitième degré, le conjoint prend l'hérédité tout entière.

Les deux tiers de la part attribuée au conjoint lui sont réservés (art. 63).

4° *Demi-canton de Nidwalden ou d'Unterwalden le bas.*

La matière des successions y est réglée par la loi du 22 février 1859 qui détermine ainsi les droits du conjoint : l'époux prend l'usufruit du quart de la succession quand il concourt avec des enfants. Cependant s'il y a quatre enfants ou plus il n'obtient que l'usufruit d'une part d'enfant.

Notons que le droit du conjoint ne peut porter sur des immeubles; le conjoint, s'il y a lieu, reçoit une indemnité proportionnelle (art. 214).

5° *Canton de Zoug.*

Le droit successoral y est réglé par la quatrième partie du Code civil, laquelle est entrée en vigueur en 1876.

Le conjoint survivant obtient l'usufruit : du tiers des biens du prédécédé si le défunt a laissé des héritiers de la première classe (descendants); de la moitié s'il y a des héritiers de la deuxième classe (père ou mère du *de cujus*, frères et sœurs et leurs descendants) : des deux tiers s'il n'y a que des héritiers des classes subséquentes.

Les trois quarts des droits ainsi attribués au conjoint lui sont réservés (art. 303).

La veuve qui convole en secondes voit son usufruit réduit de moitié.

Troisième groupe.

1° *Canton des Grisons.*

Le Code civil de ce canton y est entré en vigueur en 1862. Le régime légal des biens entre époux est, d'après ce Code, la communauté réduite aux acquêts. Les acquêts (Vorschlag) sont attribués pour deux tiers au mari et pour un tiers à la femme : c'est là le régime de communauté de part tierce qui fonctionne dans les cantons de Soleure et de Bâle.

Le conjoint survivant recueille l'usufruit du tiers de la succession s'il y a des enfants, des deux tiers s'il n'y a pas d'enfants (art. 500). Mais l'époux peut choisir entre cet usufruit et le legs que lui aurait fait le *de cujus*. D'après l'article 511, les époux peuvent se léguer mutuellement l'usufruit de toute leur fortune, même s'il y a des enfants, à charge dans ce cas de fournir une dot à ceux qui se marient ou qui atteignent l'âge de la majorité (19 ans). Du reste, pour faire un tel legs à son mari, la femme a besoin du concours d'un tuteur extraordinaire (art. 511).

2° *Canton de Glaris.*

Le droit de succession y est réglé par une loi adoptée par la Landsgemeinde du 3 mai 1874. Cette loi qui constitue la troisième partie du Code civil du canton de Glaris fixe ainsi les droits de succession du conjoint survivant :

S'il y a des enfants, le conjoint a droit à une part d'enfant ; dans le cas contraire il recueille la moitié de la succession, à charge dans les deux cas de verser toute sa fortune personnelle dans la masse. Pour obtenir la part qui lui est ainsi faite, il doit dans les deux mois du décès du *de cujus* déposer une déclaration écrite à la direction des orphelins de son domicile (Waisenamt). Si le conjoint ne dépose pas de demande il est présumé s'en tenir à son propre bien (art. 303 et 304).

Il existe aussi dans le canton de Glaris un droit de succession entre fiancés analogue à celui que nous avons rencontré dans le canton de Zurich (art. 312).

B. — CANTONS N'AYANT PAS DE CODE CIVIL.

1° *Demi-canton de Bâle-Ville.*

Ce demi-canton a une loi du 10 mars 1884 concernant « le régime matrimonial quant aux biens, le droit de succession et les donations ». Ces matières étaient antérieurement régies par les troisième et quatrième partie des statuts de 1719.

La communauté universelle est conservée comme régime légal. Lorsque le mariage se dissout par le prédécès d'un des conjoints, l'époux survivant, à défaut de contrat de mariage reçoit les deux tiers de la fortune commune, tandis que les héritiers du prédécédé n'en recueillent que un tiers (art. 13). Avant 1884, la veuve n'avait droit qu'à un tiers; le mari survivant recueillait au contraire les deux tiers de la fortune commune.

L'époux survivant n'a de droits à la succession du prédécédé qu'à défaut de parents au degré successible (cinquième degré); les droits qui lui sont attribués sur la fortune commune assurent suffisamment sa situation pécuniaire.

2° *Canton de Bâle-Campagne..*

Il est régi par la Landesordnung de 1813.

Le régime légal des biens entre époux est la communauté universelle; en cas de mort d'un des conjoints, on fait une seule masse de la fortune commune sans distinguer entre les acquêts et les apports de l'un ou l'autre époux. Cette masse commune est attribuée pour les deux tiers au mari ou à ses héritiers, pour le tiers à la femme ou à ses héritiers. La femme prend en outre à titre de préciput ses habits et ses bijoux, plus huit francs de Suisse à titre de Morgengabe si elle était fille lors de son mariage avec le *de cujus.*

La femme a aussi le droit d'habiter pendant son veuvage la maison du défunt.

3° *Canton de Saint-Gall.*

La matière des successions y est régie par une loi du 9 décembre 1808 qui a été modifiée en 1819 et en 1832.

a) S'il y a des descendants, le conjoint hérite d'une part d'enfant en toute propriété (art. 47). Il a de plus l'usufruit des parts qui reviennent aux enfants, mais quand un enfant devient majeur ou se marie, il peut réclamer les trois quarts de sa part. L'usufruit du dernier quart reste à l'époux survivant pour toute la durée de son veuvage (art. 217).

b) S'il n'y a pas de descendants, le conjoint hérite de la moitié de la succession du prédécédé en toute propriété (art. 48).

c) S'il n'y a pas de parents du *de cujus* au degré successible (dixième degré) le survivant recueille la totalité de la succession.

Le conjoint a une réserve dont le montant est variable suivant le nombre et la qualité des héritiers que laisse le prémourant (art. 94-101).

4° *Canton d'Appenzell.*

Ce canton est divisé en deux parties bien distinctes, les Rhodes Extérieures et les Rhodes Intérieures.

α Rhodes Extérieures

Le droit successoral y est réglé par une loi du 28 avril 1861. S'il n'y a pas d'enfants issus du mariage, ou s'il n'y en a qu'un, le conjoint survivant a droit au tiers en pleine propriété de la succession du prédécédé. S'il y a plus d'un enfant, l'époux recueille la pleine propriété d'une part d'enfant.

Le mari qui survit hérite en outre du Brautwagen,

c'est-à-dire des ustensiles de ménage, linges et habits apportés par la femme lors du mariage. De plus les acquêts appartiennent en totalité au mari s'il survit; à ses héritiers, s'il prédécède ; il est vrai qu'en revanche les pertes survenues pendant la durée du mariage sont aussi à la charge du mari.

Les droits de succession que la loi attribue au conjoint lui sont accordées à titre de réserve.

β Rhodes Intérieures.

Le droit successoral y est réglé par une loi du 30 avril 1865. Les droits du conjoint survivant sont les suivants :

1° Il y a des descendants de l'époux prédécédé. Le survivant recueille alors : 1° une part d'enfant, de meubles, en pleine propriété; 2° une part d'enfant, d'immeubles, en usufruit. Cependant, s'il n'y a qu'un enfant, la part du conjoint sera seulement de un tiers (art. 11).

2° Il n'y a pas de descendants. Si c'est la femme qui survit, elle recueille la moitié des meubles du mari en pleine propriété, et l'usufruit du tiers des immeubles. Au contraire si c'est le mari qui survit, il a droit à la propriété de tous les meubles de la femme prédécédée et à l'usufruit du tiers des immeubles. En outre, la loi lui attribue la pleine propriété du Brautwagen (art. 12). Aucune réserve n'est spécialement établie en faveur du conjoint ; néanmoins les droits de succession de l'époux ne peuvent lui être enlevés puisque le *de cujus* n'a le droit de disposer par donation ou testament que de deux pour cent de sa fortune s'il a des enfants, et de cinq pour cent s'il n'a pas d'enfants (art. 6).

5° *Canton de Schwitz.*

Il n'y a pas dans ce canton de lois écrites réglant la matière des successions ; neuf coutumes différentes sont en vigueur sur ce point. Pourtant, en ce qui concerne les droits du conjoint survivant, la coutume du district de Schwitz a prévalu et a été érigée en disposition applicable à tout le canton par une loi du 18 novembre 1830.

Le mari survivant reçoit toujours la moitié de la fortune de la femme en toute propriété. De même la femme qui survit a droit à la moitié de la succession de son mari si celui-ci ne laisse pas d'autre enfant qu'une fille. Mais si le *de cujus* a un fils ou plusieurs enfants, la femme ne recueille que l'usufruit d'une part de fille, part un peu inférieure à celle d'un fils, puisque les fils peuvent généralement exiger à titre de prérogative masculine un dixième en sus de leur part virile.

6° *Canton d'Uri.*

Dans ce canton, les époux peuvent par contrat régler leur droit de succession réciproque et s'attribuer respectivement l'usufruit de la moitié de leurs biens, qu'il y ait ou qu'il n'y ait pas d'enfants. A défaut de disposition de ce genre, le survivant reçoit la pleine propriété d'une part d'enfant, et s'il n'y a pas d'enfants, le quart de la succession du prédécédé.

7° Demi-canton d'Obwalden ou d'Unterwalden le haut.

Les époux y peuvent régler par contrat les droits héréditaires du survivant. La femme peut en outre recevoir un morgengabe, mais à défaut de contrat, elle a droit à un morgengabe légal, dont le montant est de 150 francs.

S'il n'y a pas eu de contrat d'héritage, le survivant n'a aucun droit même d'usufruit sur la succession du prédécédé, quels que soient les héritiers laissés par le défunt. Le droit pour la femme au Morgengabe, et l'attribution au mari de la totalité des acquêts, tempèrent un peu la rigueur de cette disposition exceptionnelle.

RÉSUMÉ ET CONCLUSION.

En résumé, les nombreuses législations cantonales de la Suisse confèrent le plus souvent de larges droits de succession au conjoint survivant ; seuls, la partie du canton de Berne qui est encore régie par le code civil français, et l'Obwalden ou Unterwalden le haut, se montrent rigoureux à son égard. Dans la première, on applique la disposition qui nous est bien connue de notre ancien article 767 ; il n'est même pas dit dans l'autre que le conjoint prime le fisc. Mais ce ne sont-là que des exceptions dont l'une d'ailleurs est imputable au législateur français. Les autres cantons accordent au conjoint des droits variables mais toujours assez élevés et souvent plus considérables que ceux que lui attribue la loi française du 9 mars 1891.

Dans la plus grande partie de la Suisse, le conjoint n'a qu'un droit d'usufruit quand il concourt avec des enfants. Cette règle est appliquée aux deux tiers environ de la population totale de la confédération. Au contraire, pour le cas où le défunt ne laisse pas d'enfants, le conjoint recueille le plus fréquemment une part plus ou moins forte en pleine propriété. Tel est le droit qui gouverne plus de la moitié de la population. Le plus souvent aussi, le conjoint survivant à une réserve, mais il faut tenir compte de ce fait qu'en Suisse la quotité disponible est ordinairement très faible, parfois presque nulle, quel que soit le degré des héritiers que laisse le *de cujus*.

En général, on le voit, les droits de succession accordés au conjoint survivant sont par trop considérables, et portent un grave préjudice aux héritiers du sang ; la législation du canton de Berne notamment s'est montrée beaucoup trop favorable à l'époux. En France, le législateur de 1891 a su rester dans de plus justes limites.

Russie.

Nous trouvons en Russie comme recueil législatif le « *Svod* » ou *Svod zakonov'* » vaste compilation, véritable Digeste du droit Russe, publié en 1833 sur l'ordre du Czar Nicolas 1er. Le *Svod* embrasse toutes les matières et comprend toutes les lois, sauf les lois militaires. Pour donner une idée de l'importance de ce recueil il suffit de constater que dans son édition de 1842 il comprend quinze volumes in-quarto renfermant environ soixante mille articles. Les lois civiles qui sont contenues dans le tome X du *Svod* comprennent 2024 articles.

Le Svod renferme les lois civiles applicables dans l'Empire Russe à moins d'exception formelle. Mais il faut noter qu'il y a une législation complète et distincte : 1° Pour le royaume de Pologne ; 2° pour les provinces Baltiques ; 3° pour le grand Duché de Finlande. De plus, certaines provinces autrefois polonaises, telles que les gouvernements de Tchernigof et de Poltava ont conservé leurs coutumes locales plus ou moins codifiées.

Nous allons examiner quels sont dans ces différentes parties de l'empire Moscovite les droits accordés au conjoint survivant sur la succession de son conjoint prédécédé.

I. D'après le Svod, l'épouse légitime jouit de droits héréditaires assez étendus (1) : qu'il y ait ou qu'il n'y ait pas de descendants du défunt, elle recueille un septième des immeubles et un quart des meubles.

La femme a même une réserve, mais cette réserve ne porte que sur les biens patrimoniaux (Rodovya, Stammgüter). Il faut entendre par là les biens venant de la famille par exemple les biens recueillis par droit de suc-

1. D'après le Code de Yaroslaf (Rouskaiapravda), qui date du onzième siècle, et qui reproduit les coutumes scandinaves, la veuve n'avait aucun droit de succession. Elle ne pouvait prétendre qu'à un douaire.

D'après la Pravda du XIII° siècle, la femme n'avait pas de droit à la succession de son mari lorsque celui-ci mourait *intestat* : mais les enfants étaient obligés de faire participer leur mère à une portion des biens par eux recueillie, lorsque le père n'avait pas fait de legs au profit de celle-ci. De plus, la veuve avait le droit d'habiter la maison de son mari pendant le temps de son veuvage.

cession légitime. D'ailleurs, le Svod ne pose pas explicitement de principes qui permettent de distinguer les biens
patrimoniaux des acquêts; il procède par voie d'énuméra-
tion et non par voie de définition.

Pour ce qui est des acquêts, le mari peut en disposer
librement par acte entre-vifs ou acte de dernière volonté ;
s'il laisse un testament, c'est sur les biens patrimoniaux,
faisant partie de son hérédité, que se prélèvera la légitime
de la veuve (art. 1148).

Il se peut qu'il n'y ait pas d'immeubles dans cette hérédité, qu'il ne s'y trouve que des effets mobiliers. Dans ce
cas, la veuve reçoit du vivant de son beau-père, sa légitime
sur la partie des immeubles patrimoniaux que celui-ci
possédait au moment du décès de son fils et dont ce dernier aurait hérité un jour (1154), plus le quart de la fortune mobilière laissée par le mari lui-même. La veuve
n'a pas le même droit sur les immeubles de sa belle-
mère.

La femme, nous l'avons vu, a une réserve. Pour le calcul de la portion qui lui est ainsi assurée par la loi on
tient compte non seulement des biens patrimoniaux qui
font partie de la succession de son mari prédécédé, mais
encore, s'il y a lieu, des biens qui seraient échus à son
mari du chef de son père, s'il avait survécu à ce dernier
(1149).

Le mari survivant a des droits analogues à ceux de la
veuve survivante. Notons en outre en ce qui le concerne
que lorsqu'un noble est autorisé par l'Empereur à prendre le nom de sa femme à défaut de tous parents mâles
dans la famille de celle-ci, les immeubles que cette femme

recueille dans la succession de son père passent à son mari si elle meurt sans enfants (1168).

Des règles particulières sont appliquées dans les gouvernements de Tchernigof et de Poltava: s'il y a des enfants issus du mariage, le conjoint survivant a droit au tiers de ce que les époux ont acquis par leur travail en commun. S'il n'y a point d'enfants, le conjoint prend la totalité de ces mêmes biens.

Remarquons en outre que dans tout l'Empire, les sujets Russes de religion mahométane sont régis par des dispositions spéciales. Toutes les femmes du défunt quel que soit leur nombre, reçoivent conjointement : un huitième de la succession s'il existe des enfants du mari, un quart dans le cas contraire. Cette portion se partage par tête entre les femmes.

II. Depuis 1808, la Pologne Russe est sous l'empire du code civil Français. Certaines modifications, il est vrai, y ont été apportées et notamment dans la matière qui nous occupe. D'après une loi de 1825 (art. 231-233) le conjoint survivant recueille (à défaut de contrat réglant les gains de survie des époux):

1° S'il y a des enfants issus du mariage l'usufruit d'une part d'enfant.

2° A défaut d'enfants, s'il y a des parents jusqu'au quatrième degré : le quart en pleine propriété des biens composant la succession.

3° S'il y a des parents plus éloignés appelés à la succession : la moitié en pleine propriété.

4° A défaut de parents au degré successible : la totalité.

Notons que l'époux survivant a une réserve lui garantissant la moitié des différentes quotités que nous venons de fixer.

III. On rencontre dans la législation des provinces Baltiques ; outre le droit privé général, jusqu'à huit droits provinciaux ou urbains.

Ces dispositions diverses ont été réunies en 1861 en un code appelé Liv-est und Curlœndisches Privatrecht ; les droits successoraux de l'époux survivant y font l'objet de cent soixante articles (art. 1709-1869). Ils sont différemment réglés suivant les provinces ou les villes, ou même suivant la condition sociale des conjoints.

Nous ne pouvons entrer dans le détail de ces dispositions. Signalons toutefois une règle particulière. En Livonie et en Esthonie la veuve qui a des enfants reste avec ceux-ci en jouissance de la fortune de son mari prédécédé. Elle ne peut être contrainte à une liquidation que si elle convole en secondes noces ; dans ce cas; elle a droit : 1º à ses apports ; 2ª à tout le mobilier ; 3ª à une part d'enfant sur les immeubles et les créances.

En Livonie, les avantages ainsi assurés à la femme lui sont réservés.

IV. On sait que le Grand Duché de Finlande a été détaché de la Suède et annexé à la Russie en 1809. Il a conservé la législation civile Suédoise contenue dans le Code de 1734 dit « Sveriges Rikes lag » qui a subi depuis cette époque d'assez nombreuses modifications. C'est en nous occupant de la législation de la Suède que nous avons vu quelles sont les règles applicables aux droits successoraux du conjoint survivant dans l'étendue du Grand duché de Finlande.

Grèce.

La préparation d'un Code civil a été prescrite en Grèce par plusieurs constitutions, mais bien que le travail de codification soit poursuivi depuis longtemps, on n'a promulgué encore que quelques lois spéciales. Un projet de Code publié en 1870 et revisé en 1874 n'a pas encore abouti. A défaut de Code, la Grèce est régie par le droit Romain et par les règles contenues dans le *Promptuarium Juris* d'Harmenopule. Le droit de succession est réglé par la Novelle 118 de Justinien; le conjoint survivant n'est appelé qu'à défaut de parents successibles.

Une partie de la Grèce est régie par des dispositions spéciales, ce sont les Iles Ioniennes qui font partie de ce royaume depuis 1863. Les Etats-Unis des sept îles Ioniennes formaient naguère une république aristocratique sous le protectorat de l'Angleterre, et possédaient un Code civil promulgué en 1811 et reproduisant en grande partie le Code civil français. Ce code de 1811 est encore en vigueur dans les îles Ioniennes malgré la réunion de ces îles au royaume de Grèce. L'article 655 de ce Code reproduit notre article 767, mais d'après l'article 661, l'époux malheureux qui n'a pas un patrimoine convenable pour sa position a droit sur les revenus des biens héréditaires du conjoint prédécédé, à une pension viagère, à moins qu'il ne se remarie. Le montant de cette pension ne peut excéder le quart des revenus des biens héréditaires.

Serbie.

Le code civil actuellement en vigueur en Serbie est celui qui fut promulgué en 1811 par décret du prince Alexandre Karageorgevitch. Ce code s'est surtout inspiré du code Autrichien ; il n'accorde pas les mêmes droits de succession à la veuve et au veuf.

1° La veuve, d'après les articles 413 et 414, a sur les biens de son mari prédécédé et tant qu'elle reste veuve, un droit d'usufruit qui en cas de partage porte sur la moitié de la succession. Elle peut, en outre, obtenir un douaire de son mari, mais il n'y a pas de douaire légal.

2° Quant au mari survivant, il n'est appelé qu'à défaut de successibles (art. 416).

Roumanie.

La Roumanie a un code civil qui a été promulgué en 1864, et qui s'est inspiré non seulement des coutumes locales et du droit Romain, mais encore en grande partie du code civil Français.

D'après les dispositions du code Roumain, le mari survivant n'est appelé qu'à défaut de successibles à la succession de sa femme. La veuve si elle est pauvre, recueille une part d'enfant sans que cette part puisse être supérieure au tiers de la succession, lorsqu'elle concourt avec des descendants. En face d'ascendants ou de collatéraux elle a droit au quart de la succession.

Angleterre.

La législation Anglaise n'est pas codifiée ; elle présente un caractère particulier, un cachet original qui lui font une place à part, à côté des autres législations Européennes. Les principes qui la régissent ne proviennent ni du droit Romain, ni du vieux droit Germain : ils n'ont pas non plus été pénétrés par les idées canoniques ; leur source se trouve presque uniquement dans le droit féodal.

Ce qui forme la base du droit Anglais, c'est la common law, c'est-à-dire l'ensemble du droit coutumier consacré par un usage immémorial. La common law se trouve parfois modérée par l'Equity que Blackstone définit avec Grotius « la correction de ce en quoi la loi est défectueuse à raison de son universalité ». L'Equity adoucit donc dans certains cas particuliers les résultats trop rigoureux auxquels aboutirait l'application inflexible des dispositions générales de la common law. Il y eut pendant longtemps lutte très vive entre la common law et l'Equity qui n'étaient appliquées, ni par les mêmes juges, ni d'après les mêmes règles de procédure, mais depuis 1873 chaque chambre de la Haute-Cour a le droit de juger à son choix *in common law* ou *in equity* (1).

La common law est souvent aussi modifiée et complétée par le *Statute law* ou droit statutaire, qui comprend les dispositions d'origine législative et les actes rendus par

1. Consulter sur tous ces points l'*Histoire du Droit et des Institutions de l'Angleterre* de M. Glasson (préface, p. 16 et suivantes).

le souverain avec l'avis et du consentement du Parlement .
Le *Statute law* prend de jour en jour plus d'importance, et
le règne incontesté de la *Common law* paraît sur son déclin.
« Aujourd'hui, dit M. Paul Gide, le droit Anglais devient
moderne et se dépouille de ces vêtements d'un autre âge
dont les formes surannées et bizarres faisaient l'étonne-
ment de l'étranger. Au commencement de ce siècle, l'Angleterre était encore restée comme on le disait alors l'*Her-
culanum* de la féodalité. »

La dévolution des meubles dépendant d'une succession
ab intestat, et celle des immeubles sont régies par des dispositions toutes différentes. La dévolution des meubles
est réglée par des lois datant de la moitié du xviie siècle
et connue sous le nom de *Statutes of distribution*. Voici la
part faite par ces lois au conjoint survivant.

1° Si le mari prédécède laissant une veuve et des enfants
ou descendants, la veuve a droit à un tiers de l'avoir mobilier net. A défaut d'enfants ou descendants la femme en
recueille la moitié.

2° Si c'est le mari qui survit, il prend la totalité des
meubles.

Notons que si le mari s'est engagé par contrat de mariage à laisser à la veuve une provision sur son avoir
mobilier, celle-ci ne peut réclamer à la fois cette provision
et la part à laquelle elle a droit en vertu des statutes of
distribution.

La dévolution *ab intestat* des immeubles (*Title by descent*)
est régie par des dispositions dont la plupart remonte au
xiie siècle. Elles ont été modifiées par l'*act fort-amend-
ment of the law of inheritance* de 1833 qui a lui-même été

amendé depuis. Cette dévolution se détermine en prenant pour point de départ le Purchaser, c'est-à-dire la première personne qui a acquis l'immeuble autrement que par succession *ab intestat*. C'est au plus proche parent du Purchaser qu'est attribué l'immeuble. « Le droit Anglais, dit M. Glasson (*op. cit.*, tome 6, page 218), a constamment maintenu le principe également consacré par nos anciennes coutumes souchères, que personne ne peut recueillir un héritage s'il n'est du sang du premier propriétaire. » Le conjoint ne peut donc avoir, en cette qualité, aucun droit à la succession immobilière de son époux prédécédé.

Cependant lorsque le mari survivant a eu de sa femme des enfants qui, vivants, eussent hérité des fiefs appartenant à leur mère, il a l'usufruit de ces fiefs en vertu de ce qu'on appelle la Courtoisie d'Angleterre (tenant by the curtesy of England). Mais en général le contrat de mariage règle les droits éventuels du mari sur les immeubles de sa femme au cas où ce mari survivrait.

Outre ses droits de succession *ab intestat*, la femme a certains gains de survie.

1° La femme survivante peut rester pendant quarante jours dans la maison de son défunt mari, aux frais de la succession de celui-ci. C'est ce qu'on appelle sa Quarantine.

2° La veuve a dans certains cas un droit d'usufruit sur une portion des immeubles laissés par son mari ; ce droit porte le nom de Dower (douaire). Il ne porte plus que sur les immeubles que le mari a expressément affectés à sa femme ; le mari peut donc priver sa femme de tout douaire à moins de clause contraire insérée au contrat de mariage.

La veuve ne peut cumuler le douaire avec une jointure, c'est-à-dire une rente constituée avant le mariage au profit de la femme sur un immeuble du mari, pour le cas où celui-ci prédécèderait.

Un act de 1882 a grandement modifié la situation juridique de la femme mariée. Celle-ci est devenue « capable d'acquérir et tenir comme sa propriété séparée tout bien réel et personnel, et d'en disposer par testament ou autrement de la même manière que si elle était non-mariée, et sans qu'il soit besoin de l'intervention d'un Trustee (Section première de l'acte de 1882) (1). La femme conserve donc la propriété et la jouissance de tous les biens qu'elle a lors de son mariage et de ceux qui lui adviennent par la suite. Elle peut en disposer librement sans l'autorisation de son mari ou de justice. Quelle a été l'influence de cette réforme considérable sur la situation du conjoint survivant?

La femme en disposant de ses biens personnels par testament peut rendre illusoire le droit du mari survivant à la propriété de cette catégorie de biens. De même, en disposant de ses biens réels, la femme peut faire échec à la *Curtesy of England*. Mais à défaut de testament ces prérogatives du mari survivant existent comme par le passé.

Les droits de succession *ab intestat* que possède la veuve et qui s'expliquaient au moins en partie par l'absorption des biens personnels de la femme dans le patrimoine du mari, subsistent aujourd'hui bien que cette raison ait dis-

1. Le Trustee est une personne grevée d'une sorte de fidéicommis.

paru. « La loi nouvelle, dit M. Esmein (1), tout en inaugurant de nouveaux principes n'a pas abrogé la conséquence des anciens ».

APPENDICE.

Les droits de la veuve viennent d'être augmentés en Angleterre par une loi récente, la loi du 25 juillet 1890 intitulée : « *Loi pour amender la loi en vue d'augmenter les droits des veuves dans le partage de certaines successions ab intestat* » (2).

Nous savons qu'antérieurement à cette loi, la veuve n'avait aucun droit sur les immeubles laissés *ab intestat* par son défunt mari, ces immeubles étant réservés au plus proche parent du Purchaser. Elle recueillait seulement le tiers ou la moitié de l'avoir mobilier net.

Rien n'est changé aux droits de la veuve dont le mari laisse des enfants ou descendants ; mais la loi accorde à la veuve, quand il n'existe pas d'enfants, un droit sur l'ensemble des biens mobiliers et immobiliers du *de cujus*.

Ces biens seront dévolus en totalité à la veuve si leur valeur n'excède pas 500 livres sterling.

Au cas contraire la veuve recueillera la succession jusqu'à concurrence de 500 livres.

Cette loi est intéressante à plus d'un titre. Elle montre

1. Voir « l'*Etude sur la condition privée de la femme*, » par M. Paul Gide avec additions et notes de M. Esmein.
2. Voir *Annuaire de législation étrangère* 20e année, pages 37 et 38.

bien que le législateur anglais a compris la nécessité d'assurer à la veuve des droits de succession sérieux : il a été jusqu'à la préférer, dans les successions de peu d'importance, à tous les héritiers du mari autres que les enfants. Remarquons, en outre, qu'en accordant à la veuve un droit sur les immeubles du mari, il a marché directement à l'encontre de la règle traditionnelle en matière de dévolution *ab intestat* des immeubles, règle qui veut que « personne ne puisse recueillir un héritage s'il n'est du sang du premier propriétaire ». Et pourtant, on sait quel est l'attachement des Anglais pour les principes de leur vieux droit coutumier.

Enfin si l'on rapproche cette loi de 1890 des lois récemment promulguées sur un sujet analogue dans divers états de l'Europe et des dispositions des Codes nouveaux sur les droits de succession du conjoint survivant (1), on est frappé de ce fait qu'il existe actuellement un grand courant d'opinion en faveur de ce conjoint.

1. Grand duché d'Oldenbourg, loi de 1872. Cantons de Genève et de Glaris, lois de 1871. Demi-canton de Bâle-Ville, loi de 1884. France, loi de 1891. Code civil espagnol de 1889. Projet de Code civil allemand.

POSITIONS

DROIT ROMAIN

I. — D'après le droit prétorien, le conjoint survivant était toujours préféré au fisc.

II. — La veuve qui concourt avec les enfants de son mari n'a qu'un droit d'usufruit sur la portion qui lui est attribuée par les Novelles de Justinien. Si parmi les enfants, les uns sont communs au *de cujus* et à la veuve, les autres issus d'un précédent mariage du défunt, la nue-propriété de la part attribuée en usufruit à la veuve sera divisée entre les enfants communs seulement.

III. — Dans le droit de Justinien, la *donatio propter nuptias* est pour la femme un simple gain de survie, mais cette institution avait alors tout-à-fait changé de caractère.

IV. — Le *legatum dotis* et le *legatum pro dote* offraient des avantages même pour la femme qui avait stipulé la restitution de sa dot.

HISTOIRE DU DROIT FRANÇAIS

I. — Les parlements des pays de droit écrit finirent par ne plus appliquer l'Authentique *Prœterea*.

II. — L'augment de dot tire son origine de la *donatio ante nuptias*.

III. — Le douaire résulte de la combinaison de la dos et du Morgengabe.

IV. — L'Edit *unde vir et uxor* finit par être appliqué par la jurisprudence même dans les coutumes qui étaient muettes sur le droit de succession *ab intestat* entre époux.

DROIT FRANÇAIS

I. — La loi du 9 mars 1891 n'aurait dû accorder au conjoint survivant qu'une part virile d'usufruit lorsque ce conjoint concourt avec plus de trois enfants issus de son mariage avec le prédécédé.

II. — Le conjoint survivant en présence d'un enfant adoptif du prédécédé ne doit recueillir que l'usufruit du quart de la succession.

III. — Le conjoint survivant qui concourt avec des héritiers du prédécédé n'est pas soumis aux obligations énumérées par les articles 769-772 du code civil.

IV. — La faculté de convertir l'usufruit dû au conjoint
    survivant en une rente viagère équivalente a été
    surtout établie en faveur des héritiers du sang du
    prédécédé.

II. — Positions prises en dehors de la thèse.

DROIT ROMAIN

I. — La femme *in manu* ne pouvait s'obliger.

II. — La *sponsio* et la *fidepromissio* pouvaient accéder non-
    seulement à des obligations nées *ex stipulatione*,
    mais encore à toutes les autres obligations nées
    verbis.

III. — Dans le droit de l'époque classique la translation
    de propriété ne pouvait être faite *ad tempus*.

IV. — L'action *præscriptis verbis* est toujours une action de
    bonne foi.

DROIT CIVIL FRANÇAIS

I. — La femme qui se marie sous le régime de la commu-
    nauté peut valablement stipuler que ses immeu-
    bles seront frappés d'inaliénabilité.

II. — Au cours d'une instance en divorce pendante entre
    deux époux communs en biens, la femme ne peut
    obtenir que l'administration de la communauté
    soit confiée à un tiers.

III. — Le legs d'usufruit ne peut jamais constituer qu'un
    legs particulier.

IV. — Les successeurs irréguliers ne sont tenus des dettes de la succession que *intra vires hereditatis.*

DROIT INTERNATIONAL PRIVE

I. — La dévolution des biens faisant partie d'une succession *ab intestat,* quelles que soient leur nature et leur situation, devrait rationnellement être régie par une loi unique qui est la loi nationale du *de cujus ;* mais tel n'est pas le système qui résulte du Code civil.

II. — L'article 2 de la loi du 14 juillet 1819 ne peut recevoir application au cas où tous les cohéritiers sont de nationalité française.

DROIT COMMERCIAL MARITIME

I. — La clause d'un connaissement déclarant que l'armateur ne sera pas responsable des fautes du capitaine, doit être tenue pour valable.

II. — Il y a avarie commune même quand le danger commun qui a motivé un sacrifice de la part du capitaine provient de la faute de celui-ci.

Vu : le Président de la thèse,
GARSONNET.

Vu : par le Doyen,
COLMET DE SANTERRE.

Vu et permis d'imprimer :
Le Vice-Recteur de l'Académie de Paris
GRÉARD.

IMP. DES ÉCOLES, HENRI JOUVE, 15, RUE RACINE, PARIS